"轻悦"课堂：初中学科育人的实践案例

姚 琴 编著

浙江工商大学 出版社

ZHEJIANG GONGSHANG UNIVERSITY PRESS

·杭州·

图书在版编目（CIP）数据

"轻悦"课堂：初中学科育人的实践案例／姚琴编
著. -- 杭州：浙江工商大学出版社，2025. 1. -- ISBN
978-7-5178-6147-8

Ⅰ. G632.421

中国国家版本馆 CIP 数据核字第 2024XA4189 号

"轻悦"课堂:初中学科育人的实践案例

"QINGYUE" KETANG: CHUZHONG XUEKE YUREN DE SHIJIAN ANLI

姚 琴 编著

策划编辑	任晓燕
责任编辑	刘志远
责任校对	都青青
封面设计	胡　晨
责任印制	屈　皓
出版发行	浙江工商大学出版社
	（杭州市教工路 198 号　邮政编码 310012）
	（E-mail:zjgsupress@163.com）
	（网址:http://www.zjgsupress.com）
	电话:0571-88904980,88831806(传真)
排　版	杭州朝曦图文设计有限公司
印　刷	杭州宏雅印刷有限公司
开　本	710mm×1000mm　1/16
印　张	17
字　数	244 千
版 印 次	2025 年 1 月第 1 版　2025 年 1 月第 1 次印刷
书　号	ISBN 978-7-5178-6147-8
定　价	85.00 元

序

进入新时代,如何落实立德树人的根本任务成为我国基础教育改革的重要主题与核心关切。彰显课堂教学的突出地位,围绕课堂教学改革这一核心主题,进一步深化课堂教学改革以至科学理性地开展深层次的"课堂革命",将是新时代基础教育切实有效地落实立德树人任务的关键点和突破口。

党的十八大报告提出要"把立德树人作为教育的根本任务"。党的十九大报告再一次明确提出要"落实立德树人根本任务"。立德树人具有丰富而深刻的内涵意蕴。概而言之,就是要培养担当民族复兴大任的时代新人。培养学生成为具有坚定的共产主义理想信念、牢固的社会主义核心价值观、深厚的中华传统美德、扎实的科学文化素质,具有健康身心、良好审美情趣,具有实践能力和创新素养的德智体美劳全面发展的社会主义建设者和接班人。

立德树人是一项广泛而深远的系统工程。习近平总书记在全国教育大会上的重要讲话中深刻指出:"要把立德树人融入思想道德教育、文化知识教育、社会实践教育各环节,贯穿基础教育、职业教育、高等教育各领域,学科体系、教学体系、教材体系、管理体系要围绕这个目标来设计,教师要围绕这个目标来教,学生要围绕这个目标来学。凡是不利于实现这个目标的做法都要坚决改过来。"毫无疑问,习近平总书记这一番对立德树人的深刻阐述不仅对我国教育整体性落实立德树人提出了新的使命要求和实践方向,也对深化课堂教学改革提出了新的使命要求和新的改革思路。新时代的课堂教学,应该全方位、深层次和根本性地彰显立德树人的价值。而当我们真正面对这一实践问题时往往却一筹莫展,在实施中不免流于空泛,终使立德树人仅仅成为一个高高在上的议题。

基于课堂教学的原本意义,要真正地实现将立德树人融入并贯穿课堂教学全过程,要切实把"凡是不利于实现(立德树人)这个目标的做法都要坚决改过来",就必须着力挖掘并彰显课程的育人价值,着力激活并凸显学生的主体地位,着力提升并强化教师的育人功能。

一、着力挖掘并彰显课程的育人价值

这就需要教师在备课过程中深入挖掘课程内容的学科本质,要彰显人类优秀文化,要弘扬人类高尚的精神,备课内容中要有机融入新时代社会主义核心价值观、中华优秀传统文化精神,尤其是要基于习近平总书记提出的"六个下功夫"的基本要求,在课程教学的内容中有机融入有助于让学生坚定理想信念、厚植爱国主义情怀、加强品德修养、增长知识见识、培养奋斗精神、增强综合素质的育人元素。教师要在教学过程中将课程内容所蕴含的育人内涵转化为一个个富有挑战性的、有价值的问题。这是一个使课程育人价值得以完满体现的过程。问题是学生学习的基本依据,解决问题是学生成长的根本路径。在经历完整的解决问题的过程后,学生不仅掌握了课程知识,更重要的是能够充分展现自身灵动的思维、积极的态度、旺盛的情感,使他们的主观能动性得以完满激发。由此,课程内容所蕴含的深刻的育人价值必将作用于学生的心灵深处,并逐渐塑造提升学生自身高尚深厚的文化素养。

二、着力激活并凸显学生的主体地位

这就需要教师在课堂教学过程中,牢固树立以学生为主体的育人理念,相信学生具有巨大潜能,尊重学生的创造力和人格,使学生的主动性、能动性、创造性得到充分发挥;既要精心地向学生传授基础知识和基本技能,还要特别注重对其情感态度与价值观的培养,既要关心学生目前的发展,更要关注学生可持续的终身发展;尤其是,教师要为学生创造得以彰显主观能动性的具体情境与活动空间,让学生在活动中展现出自主的学习意识、自发的情感态度、自觉的思考探究。而在具体的课堂教学实施过程中,教师要充分激发、调动全体学生的情感和思维;要营造宽松和谐又火热的课堂氛围;要启发引导学生应用科学的思维方式去解决问题;要为学生提供充分思考、深入探究问题的机会,不轻易给出解决问题的思路;要充分激发学生创造性思维;要积极鼓励学生运用批判性思维;要让学生在解决问题过程中敢于犯错误;要让学生对有价值的问题进行深层次的探究;要让学生勇于提出问题和大胆质疑;要善于对学生的学习进行个性化、有针对性的适切评价;等等。从而学生的好奇心、想象力、求知欲、学习兴趣等得以充分展现和完满释放。

三、着力提升并强化教师的育人功能

这就需要教师在课堂教学过程中担当起"传播知识、传播思想、传播真理,塑造灵魂、塑造生命、塑造新人"的时代重任;要"以德立身、以德立学、以德施教,做学生健康成长的引路人";要以高尚的道德情操,示范、启迪、感召和鼓舞每一个学生,要以一份至真至爱的良知情怀尊重、关怀、呵护和抚育学生,要以课程的文化价值激发、启迪和培育学生,要对所教学科充满情怀,以感召、激发和鼓舞学生,树立正确的价值观。为此,教师需要不断地追问自己:我的精神脉搏是否与学生的精神脉搏一起欢跳? 我的心中是否装着学生的喜怒哀愁? 我的眼里是否常含一份真挚的亲善? 我的脸上是否常挂温馨的笑颜? 我的语言是否像一股温暖的清泉? 我是否不屑地拒绝过一个学习成绩不好的学生想让老师发现自己而高高举起的小手? 我是否关注到,几乎所有的学生都在积极地投入学习中时,其实还有一个躲在角落里,甚至是存在我身边的那个不知为什么而寂寞孤独的孩子?

总而言之,课堂教学为了真正切实有效地落实立德树人这一根本任务,需要我们守望初心进行深度追问:在课堂教学过程中,我们是否让唤醒了人类的优秀文化滋润了学生的心灵? 我们是否让学生获得智慧的启迪和生命的润泽? 我们是否忽视甚至无视了学生的道德、情感和价值观? 我们是否把学生当成了教育要生产的"产品"? 我们是否压抑甚至扼杀了学生的天性和个性? 或者,我们是否只顾当下急于求成而遗忘甚至放弃了对学生潜能的调动与激发? 所有这些归结起来就是:课堂教学中凡是违背落实立德树人根本任务的做法必须坚决改过来!

中国教育科学研究院基础教育研究所所长、研究员

目　录

第一章 "轻悦"课堂的研究构想

进入新时代,高扬"育人"旗帜、塑造高品质的课堂、着力提升"育人质量"是深化课堂教学改革的关键。高品质的课堂应为学生提供高品质的学习生活,高品质的课堂学习生活即是竭力让每一个学生在课堂上经历主动发展、全面发展、个性发展和终身发展的完满学习过程。近年来,本课题组以塑造高品质课堂为目标,积极探索旨在彰显育人的"轻悦"课堂,从而实现"让每一个生命向上生长"的课堂育人文化。

一、研究背景及意义

1. 初中生课堂学习样态现状分析

杭州市胜蓝实验中学为公办学校,生源质量参差不齐,师资水平存在一定程度的差异,课堂教学质量有待提高。基于此,我们对目前学生的学习状况进行问卷调查。随机抽取 168 位学生、78 位教师作为调查对象,具体情况分析如下。

(1)初中生课堂学习兴趣不浓、动机不强

《义务教育课程标准(2022 年版)》(以下简称"新课标")明确育人主线,即重视课堂上对学生学习兴趣的激发和关键能力的培育。师生问卷调查显示,50.60％的学生觉得对课堂学习兴趣不浓,9.52％的学生感觉学习沉闷。70.83％的教师在课堂上缺乏对学生合作学习、主动提问、知识内化等环节的设计,缺乏对学生从知识学习到素养培养的转化。(见图 1-1)

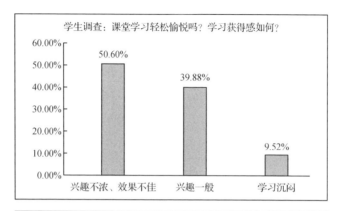

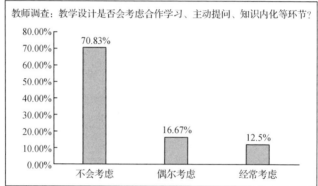

图 1-1 "学生学习兴趣程度"调查结果统计图

（2）初中生课堂学习中,师生关系不佳、互动少

新课标强调知行合一、学思结合,倡导做中学、用中学。师生问卷调查显示,认为在课堂上师生互动频次高的人数仅占 15.62%,认为教师"一言堂"的人数占比高达 58.68%,教师在课堂上难以激发学生的思维及培养正确的价值观,学习效果不佳。（见图 1-2）

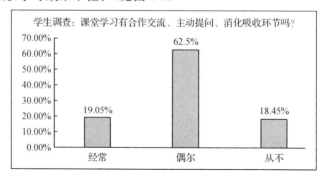

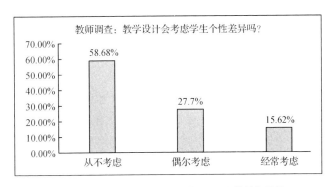

图 1-2 "课堂学习中师生互动情况"调查结果统计图

（3）初中生课堂学习负担重、效果差

课堂学习应以培养学生思维能力和学习能力为目标。师生问卷调查显示，57.98％的学生认为目前课堂学习负担重、作业多、压力大，但效果却不好。28.67％的教师在课堂教学时很少考虑真实性情境、挑战性任务、限时训练、成果展示等课堂环节，学生学习碎片化，缺乏对其高阶思维的培养。（见图 1-3）

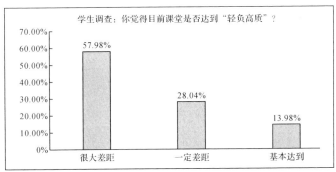

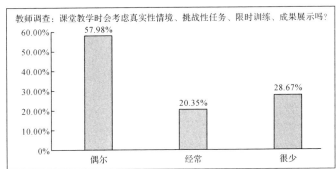

图 1-3 "学生课堂学习效果"调查结果统计图

2.新时代初中生课堂学习样态要求

新时代的课堂教学坚持贯彻落实"立德树人"的根本任务,培养有理想、有本领、有担当,能够担当民族复兴大任的时代新人。新时代的课堂教学样态要求是以学生为主体,让学生主动地发现问题和解决问题,呈现出学生自主学习、合作分享、师生关系良好的课堂面貌,真正让学习在课堂中深度发生,让立德树人这一任务在课堂中真正得以实现。

3."四学·轻悦"课堂学习样态研究设想

本课题组开展"四学·轻悦"初中生学习样态变革研究,旨在培育学生学科素养,使学习回归"发展学生"的本义,尊重学生的生命价值和个性差异。"四学·轻悦"学习样态是以"四学"为路径、以"轻悦"为目标的一种初中生学习样态,致力于激发学生的学习内驱力、提高学生的创新力、增强学生的理解力和学习的综合力,真正调动、激活学生的主观能动性,打造一种能使学生感到轻松愉悦、轻负高质和不断超越的初中生课堂样态。

二、研究设计

1.概念界定

(1)四学

基于"学中学""做中学""互动学"的理念,在课堂教学中开拓趣学、探学、悟学、用学四个学习路径,层层递进,使学生的学习不断深化,从而让课堂充满活力。其中,趣学,通过问题串、情境场和导学案的课堂教学设计,让学生将学习内容与感兴趣的人、事、物联系起来,从而激发学生学习兴趣。探学,以生活圈、任务链、挑战台为载体,让学生在真实生活化情景下,将学习内容与生活情境联系起来,致力于提高学习创新力。悟学,通过浸润场、情境域、交互台的互动教学设计,让学生在耳濡目染中获得体验感,增强学生对知识的理解力。用学,通过在课堂学习中设置语言表达区、文字呈现区、实践创新区,将学和用结合,让学生在学习中反思、在反思中实践、在实践中创新,学会知识迁移,达到学以致用。

(2)轻悦

"轻悦"之"轻"即"轻松","悦"即"愉悦","轻悦"课堂的表层含义是让学

生在课堂上获得"轻松愉悦"的学习体验。而"轻"又与"青"音同,"悦"与
"越"音同,"青"之于"蓝"是一种质的飞越,其要旨是鼓舞每一个学生要不断
地"超越"自己,获得精神境界的向上提升。所以,"轻悦"课堂的深层含义是
让学生在课堂上经历不断地发展自己、超越自己的成长过程。

(3)初中生课堂学习样态

样态,是指某人在某情境下所呈现的状态或表现方式。它反映出一个
人的性格和情感等方面的特征。本课题以"四学"为载体,着力探究初中生
在课堂中所呈现出一种轻松愉悦、轻负高质和不断超越自我的学习状态。

2.设计原理

(1)理论基础

核心素养导向下的学习方式,要求为理解而学、为能力而知、为用而学。
"四学·轻悦"学习样态的设计基于 ARCS 学习动机模型、加涅的信息加工
等理论。

①ARCS 学习动机模型理论(见图 1-4)。John M Keller 教授创立的模
型关注点是如何通过教学设计来激发与维持学生的学习动机。在"四学·
轻悦"学习样态的设计中,利用该理论,教师围绕学生的注意力、贴切性、自
信心和满足感这四个方面组织好教学,最大限度地激发学生的学习动机,提
高课堂教学的效果。

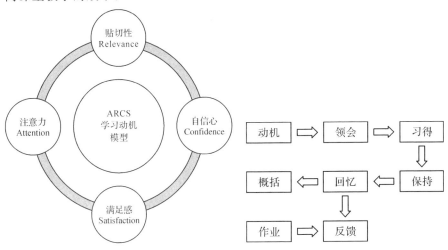

图 1-4 理论基础之 ARCS 学习动机模型　　图 1-5 理论基础之加涅的信息加工理论

②加涅的信息加工理论(见图1-5)。该理论从学习者和施教者的角度,揭示学习与教学应该遵循的规律,为教师在课堂上实施有效教学提供参考。加涅认为学习的过程包括动机、领会、习得、保持、回忆、概括、作业和反馈八个阶段。在"四学·轻悦"学习样态的设计中,教师应根据学生学习所处的不同阶段和教学实际,运用该理论分析学生的学习过程,有针对性地选择教学策略,并进行相应的教学设计。

(2)设计原则

①启发性原则。分析初中生心理特征、认知规律等,把知识融入问题情境中进行教学,激发学生的学习兴趣。

②可操作性原则。在课堂教学中,确定具体、可操作、可评价的学习目标,提供丰富、贴近生活的学习资源,不断激励学生去自主探究、合作共生。

③探究性原则。指导和引导学生在课堂学习中去主动探究、深度思考、勇于体验、积极表达,善于利用学到的知识来解决现实生活中遇到的问题。

3.研究架构

本课题组积极探究"四学·轻悦"初中生学习样态(见图1-6),以塑造高品质课堂为目标,通过"四学"实施路径,探索旨在彰显育人的"轻悦"课堂,实现一种轻松愉悦、轻负高质、不断超越的学习样态。

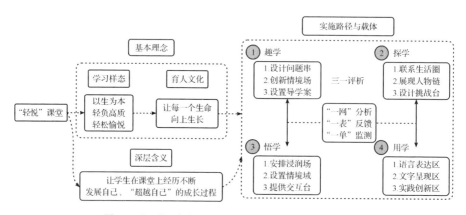

图1-6 "四学·轻悦":初中生学习样态变革的研究架构图

在课堂中,学生通过趣学、探学、悟学、用学四个学习过程,对人类优秀文化产生强烈好奇心,主动探究、深度思考,真正获得触动心灵的生命体验。"轻负"不等于没有学习负担,而是遵循学生身心发展规律,减轻不必要的负担,留给学生适当的可以自主安排的时间,引导学生多样化发展。“高质”不等于考试分数高,而是重在培养学生的核心素养,促进学生德智体美劳全面发展。

三、研究成效

经过一年多的实践研究,“四学·轻悦”课堂教学取得明显效果。学生学习起来更加愉悦了,学习效率更高了,师生关系更亲密了,全体师生都积极“向上生长”了,学校的办学水平明显提升了。

1. 亲青学子“乐”学习

(1)“乐”于课堂学习的轻松愉悦

“四学·轻悦”课堂教学,以“趣学、探学、悟学和用学”为学习载体,通过情境场、挑战台等教学策略的实施,激发了学生的学习兴趣和挑战欲望;通过设计导学案、任务链、浸润场等环节,提高了学生的课堂参与度,拉近了师生关系,使学生能够沉浸在课堂中,乐于探索新事物。在“轻悦”课堂中,学生的“抬头率”“埋头率”“口头率”更高,成为课堂的主人。经实践发现,学生在“轻悦”课堂上的学习兴趣、学习主动性、课堂学习效率等表现都优于传统课堂(图1-7)。

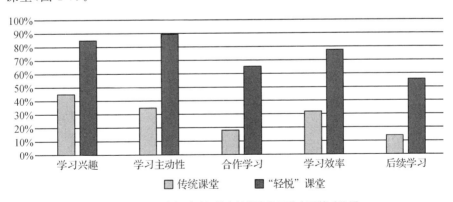

图1-7　传统课堂与“轻悦”课堂的课堂学习状态反馈对比图

(2)“乐”于课堂学习的轻负高质

经历“四学·轻悦”课堂的教学后,学生能以语言表达区、文字呈现区或实践创新区为学习载体,将学和用结合起来,在学习中反思、在反思中实践、在实践中创新,经历"从一个个问号,生成更多个问号,并最终变成一个个叹号"的曼妙的精神过程。实践发现,学生在经历"轻悦"课堂后,学生的解题高效性、解题正确率、成绩优秀率等都优于传统课堂的学习效果(图 1-8)。

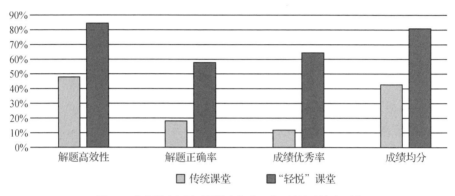

图 1-8　传统课堂与"轻悦"课堂的学生学习效果反馈对比图

2.蓝韵教师"慧"育人

(1)教师"慧",成长快

课题组进行了"四学·轻悦"课堂的案例研究,积累了大量课例,包括单学科课例、跨学科课例和融学科课例,形式多样,研究内容丰富,多项研究曾获得市级、区级荣誉。我校教师在"杭州市教育教学论文评比"中获奖 16 篇,在中学各类杂志发表论文 11 篇,获得市优质课一等奖 2 个。迄今为止,学校已培养出 5 名运河名师、8 名学科带头人、13 名教师教学能手,教师成长迅速。

(2)教师"慧",质量高

在进行"轻悦"课堂教学的实践过程中,教师的及时评价对于学生的成长有很大的作用。在传统课堂上,教师可能以满足学生低层次需求的零食作为奖励;但在"轻悦"课堂上,教师创新奖励机制,以学生制作的文创产品作为奖励,更增强了学生的获得感和"轻悦度"。与传统课堂相比,我校教师更注重在教学任务的设计达成度、知识重难点突破度、学生知识落实程度等方面进行研究分析,旨在让"四学·轻悦"课堂的优势更加明显。见图 1-9。

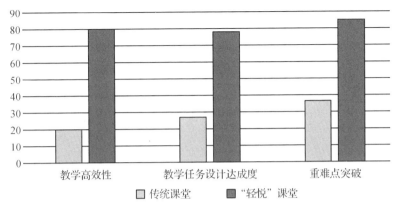

图 1-9 传统课堂与"轻悦"课堂的教师教学效果反馈对比图

3. 学校教育"质"提升

（1）研究成果丰硕

结合校本研修"蓝田班"成长工程,学校为教师搭建赛课舞台,邀请专家对其进行专业指导,使得不同梯队的教师在专业上都有所成长。近三年,学校教育科研成果显著,有 300 多人次(项)论文、案例、课题等获得区级及以上奖励,开设了 9 个精品课程,包含 5 个校级培育课程、3 个区级精品课程、1 个市级培育课程。2022 年度获得省规划课题 1 个、市级及以上课题 2 个、区级课题 5 个,成果丰硕。

（2）办学成绩斐然

近年来,杭州市胜蓝实验中学在办学水平、教学质量、社会评价等方面都取得了优异的成绩。学校荣获浙江省中小学数字家长学校、"射击项目"杭州市级体育后备人才基地(市队联办)等称号;2022 年还被评为杭州市"清廉学校"示范点,是拱墅区唯一一所获得此称号的中学;连续两年在拱墅区中学年终 3 个项目考核中为第一名;2023 年学校在区现代优质学校评估中获得最高级(4A＋)等级。

（3）示范辐射深远

课题实施以来,学校教师取得了丰硕成果,并在各类平台进行了经验成果的推广。如中国教育科学研究院院长对学校在规划建设、课题研究、课堂教学等方面给予高度肯定,此次调研也刊登在中国教育科学研究院官网上;课题主持人在光明网上进行了"轻悦"课堂分享和推广;课题执笔人在第三届中国教育科学研究院实验学校联席会议上、在浙江省"百人千场"名师送教活动中进行了"轻悦"课堂展示;学校还吸纳广东省和山东省青岛市等5处省市级教师来校考察学习,兄弟学校的同人对学校"轻悦"课堂的实践给予高度肯定。

第二章 "轻悦"课堂的实践框架

"轻悦"课堂的实践方法论是通过趣学、探学、悟学、用学四个学习环节来贯穿全程,"四学"指向学生不同维度能力的发展,激发学生对人类优秀文化的强烈好奇、主动探究、深度思考,让学生真正获得触动心灵的生命体验。

一、"四学·轻悦"课堂学习样态的实施路径

1.趣学:激发学生学习内驱力

通过问题串、情境场和导学案等学习载体,激发学生学习动力;通过彰显那些蕴含科学奥秘的题材,促使学生产生神秘、惊诧、怀疑、兴奋和震撼等精神体验。

(1)设计问题串

问题串好比是学生学习路上的导航仪,在学习过程中能不断提升学生学习的内驱力。例如科学"电能"一课,西湖音乐喷泉喷出的水柱最高可以达到 20 多米,有 108 个水泵,每次喷 15 分钟左右,消耗电能大约 12 千瓦时。教师设计了问题串:问题 1 是用何种仪器可以测量音乐喷泉消耗的电能。问题 2 是音乐喷泉工作时,电能会转化成哪些能。问题 3 是假设相同时间,将相同质量的水按不同高度进行喷射,哪次电能转化为水的重力势能多。问题 4 是音乐喷泉中,有些灯亮、有些灯暗的原因是什么。问题串的设置由浅入深、环环相扣,激发学生思维,帮助学生实现知识内化。

(2)创新情境场

教师安排学生在真实的情境中进行沟通交流、小组合作、成果分享、方案优化等。例如,在英语课上,教师设置了一个"旅行社"的情境,学生需要使用英语为客户规划旅行行程。这样的情境设置让学生将学习的语言知识

应用于实际情境,也使他们对课堂充满期待和好奇。

(3)设置导学案

导学案如同学习任务清单,能让学生明确学习目标,提高学习效率。例如,在科学的实验探究课上,学生根据导学案要求,逐一完成设计实验方案,动手实验操作,记录、整理、分析数据,得出结论,促使学生像科学家一样思考。这样的导学案能使学生学会阅读、观察、思考、整理,经历探究的全过程,真正成为课堂的主人。

2.探学:提高学生学习创新力

以生活圈、任务链、挑战台为学习载体,学生在真实生活化情境下,将学习内容与生活情境联系起来;在任务链的驱动下,明确学习目标;在研究和挑战中提升创新能力和思维水平,经历"发现问题—提出问题—分析问题—解决问题"的全过程。

(1)联系生活圈

教师引导学生将学习内容与生活实践相联系,从中体会知识的趣味性。例如,在学习历史学科的"指南针"这一课时,让学生先观察生活中常见的指南针,了解指南针的工作原理及制作方法,并利用身边材料制作简易指南针。这样的生活圈既能让学生亲自动手操作,感受趣味性;又能体验科技发明的严谨和科学,感受中国人民的智慧。

(2)展现任务链

在任务群驱动下,学生主动设计方案,通过小组分享、优化完善等方式完成学习任务。例如,在语文写作课上,教师以"学习故事"为切入点进行教学。学生的任务 1 是分享个人的故事,并集体讨论出故事情节的共性;任务 2 是根据任务 1 的结论进行写作;任务 3 是拓展任务 2 的故事,引入新问题,让学生再讨论。这样的任务链能促进学生新知的建构与素养的形成。

(3)设计挑战台

在课堂教学中,教师设置一系列挑战性任务,通过奖励评价机制,鼓励学生不断突破自我、超越自我。例如,数学"平行线中的拐点"一课,教师在引导学生通过添加辅助线归纳得出"M 型"图形中角的数量关系后,再设置问题解决挑战台,鼓励学生以类比的方法推导出"铅笔型""靴子型"等图形中相关角的数量关系,能够成功讲明白、讲透彻的学生可以获得 10 积分和学生专属的文创用品,以此提高学生的课堂参与度。

3.悟学:增强学生学习理解力

以浸润场、情境域、交互台为学习载体,学生在耳濡目染中获得新知。让学生有足够的时间和空间,认真倾听并积极应对教师提出的问题,善于表达自己的思考与观点,善于与同伴进行交流研讨。

(1)安排浸润场

让学生在耳濡目染、潜移默化中获得新知,在具体生活情境中深化学科知识。例如,初中历史与社会课,为模拟某一历史环境,教师把教室布置成当时历史时期的环境,且使用历史人物的服装、物品和语言等,让学生感受那个时代的氛围。

(2)设置情境域

使学生能将学习成果制成文字稿、表格等,写出简单的研究报告,表达自己看法。例如,学习古代文明史时,教师让学生扮演不同的历史角色,如古埃及的法老或古希腊的哲学家,通过角色扮演来了解和体验历史人物的生活和文化。这样的情境域能培养学生的实践能力和情境思维能力,让学生体会到开展技术创新的乐趣和艰辛,树立正确的人生观与行为准则。

(3)提供交互台

在探究性的课堂中,学生可以利用现代信息技术进行学习。例如,初中语文写作课上,教师让学生自由选择主题,进行创意写作。在写作过程中,学生可以使用各种信息技术工具,如在线词典、图片编辑器等,来增强自己的表达能力。写作完成后,学生将他们的作品与同学分享,进行互评和讨论。通过交流,学生能实现深度学习、共同进步。

4.用学:提升学生学习综合力

以语言表达区、文字呈现区、实践创新区为学习载体,将学和用相结合,让学生在学习中反思、在反思中实践、在实践中创新,学会知识迁移,学生经历"从一个个问号,生成更多个问号,并最终变成一个个叹号"的曼妙过程。

(1)语言表达区

教师在课堂上为学生创设自主表达的机会,使学生在表达过程中不断增加自信。例如,在英语课上,学生探讨分析推断型问题时,教师引导学生多听多思、深入研究文本,通过启发式的追问鼓励学生不断思考,并且表达自己观点,在思维碰撞中得出精彩答案,在交流中巩固和强化知识与概念,并激发主动思考。

(2)文字呈现区

课堂上,教师让学生在限定时间内进行文字反馈,创造性地提出见解。例如,在英语课上,学生们在阅读英文原版《哈利·波特》后,将个人的想法和观点用英文写成读书笔记,在全班进行分享,教师把优秀的笔记进行展示供大家学习参考。这样的文字呈现能帮助学生恰当地使用英语词汇和句型,准确表达自己的想法和观点,又促进同学们形成你追我赶的学习氛围。

(3)实践创新区

在动手实践类的课堂中,学生通过亲身体验,在实践过程中不断进行优化与创新,碰撞出新的思维火花。例如,在数学课上,为帮助后勤师傅选购用来更换的旗杆绳,教师可以组织学生进行一次实地测量,测出旗杆高度,让他们应用所学的数学几何知识进行数据收集和分析,最后提出解决问题的方案。这样的实践活动不仅能激发学生的学习兴趣,还能培养其动手实践能力和创新思维。

二、"四学·轻悦"课堂学习样态的支持策略

在趣学、探学、悟学、用学实施路径中,教师将深度追问、任务驱动、留白思考、实践体验等支持策略,贯穿于每一个学习路径之中,旨在激发学生强烈的求知欲,培养学生的动手实践能力,提升学生的沟通交流能力,增强学生反思批判创新能力,让学生在课堂上经历发展自己、超越自己的成长过程。

1."深度追问"策略

提问:创设学生主动提问环节。创设非良构问题,让学生产生疑问;创设多种机会,让学生对疑难点进行提问。例如,在科学"压强"一课,在水平地面上有一位芭蕾舞演员和一头成年大象,他们对水平地面产生的形变一样吗?哪个更明显?让学生提出问题,在提问过程中不断加深对压强的理解。

追问:创设教师深度追问环节。在作业讲评、亮点展示、实验分享等环节进行深度追问。例如,在科学"影响压强的因素"一课,通过两个问题进行

追问:①对接触面的压力 F 及物体的重力 G,压力大小=重力大小吗? 什么情况下相等? ②王老师在称体重时有几种方法,你知道称重时受力面积是多少? 这样的追问能够启发学生深入思考,给予学生思维碰撞的机会,在深度学习中获得新知。

2. "任务驱动"策略

(1)项目式任务

让学生完成具有现实意义的项目,整合跨学科知识和生活经验,激发创造力和团队合作力。例如,英语组开展宣传西湖龙井茶的项目。同学们结合所学的茶叶相关知识,实地采摘龙井茶,亲历制作过程,前期拍摄宣传龙井茶知识的视频,后期制作龙井茶宣传手册。项目式研究,让学生学会使用多种方式检索信息、研究分析、沟通合作。

(2)跨学科任务

学生在实践活动中,联合几门学科开展学习,最后展现学习成果。例如,综合组为了设计有交互性的校园导览图,采用声音(音乐)、绘画(美术)和互联网(信息技术)等相结合的跨学科形式绘制一份声音地图。这样的跨学科任务学习,能让学生将各学科知识有机结合起来,最大限度地激发学生学习的潜能。

3. "留白思考"策略

自习:课堂设置自主学习流程。让学生在汲取知识的同时,拥有独立思考的时间与空间。例如,在数学"因式分解"一课,对于下列问题怎样算既方便又快捷:当 $m=87,n=13$ 时,$m^2+mn=$ _____;当 $a=101,b=99$ 时,$a^2-b^2=$ _____。要解决问题,学生需要自主联想到已学过的整式乘法,给出快捷的计算方法,从而直观地理解整式乘法与因式分解的互逆性。这个过程,促进学生自主思考、自主学习,突出了学生的主体地位。

自得:课堂设置知识内化流程。学生通过自主设计、思考、探究等方式,使自己获得新知或新技能。例如,在科学"电功率"一课,关于电功率的定义、公式、单位等相关知识点较抽象,学生可以通过回顾压强的定义、公式、单位,与电功率的新概念进行类比。学生通过类比,更加深刻地理解电功率的相关概念;并通过思考和感悟,将所学知识进行内化。

4."实践体验"策略

(1)做中学:创设手脑并用环节

教师为学生提供丰富、贴近生活的学习资源,让学生在解决问题过程中进行学习。例如,科学"植物生命活动调节"一课,如何让背阳生长的植物自然向左生长？学生利用植物的向光性原理,设计了一系列方案,在实践过程中思考如何创设光照不均匀环境、是否需要对照组等一系列问题,从而在实验过程中温习旧知识、建构新知识。

(2)活迁移:创设变式教学环节

教师启发学生把问题的本质属性揭示出来,从千变万化的事物中抓住本质。例如,科学"机械效率"一课,学习有用功和额外功的定义时,进行生活迁移。如在买丝绸时,外面有精美的包装盒,那么,对于丝绸花的钱是有用功,对于包装盒花的钱是额外功,这样的迁移有利于学生抓住和理解事物的本质,使他们在变式学习过程中做到游刃有余。

三、"四学·轻悦"课堂学习样态的"三一评析"

为了能给"轻悦"课堂的"四学"实施路径提供精准的评价与解析,提升课堂教学实效,可依托"中央电化教育馆智能研修平台"的"一网",制订"轻悦"课堂学习评价量表的"一表",设计"轻悦"课堂学习反馈单的"一单",旨在科学、及时、精准地反馈学习成效。

1."一网"分析

"中央电化教育馆智能研修平台"信息网对基于 AI 课堂的教学行为进行分析,生成可视化教学行为分布图,具体呈现学生的读写、举手、听讲、生生互动、应答及教师的板书、讲授、师生互动、巡视等九种行为占比,可以让学生课堂学习"轻悦度"一目了然,更让教师直面自己的课堂,依据精准数据,进行科学调整。

S−T 图、Rt−Ch 图直接让教师知悉自己的教学能否体现以生为本的原则。教师认真研读数据,关注九种行为的课堂占比(S−T 图),更多地关注教师的讲授行为、生生互动、师生互动的行为占比,关注课堂教学形态(Rt−Ch 图)是否符合预期。结合科学翔实的数据,教师可从教学目标制定、教学环节设计、教学方式选择等多个方面进行精准细致的反思。

2. "一表"反馈

制订"轻悦"课堂学习评价量表,为评课教师提供科学合理的评价指标,从学生学习过程看师生交流是否得体,整个课堂教学气氛是否民主、和谐,学生是否有满足感、成功感、喜悦感,对后续学习是否有信心等。

"轻悦"课堂学习评价量表为学生提供及时、有意义的反馈,全面、客观地评估学生学习结果,将实施教学前的预设教学目标与教学后的学习目标进行对比,促进学生自我激励及独立学习,有助于促进同伴间的沟通,培养学生的批判性思维。

3. "一单"监测

通过"轻悦"学习反馈单,教师使用智能笔在真笔迹书写环境下进行批改,关注学生课堂检测、限时训练的正确度,关注学生整理纠错核心知识点等,及时交流和反馈。

通过云计算形成精细化的学情报告,教师关注学生成绩变化曲线、核心知识点掌握情况,及时开展数据反馈并与备课组交流。学情数据的不断丰富,让教师在教学设计中有据可依、精准施策。通过"轻悦"学习反馈单,教师及时了解学生学习结果,精准匹配跟进个性化单元错题集,便于开展有针对性的讲评及变式训练,有助于提高学生学习效率。

第三章 语文学科案例

《红楼梦》

一、课例说明

《红楼梦》是一部集中国传统思想、风俗和文化于一身的旷世经典。那栩栩如生的人物形象让人怦然心动,那风花雪月似的情感让人魂牵梦萦……太多太多的名段等待被挖掘、品读。以名著导读《红楼梦》为课例,进行名著导读"三步式"教学模式探究,最终是想让它成为学生走进经典的引子,激发更多的学生阅读名著,让他们领略名著经典的恢宏气势,让他们感受名著经典的无穷魅力。下面从课前、课中、课后三个环节,进行名著导读"三步式"教学模式探究,引导学生走进名著、品味经典。

二、教学设计以及课堂实录

(一)教学设计

1.课前预热(邂逅名著,一见倾心)

课前下发相关阅读资料,播放"金陵十二钗"部分视频。

2.课上加温(相约名著,刻骨铭心)

(1)游赏沁芳亭,学习语言艺术

"北京旅游消费券":刘姥姥与贾府有什么关系? 请三位同学分角色朗读小说的第一、二段,其他同学思考刘姥姥和贾母各自说话的特点,表现了她们怎样的性格特征。

（2）游赏潇湘馆,品味家居风格

"北京旅游消费券":《红楼梦》中的"潇湘仙子"是谁? 请找出描写潇湘馆环境及居室布置的句子。展示本班学生的居室照片,猜猜学生的性格特征,思考林黛玉具有怎样的性格与情趣。

（3）游赏秋爽斋,细看百态笑姿

"北京旅游消费券":贾府"四春"中,想用"兴利除弊"的改革来挽救贾家的是谁? 刘姥姥一行来到秋爽斋晓翠堂用早餐时,发生了一件什么事? 谈一谈各类人物"笑"的特点及他们的鲜明个性。（播放视频）

（4）游赏大观园,畅谈游园心得

人物评论:我喜欢(不喜欢)小说中的……人,因为……;主题思想:从小说中……我可以得知……;你的新发现:我发现……例如……。

3.课后升华(热恋名著,情有独钟)

教师展示原著当中游赏大观园的后续游踪;引导学生写下对《红楼梦》的疑惑,由小组组长张贴在名著导读留言板上;选择其中的疑惑进行解答。引导学生课后去阅读名著。

（二）课堂实录

1.课前预热(邂逅名著,一见倾心)

师:(下发上课相关阅读资料《刘姥姥游赏大观园》)

师:(以《红楼梦》主题曲为背景音乐,播放《红楼梦》文字介绍及"金陵十二钗"部分视频)《红楼梦》又名《石头记》《金陵十二钗》等,共 120 回。前 80回为曹雪芹所作,后 40 回多认为由高鹗所续写。小说以贾、史、王、薛四大家族为背景,以贾宝玉、林黛玉爱情悲剧为主要线索,着重描写贾家荣、宁二府由盛到衰的过程。全面描写封建社会末世的人性百态、种种不可调和的矛盾。《金陵十二钗》为:贾元春、林黛玉、薛宝钗、贾迎春、贾探春、贾惜春、王熙凤、史湘云、秦可卿、妙玉、李纨、巧姐。

2.课上加温(相约名著,刻骨铭心)

师:上课,同学们好!

生合:老师好!

师:请坐。

师:我们课前欣赏的就是《红楼梦》中的"金陵十二钗"。她们是《红楼梦》里(太虚幻境)"薄命司"里记录的十二个最优秀的女子。她们大部分居住在为迎接贾元春回府省亲而修建的大观园中,《红楼梦》第40回就详细介绍了刘姥姥游赏大观园的情节。今天,让我们与刘姥姥一起重游大观园,重温经典魅力。

师:同学们,××旅游景点管理处推出了旅游消费券活动。凡答对一道有关《红楼梦》的题,就可获得一张消费券,可以游览大观园的一个景点。而且,同学们还非常幸运,因为今天为我们出题、做导游的是拍摄1987版《红楼梦》的总导演王扶林。

师:王导出的第一题是:刘姥姥与贾府有什么关系?

生1:刘姥姥是贾府的一位远房亲戚。

师:我们的学生真棒,闯关成功,那好,我们进去瞧瞧。

师:请同学们快速阅读文章,思考:刘姥姥游赏大观园的游踪。

生2:沁芳亭—潇湘馆—紫菱洲、蓼溆—秋爽斋(晓翠堂)—荇叶渚—萝港—蘅芜院—缀锦阁。

师:这就是刘姥姥游赏大观园的游踪(展示幻灯片)。好,接下来我们先去沁芳亭看看。

(1)游赏沁芳亭,学习语言艺术

师:首先我们想请三位同学分角色朗读沁芳亭部分,它们在文章的哪里?

生合:文章的第一、二两段。

师:好,请三位同学分角色朗读一下。

生1:我读贾母。

生3:我读刘姥姥。

生4:我读旁白。

师:三位同学都读得很好,那同学们思考一下:从刘姥姥和贾母的各自说话特点中可以看出她们具有怎样的性格特征呢?

生4:刘姥姥说话很幽默、夸张。

师:从哪里可以看出来?

生4:她说:"谁知我今儿进这园里一瞧,竟比那画儿还强十倍""我的姑娘!你这么大年纪儿,又这个好模样,还有这个能干,别是神仙托生的罢?"从这些可以看出。

师:"强十倍""神仙托生的",的确夸张。还有吗?

(生沉默……)

师:我们就从刘姥姥夸张的话语进行思考,想一想,她为什么要这么夸张地说话呢?

生4:她很圆滑。

师:她为什么要说"比画儿还强十倍"?

生4:为了夸奖贾母,为了讨好她,想要奉承她。

师:我们刚刚讲的是刘姥姥,那我们来看看贾母又是怎样的呢? 在沁芳亭一坐下来,她就问:"这园子好不好?"接下来,她看着孙女惜春又说:"你瞧我这个小孙女儿,他就会画。"这些话能表现出贾母的什么特征?

生5:我觉得贾母有领导才能,因为她是贾府地位最高的,还有可以看出她很会炫耀。

师:炫耀?那我们想想看,假如你的爷爷奶奶说我的孙子很能干,他们是什么心情?

生5:他们很自豪。

师:好的。游沁芳亭的过程中,我们学习了人物的语言艺术。

(2)游赏潇湘馆,品味家居风格

师:接下来,我们去潇湘馆看看。

师:王导出的第二道题是:《红楼梦》中的"潇湘仙子"是谁?

生6:林黛玉。

师:那潇湘馆就是……

生6:林黛玉住的地方。

师:我们去林黛玉的居室看看有什么特点,请同学们默读第三、四段,找出描写潇湘馆环境及居室布置的句子,思考林黛玉具有怎样的性格与情趣?

师:同学们回答之前,老师先做个示范。这两张居室照片是我们班同学家的,大家一起来看看。

师:我认为第一张照片这位同学是端庄素雅、热爱艺术的,第二张照片这位同学定是自由、随意的。文中的潇湘馆又能看出林黛玉怎样的性格呢?

师:首先找出描写潇湘馆环境的句子。

生7:"只见两边翠竹夹路,土地下苍苔布满,中间羊肠一条石子漫的路。""刘姥姥因见窗下案上设着笔砚,又见书架上磊着满满的书。"

师:找得很全。这样的环境、这样的居室布置可以看出林黛玉怎样的性格呢?

生4:可以看出黛玉性喜幽静,喜欢读书,好学多才。

生5:有文学气息。

师:游赏了潇湘馆,我们品味了家居风格。

(3)游赏秋爽斋,细看百态笑姿

师:接下来,我们再到秋爽斋看看。

师:王导出的第三道题是:贾府"四春"中,想用"兴利除弊"的改革来挽救贾家的是谁?

生8:探春。

师:探春是贾府中最有作为、性格最为泼辣的小姐,连王熙凤、王夫人都怕她三分。她想用"兴利除弊"的改革来挽救贾家,但是没有成功。

师:接下来,我们要去的秋爽斋就是探春的居室。刘姥姥一行来到秋爽斋的晓翠堂用早餐,这时候发生了一件事,同学们认真阅读文章,思考发生了一件什么事?

生3:很多人捉弄刘姥姥,让刘姥姥闹出很多笑话。

师:我们来看看这段"笑剧"的视频,同学们仔细观察各个人物的笑态,思考他们的鲜明个性。

(播放视频)

师:为便于理解,我们先齐读一下文中这部分内容。

(全班同学齐读)

生9:"湘云撑不住,一口饭都喷了出来。"从中可以看出她很豪爽。

生9:"黛玉笑岔了气,伏着桌子叫'嗳哟'。"我觉得黛玉好像很弱的样子。

生9:"宝玉早滚到贾母怀里,贾母笑的搂着叫'心肝'。""惜春离了坐位,拉着他奶母叫揉一揉肠子。"我认为他们都很娇气、孩子气。

生9:"独有凤姐鸳鸯二人撑着。"说明她们两个人城府比较深。

师:概括得非常全面及到位。

(4)游赏大观园,畅谈游园心得

师:游完了秋爽斋,王导建议同学们畅谈游园心得,如果谈得好,下面的景点将免费开放。

师:同学在谈的时候,可以围绕以下几个方面:①人物评论:我喜欢(不

喜欢)小说中的……人,因为……②主题思想:从小说中……我可以得知
……③你的新发现:我发现……例如……

(学生小组讨论)

生3:我们组不喜欢刘姥姥,因为在秋爽斋吃饭时,刘姥姥处世很圆滑,
为了讨好贾府的人,她不惜放下自己的尊严,这样的性格有点过分了。

师:有没有不同的观点?

生1:我们组是喜欢刘姥姥的,因为她作为社会最底层,人情冷暖都深有
体会,为了生存,她不得不讨好贾府的人。而且她的言谈举止又不失乡下人
的质朴。

师:那么你是认为刘姥姥不是甘于被别人欺负,而是一种大智若愚?

生1:是的。

生5:我发现贾府的建筑非常具有特色。门很大……

师:门大吗?

生5:不大,是圆的。

师:贾府的其他门是……

生10:几何图形。

师:你挺有数学思维的。

生5:贾府的建筑别具一格,如潇湘馆的建筑就显得很清幽淡雅,还体现
出了主人林黛玉的性格。

生11:贾府居室的布置很有特色,可以看出主人很有才气。

生12:从"丫鬟们抱了一个大锦褥子来,铺在栏杆榻板上,贾母倚柱坐
下",可以看出贾母很娇气。

生13:我认为贾府生活比较奢侈。

生2:我们组的同学都比较喜欢王熙凤。因为她的性格比较爽朗,如林
黛玉初进贾府,人未到笑声先听到。她还能说会道、掌管贾府的财务。她的
声望也很高,贾府的人都听从她的安排;她办事利索,深得贾母的欢心。

生5:我不喜欢王熙凤。因为她虽然为人比较爽直,但比较会要人,取笑
刘姥姥。还有从课外了解到她的处世哲学与曹操差不多:"宁教我负天下
人,休教天下人负我。"

3.课后升华(热恋名著,情有独钟)

师:我们可以看出,《红楼梦》内涵非常丰富,人物形象丰满,主题思想十

分鲜明。《红楼梦》是一部百科全书。刚刚同学们讲得很好,征得王导的同意,接下来同学们就可以自由游览了。

师:老师先把后面的游程跟大家说一下。首先是荇叶渚(播放视频);再是薛宝钗住的蘅芜院;再就是缀锦阁;接下去是藕香榭,她们在这里看戏;还要去栊翠庵,这里是"金陵十二钗"之一的妙玉住的地方;因为贾母年纪有点大了,这时候有点累,所以到稻香村休息,稻香村是李纨的住处;我们的刘姥姥因为酒喝多了,不知不觉来到贾宝玉的住处——怡红院,而且在他的床上睡着了。

师:同学们边游赏,边思考对《红楼梦》还有哪些疑惑,请写在小纸片上,我们课后再进一步探究。

师:请同学们把写好的疑惑都贴到前面的名著导读留言板上来。

(学生陆续贴上对《红楼梦》的疑惑……)

老师选择其中的两个疑惑。

师:有同学问:贾府四小姐为什么分别取名为元春、迎春、探春、惜春?

生1:我看过一些资料,上面说,这四个名字的前面一个字连在一起的谐音就是"原应叹息",预示着她们悲惨的命运:贾元春在深宫中没有自由,贾迎春被孙绍祖虐待致死,贾探春远嫁他乡,贾惜春入庵为尼。

师:贾府四小姐都是"金陵十二钗"里面的,她们都可称"红颜薄命"。

师:第二个问题,有同学说《红楼梦》中人物的穿着很有特色,请问有没有什么讲究?

…………

师:我这里有两本书,它们是我们班的一位家长编写的,一本是《〈红楼梦〉脂粉英雄们》,一本是《〈红楼梦〉服饰研究》。同学们,感兴趣的话,可以在课后进行研读。

师:同学们,今天这堂课我想告诉你们,名著经典离我们并不遥远,我们可以进行多方共读:同伴互读、师生导读、亲子共读、专家引读……一起走进经典,一起感悟经典的魅力。

(播放《红楼梦》电视剧的主题曲,并展示《红楼梦》的拓展介绍)

《红楼梦》创造了一个世界。在这个世界里,压迫与反抗、富有与贫困、欢乐与悲凉、腐朽与新生,像一对对双生兄弟一样并存着。人们在这个世界里看到了18世纪中国社会的政治、经济、文化,看到了延续几千年的封建制度行将就木濒临灭亡的命运。这是一个悲剧世界,是历史的悲剧、时代的悲剧、人生的悲剧,这个伟大的悲剧,产生一种牵动千百万读者心弦的美感,具有无穷的魅力。它不仅使中国的读者为之叹服、为之倾倒,而且也让世界各国的读者进入另一个世界,体验到东方美的神奇韵味。曹雪芹经历十年辛苦,以血泪写就的《红楼梦》传达了人类共有的思想,它的故事内容和充满悲剧意味的结局,不会因时间和地点的不同而改变其本身价值。

三、评课实录

专家一:这堂课设计得非常新颖,从《红楼梦》节选的《刘姥姥游赏大观园》篇幅很长,姚老师能把它浓缩在一堂课中,处理得非常巧妙。她以刘姥姥游赏大观园的游踪为线索,在课堂设计中不经意间告诉学生可以从哪些方面去读。比如,在第一个环节游赏沁芳亭时,她提示通过语言艺术的赏析来欣赏名著;在第二个环节游赏潇湘馆时,她提示学生品味家居风格,感受名著中的环境描写;在第三个环节游赏秋爽斋时,姚老师提示要细看百态笑姿,这其实是告诉学生在名著欣赏过程中要抓住细节描写。另外,一般的课在结束时,老师都会问学生:你们掌握了没有?懂了没有?我们倡导的课堂是让孩子们带着问题进课堂,更要让孩子们带着更多的问题出课堂。在这堂课中,我觉得姚老师有一个问题设计得非常"亮眼",那就是"你学了这一课,你有什么新发现?"让孩子们写下在读《红楼梦》过程中产生的疑惑,并且把这些疑惑张贴在名著导读的专栏上,我觉得设计得非常漂亮。名著导读的目的是让学生截取名著中的精华来欣赏,但我觉得应该让学生对名著导读产生更多的疑惑,从而对名著导读产生更大的兴趣。我个人倡导从语言文字中去领略名著的魅力,姚老师的这堂课就很好,从名著的细节着手,让学生领略其中的美妙。

专家二:第一,姚老师的这堂课创设了一个非常好的情节,用语言、视频、课件等多种方式把学生的阅读兴趣调动起来了。第二,整堂课采用了多种朗读方式,有全班朗读、分角色朗读、小组朗读等,让学生真正走进名著,我个人认为在课堂中,朗读是非常重要的。第三,设计"让学生畅谈游园心得"这一环节,把学生的语言能力、思维能力、阅读能力都调动起来了,真正激活了学生的自主学习能力。此外,还有两点启发,与大家探讨。第一个启发是整堂课是由导游带着学生游览大观园,我们能不能进行大胆尝试,在学生统一游赏之后,让学生自由组合,游赏剩余的景点,发表自己的观点,我想这样学生的自主性和参与性会更强。第二个启发是,应该说姚老师的整堂课设计得是非常精妙的,但是我在想,名著犹如汪洋大海,经典精妙之处有很多,我们能否在设计时更加集中一些,抓住最精妙的情节来赏析,比如人与人之间的关系等。

学生评价 1:通过这堂名著导读课,我深深地体会到名著语言及内容的博大精深,也感受到自己的知识水平远远不及作者水平的千万分之一,所以,我深深地爱上了名著。每当徜徉在名著的文字海洋中时,我的心就随情境的变换而跌宕起伏,时刻被文中的人物吸引,因他们的爱恨情仇而感动、忧伤、遗憾与无奈。我认为学校应积极开展名著导读活动,让更多的人体悟到经典名著语言文字的魅力,折服于中华民族的悠久历史及历代风流人物。

学生评价 2:这堂名著导读课,让我们了解了《红楼梦》的写作背景、人物介绍、作者介绍等有关知识,让我们领略到作者创作的艰难,作品中的人物栩栩如生地浮现在我们的眼前,让我们知道了贯穿故事主轴线的是"金陵十二钗"、四大家族的荣辱辛酸。让我们细细品读《红楼梦》,牢牢记住这些耳熟能详的名字。

学生评价 3:通过这堂名著导读课,我发觉名著离我们并不遥远,并不是那么难以理解。这次的导读课上,我们在古典语言韵味的吸引下,在老师精美课件的引领下,开始慢慢了解《红楼梦》中的故事……我们从人物的神态、语言中看出了他们的性格、脾气。我希望我们能在校园内多开展此类名著导读活动,以拓展课外知识。

学生评价 4:通过这堂名著导读课,我知道了《红楼梦》中的习俗和当时封建社会的不公平,受益良多。我认为我们可以读更多的名著来充实自己,在名著的世界里,可以看"三打白骨精",也可以欣赏"千里走单骑",它们都会给我们的生活增添色彩。

学生评价 5:通过这堂名著导读课,我感受颇深。它不仅让我走近了名著,更令我喜欢上了名著的内在美。名著内容丰富多彩,情节曲折,在今后的日子里,我每天都会看一篇名著。名著让我流连忘返、如痴如醉。

学生评价 6:文字的魅力是任何影视传达手段都无法替代的,通过这堂名著导读课,我更进一步地了解了古代文化。我认为中国四大名著太经典了,但现代社会这样的经典太少了,希望能多一些国际化、多元化的名著。

学生评价 7:这堂名著导读课,让我对《红楼梦》充满了好奇,有了想读、要读的冲动。在以后的日子里,我将细细品读《红楼梦》,更深入地了解小说中各个角色的服饰、装扮及剧中饮食、居住环境布置等。同时我们应倡导更多的人来分享经典名著。可以开展"名著导读周"活动,举办名著友谊会,让同学们在名著交流中增进友谊、提高文学素养。

学生评价8:这堂名著导读课,让我了解了一个中国古代富裕家庭的故事,也让我领略了名著的魅力,从而使我们知道名著不是我们想象中的那样乏味。关键在于我们如何领略、怎样深入体悟其中的思想精髓。因此我坚信这堂导读课,让我们重新认识名著、感受名著、体会名著,争做一名有思想、有内容,能传承中国历代文化的青年人。

学生评价9:我一直认为中国的名著博大精深,很难理解。但这堂名著导读课,激发了我对名著的兴趣。我认为学校应多开展这样的活动,拓宽我们的知识面,让我们对老祖宗传下来的东西,能更好地传承和发扬。

四、课例研究的成效与反思

《红楼梦》是一部集中国思想、风俗和文化于一身的旷世经典。那栩栩如生的人物形象让人怦然心动,那缠绵悱恻的情感让人魂牵梦萦。

学校开展"走进名著,品味经典"系列经典课堂活动,"不读《红楼梦》就是人生极大遗憾",带着这种情愫和学生商量要上一堂关于《红楼梦》的公开课,但学生的回答是"只要不是上《红楼梦》,四大古典名著其他三个都可以",这令我感到非常惊讶与失望。凭借一股韧劲,我偏要上《红楼梦》;凭借一股拼劲,我要让学生爱上《红楼梦》。

因此,我还是带着我的一帮不爱《红楼梦》的"同伴",走进了贾府,在贾府中进行了探索、回味和体验。这堂课给我的感悟,可以用"一杆秤,一幅画,一根绳,一个梦"来概括。

1.一杆秤:取材准确

新课程、新课标、新教材要求我们能够创造性地进行"教材处理",要求教师站得更高,带领学生看得更远、更宽。我们往往会考虑过多,把教参所提供的方方面面都考虑进去;或考虑问题过浮,如蜻蜓点水、浮光掠影;或考虑问题过简,不能充分地挖掘教材的内涵。我在名著导读《红楼梦》教材处理上,权衡优劣,注重以小见大。我选择了具有可读性及代表性的《刘姥姥游赏大观园》作为切入点,因为从中可以领略《红楼梦》贾府的繁华、人物的关系、建筑的独特、生活的讲究等,一叶知秋,将《红楼梦》的意境、灵动、思想浓缩在一堂课中,让师生沉醉其中、为之叹服。

2.一幅画:情境完美

《红楼梦》的情境是凄美的,贾府的建筑是精美的,"金陵十二钗"是娇美的……名著导读《红楼梦》旨在让学生有对"美"的体悟。这堂课的课件我从"色、声、动"三个方面精心制作,为学生呈现了一幅完美的画。一是色调上,我选择亮色、暖色,插图都非常美,让人一见倾心。二是声音上,我精心安排,课前先声夺人,以一首《红楼梦》电视剧片头曲把学生引入《红楼梦》的意境;课后以《红楼梦》电视剧片尾曲让学生意犹未尽。三是充满动感,让"金陵十二钗"以动画形式进行呈现,让王扶林来"导游"大观园,让文中情节影视化再现。语文课堂教学不可或缺的是美的意境,它能够丰富学生的情感世界,能够调动学生的想象力,使学生进入角色。

3.一根绳:环节紧凑

课堂教学是师生、生生之间有效互动的生成过程。这堂课我从课前、课中、课后三个环节进行设计。一是课前预热,邂逅名著,让学生对名著一见倾心。二是课上加温,相约名著,让学生对名著刻骨铭心:游赏沁芳亭,学习语言艺术;游赏潇湘馆,品味家居风格;游赏秋爽斋,细看百态笑姿;游赏大观园,畅谈游园心得。三是课后升华,让学生对名著情有独钟。虽然是十分寻常的三个环节,但它们环环相扣、由浅入深,实现了名著"导读"的目标。

4.一个梦:兴趣培养

学校开展系列名著导读课例展示活动,最终是让学生"走进名著,品味经典",提升他们的人文素养。如何实现这一目标,关键是"导"。在这堂课中,我设计"让学生畅谈游园心得"这一环节,充分调动学生的语言能力、思维能力、阅读能力,激活课堂、激活学生。同时让学生带着问题进课堂,更让学生带着问题出课堂。我设计"在游园过程中,请写下你的新发现、新疑惑"这一环节,并且让学生把这些新发现、新疑惑张贴在名著导读的专栏上,让学生在课后对名著细细品读、久久探究。从而激发学生阅读名著经典的兴趣。

但是对于这堂课,我还有一些遗憾。

一是少了一些品读。《红楼梦》是一部旷世经典,精妙之处犹如汪洋大海,如果能设置优美语句的品读环节,抓住一些精妙语句来赏析,那给学生的启发将更大。

二是少了一些探究。这堂课我侧重于名著"导读",让学生提出对名著的疑惑,选择其中的两个问题进行了探究。但我们的学生是聪慧的,有些疑惑,他们自己可以互相解答,如果能多留一些时间,让学生自主探究,相信学生能从这堂课中获取更多的幸福感、成功感。

三是少了一些动感。幸福课堂应该是灵动的,我对学生的点评还不够精辟,同学们的回答中规中矩,没有放开。如果我能让学生再放开一些,让学生在课堂中敢于提问、质疑、争论,可能这样的课堂才是灵动的开放性课堂。

总之,这堂名著导读课让我收获颇多,希望在名著导读这块园地上,与学生一起沐浴阳光,汲取营养,不断锤炼,茁壮成长。

《金色花》

一、课例说明

1.学情分析和教材解读

（1）学情分析

七年级学生刚进入新的学习阶段,可塑性非常强,同时也正处于世界观和人生观形成的关键期。这一阶段,最需要也最适合通过课堂教学等活动,对其进行思想情感的熏陶和人文主义关怀。同时,这个阶段的学生阅读欣赏力和朗读能力普遍较薄弱,所以在教学中,要把理解赏析和朗读课文的训练放在重要的位置。

（2）教材解读

《金色花》是七年级上册第五单元中的一首散文诗,诗中所表达的浓浓亲情动人心弦,优美的语言也足以感染每一个情感丰富的学生。学习本课,首先要完成本单元要求,即能整体感悟课文内容,注意语言的积累和写法的借鉴,学习朗读。其次,还要能感受文中的母子情深,突出语文学科的人文性和情感熏陶作用。

《金色花》诗歌形象鲜明,语言生动,内涵丰富,叙述细节之中饱含着丰富的感情。内容贴近学生生活,易引发学生的阅读兴趣。

2.课例目标和重点

（1）教学目标
①把握课文基调,有感情地朗读课文。
②培养学生通过咀嚼散文诗语言提高鉴赏作品的能力,培养其想象力和创造力。
③让学生体会人间至深至纯的亲情,受到美的熏陶和感染,培养学生健康高尚的审美情趣和审美能力。

（2）教学重点
①反复诵读,品味诗歌的语言,领会作品中的母子情深。
②把握诗歌的情感基调,通过诵读揣摩,逐步提高鉴赏散文诗的能力。

二、教学设计两次对比以及课堂实录

1.第一次教学设计

环节一:情境导入,创设基调

播放歌曲《鲁冰花》,屏显歌词,以巧引歌词讲解来导入课程。

引入课题:鲁冰花,多美的名字,作为母爱的象征,我们一下子就能感受到母亲的圣洁、纯真,难怪令孩子那么依恋和思念。今天我们也来学习一首充满温馨美好的母子情的散文诗,它同样也是一篇以花写人的作品。

环节二:听读课文,感知意象

听老师读,关注老师在重音、语速、节奏、感情等方面的处理。

在听读的基础上自由诵读,注意把握感情基调:舒缓、温馨、深情。

(1)一首诗就像一幅画。这首散文诗向我们展现了一幅怎样的图画呢?

(2)顽皮可爱的孩子变成一朵盛开的金色花,与慈爱的妈妈逗乐嬉戏,他是怎样和妈妈逗乐嬉戏的呢? 请用"当妈妈_____时,我就_____"的句式说一说,并写写批注。

(3)为什么"我"想变成一朵金色花?

(4)"我"为什么要"暗暗地""悄悄地"做这些事情?

(5)"你到哪里去了,你这坏孩子?"表现了母亲怎样的心情? 如何理解"坏孩子"的含义?

(6)这是一个怎样的孩子和一位怎样的妈妈? 请你用"我在阅读中仿佛看到了一个_____的孩子和一个_____的妈妈"的句式来回答。

环节三:探疑解惑,理解主旨

泰戈尔为什么要选"金色花"而不是别的意象来比喻孩子呢?

因为金色花是非常美好和圣洁的,这和母子之间的感情很相似;而且印度人也喜欢用花来比喻儿童;同时,泰戈尔也借美丽的圣树上的金色花赞美了孩子的可爱。金色花那金黄的色彩,正映射着母爱的光辉。人们喜爱花儿,花儿也惠及人们,象征孩子希望回报母爱的心愿。泰戈尔的想象新奇而美妙。

环节四:创意表达,升华延伸

如果你忽然具备了文中小男孩的神力,你准备变作什么来表达你对母亲的爱意? 展开想象的翅膀,请以"妈妈,假如我变成了_____"来说一句话,以此来表达你对妈妈的爱。

示例:假如我变成了一条清清的溪流。我要在妈妈工作劳累时,让妈妈来到我身边,听我唱一支欢快的歌曲,抖落满身的疲惫;我要在妈妈口渴时,让妈妈品尝我甘甜的水,使她重新变得容光焕发!

2. 第一次教后反思

在导入环节,借助多媒体播放《鲁冰花》,以轻松、愉悦、温馨的氛围开始散文诗的教学。虽然这首歌曲流行于很多年之前,但真切的深情并不会因为时空的流转而改变。

整节课遵循了由浅入深、循序渐进的原则,贯穿着师生朗读、说读、品读等活动,递进式的师生互动,帮助学生在探学、悟学、用学等维度上逐步得到锻炼。但作为散文诗的教学,此课堂教学的主体部分设计的朗读环节还不够完善,设计层次不够清晰,可重新调整,围绕"四学"和"轻悦"进行三个层次的设计重构:(1)自由朗读,感受画面;(2)再读课文,读出人物形象;(3)品读课文,包括多种形式的朗读、默读等,通过对语言文字的深入赏析领会诗歌表现出来的美好情感,以此走进诗歌的美好世界。

3. 第二次教学设计的调整

环节一:情境导入,创设基调(此环节延续第一次的设计,不做调整)
环节二:自由朗读,感受画面
教师提出朗读要求:一是要读准字音,结合注释理解重点词语的含义;二是再现诗歌中的画面内容,说说你看到了什么。
(1)教师播放《鲁冰花》背景音乐,学生自由朗读课文。
(2)字词积累。
(3)说说在朗读中,透过精美的语言文字所看到的画面。先说给同桌听,然后在全班进行分享。在学生充分感受、表达的基础上,教师引导学生概括并明确文章描绘的五幅画面:
我变成金色花,在树上跳舞嬉戏;
我隐身匿笑,暗享温馨的母爱;
母亲做祷告时,开放花瓣散发香气;
母亲读书时,将影子投在书页上;

母亲去牛棚时,和她开玩笑,恢复原样。

【设计意图】更新此环节,加强了对基础知识的巩固和落实。目的是引导学生边读边想象,整体把握诗歌的内容。鼓励学生自由诵读,同时又让学生明白应怎样读、为什么要这样读,让学生在充分体会诗歌蕴含的感情的同时,掌握朗读技巧,不仅读懂了诗,也学会了怎样读诗。

环节三:再读课文,把握情感

朗读活动一:读出人物形象。

自由朗读课文,从文中人物的言行中感受人物形象,然后说说你读出了一个怎样的妈妈和一个怎样的孩子。

同桌小组合作,朗读之后探究人物形象,以"我读出了一个_____的母亲(孩子)形象,你看(听)_____"的形式表达,要求结合文章的具体情境和相关语句进行说明。

朗读活动二:读出诗歌情感。

选读课文,品读关键语句,进行圈点批注,揣摩人物情感。

结合相关情境和具体语句,发挥想象,说说孩子和妈妈的心里话,教师适当点评,并进行细致的朗读指导,对重难点语句进行示范朗读。在谈到最后一个情境时,教师组织学生进行演读。

在学生充分朗读和表达的基础上,教师进行小结:《金色花》以精美的语言、美妙的情境谱写出的是一首母子相依相爱的颂歌,母亲是那样的慈爱善良,母爱是那样的宽厚仁慈;孩子是那样的活泼可爱,童真是那样的圣洁美好。整首诗歌温馨甜美,让我们以舒缓、温馨的基调,读出诗歌美妙的意境。

朗读活动三:读出诗歌意境。

把握作品的情感基调,整体朗读诗歌,读出诗歌的美好意境。

【设计意图】此环节对课堂教学的主体"朗读"部分进行了重构。自由朗读,感受诗歌的画面内容;深入读,读出诗歌情感;以多种形式读,读出诗歌意境。层层深入,以达成教学效果。在读出画面的基础上引导学生进一步感受人物形象,引导学生通过朗读品析、感受人物形象既是重要的也是必要的。在品读环节,充分利用了朗读、默读、品读等多种形式,通过对语言文字的深入赏析领会诗歌表现出来的美好情感,从而走进诗歌的美好意境。

环节四:创意表达,升华情感

环节五:作业设计

(1)课外阅读泰戈尔诗作《仿佛》,并谈谈你的阅读感受。

（2）把你们想对妈妈说的话写在自制卡片上,在母亲节送给妈妈。

【设计意图】课后作业的布置是课堂教与学的延伸,《仿佛》是泰戈尔歌颂母爱的一首诗歌,诗中的母爱是平凡的,是神圣的,是博大高远的,诗人一唱三叹,使诗歌意境深远,对课堂教学来说是很好的补充。同时,本课在潜移默化中使学生受到美好情感的熏陶。

4.课堂实录片段

师:请同学们自由朗读课文,并说说你从文中人物的言行中读出了一个怎样的妈妈和一个怎样的孩子。两分钟后和同学小组合作,以"我读出了一个_____的母亲(孩子)形象,你看(听)_____"的形式表达。

生:我读出了一个活泼可爱的孩子形象,你看"假如我变成了一朵金色花,只是为了好玩,长在那棵树的高枝上,笑嘻嘻地在风中摇摆,又在新叶上跳舞"。

师:说得很好,从你的朗读中,我好似看到了孩子金灿灿的笑脸。

生:还有"笑嘻嘻、摇摆、跳舞",都让我感受到这个孩子一定活泼又可爱。

师:还有别的分享吗?

生:我读出了一个顽皮的孩子形象,他消失了一天,重新变回了妈妈的孩子,但却不告诉妈妈自己的行踪,所以我觉得他很顽皮。

生:我有不同意见。这孩子看起来消失了一天,其实他在默默陪伴着母亲,把阴凉投给看书的母亲,尽力散发香气让母亲愉悦,可见他并不是顽皮的孩子,我反而觉得他很懂事。

师:你真是个细心的孩子,那么你觉得应该怎么来读"我不告诉你,妈妈"这一句呢?

生:我觉得应该突出俏皮的感觉,但是也有暗暗的欢喜,自己为母亲所做的一切并没有被母亲发现,"我不告诉你,妈妈",像这样。

(同学鼓掌)

师:同学们的掌声已经表达了大家对你诵读的认可,在你的演绎中,我们听到了孩子的心声。还有同学再来分享一下母亲的形象吗?

生:我读出了一个慈祥的母亲形象,你听:"孩子,你在哪里呀?"母亲见不到自己的孩子就焦急找寻,很担心自己的孩子。

师:你念得真好,我仿佛听见了一位母亲焦急的呼唤,"哪里呀～"的呼唤声似乎能传递到很远很远。

生:我读出了一个担心孩子的母亲形象,你听:"你到哪里去了,你这坏孩子?"她终于唤回了自己的孩子,责备中又充满着担忧。

生:我感觉是又惊又喜。

师:那你来读读,"你这坏孩子"该怎么读。

生:你到哪里去了,哪里读长一点,你这坏～孩子,"坏"不能太恶狠狠了,稍微拖长一点,应该是责备中带着慈爱,有又担忧又惊喜的感觉。

师:真好,妈妈焦急的话语中充满着担忧和慈爱,而孩子的出现给妈妈带来了安心和欢喜。你读得很棒!

三、评课实录

全老师:本节课营造出和谐、民主、愉悦的课堂氛围,充分地调动了学生学习的积极性,学生参与的热情高。教学中既注意教师的引导和组织作用,又充分尊重学生的语文学习主人的地位。师生携手探索教学中的重难点,可谓亮点纷呈。

张老师:本节课非常重视学生的诵读。诗歌的体裁特点决定了本课教学应侧重于诵读。在本课的教学中,学生的朗读贯穿始终,学生的感悟通过朗读得以实现。学生也受到了美的熏陶和感染,从而培养健康高尚的审美情趣和审美水平。

贾老师:《金色花》是一首很美的散文诗,它用精练的语言描绘出一幅耐人寻味的图画。课后作业设计符合学生的身心发展特点,符合学生的认知水平,密切联系学生的经验世界和想象世界,有助于激发学生的学习兴趣和创新精神。

专家点评:在两次教学设计的对比中,我们能看出授课老师的匠心所在,也很好地体现了对于"趣学、探学、乐学、悟学"的层层深入及落实。以音乐导入,在轻松、愉悦、温馨的气氛中拉开课堂序幕。以探究延伸收束,课虽尽意犹在。整节课师生沟通自然平等,充满着师生思想的融合、智慧的碰撞。作为散文诗教学,授课老师很好地抓住了"朗读"这个教学重点,让学生在读中悟、在悟中读,多种形式交错进行,很好地达成了教学效果。

四、课例研究的成效与反思

1. 基于"四学"的课例研究反思

(1) 两次课堂基于"四学"的反思

围绕着"四学"模式,先后进行了两次教学设计,对课堂进行了再构与升级。在导入环节,引入乐曲来营造温馨的课堂氛围,创设浓郁的教学氛围,调动了学生学习的积极性。在诵读赏析环节,精心设计了问题串,来激发学生学习的主动性,读画面、读形象、读情感,任务链层层递进,逐步推进教学目标,引导学生初步把握诗歌温馨甜美而又活泼的情感基调。按照由浅入深的原则,分层次朗读诗歌,灵活运用学生自由朗读、教师示范读、师生研读、学生表演读等方法,在不同层次、多种方法的诵读中品味散文诗语言的精妙,引导学生发挥想象力,再现文章描绘的画面,理清诗歌的思路,进而在诵读中品味语言,实现对诗歌的深层鉴赏,从而逐步提高学生鉴赏诗歌的能力,最终深刻领会作品的思想感情,获得美的感受和情感的熏陶。

(2) 体现新课标方面的反思

本课以学生为主体,立足于学生发展,以培养学生语文素养为出发点,教师以引领者、合作者的身份带领学生走进语文学习的空间,让学生感受语言、理解语言、运用语言,让学生得意、得言、得法,最终达到提高学生语文核心素养的目标。

2. 基于"四学"的课例研究改进

(1) 知识建构方面

语文新课标强调语言是沟通的工具,我们要鼓励学生参与讨论、交流和合作,促进思想碰撞和知识共享,以推动共同构建知识。教师应采用多种形式的朗读方法,让学生在尽情朗读中理解重要词语和句子的含义,在反复朗读中理解文章的内容和作者的思想感情,并用迁移方法进行课外延伸。

(2) 主动探究方面

鼓励通过提出问题、探索、实践和合作等方式,培养学生独立思考、自主学习和解决问题的能力。首先要帮助学生深入理解《金色花》这篇文章的情节、主题和人物关系,让他们通过阅读和讨论,了解故事中每个家庭成员的角色和情感表达,帮助学生分析文章中不同家庭成员之间的情感交流和互动。让他们探究人物之间的爱与责任,从中领悟亲情、友情、爱情等不同形式的爱。

(3)深度思考方面

充分尊重学生的个体差异,根据学生的兴趣、需求和能力特点,开展有针对性的学习活动。同时,注重培养学生的自主学习意识和学习策略,保证学生在学习过程中的主体地位,倡导向学生提供多样化的学习机会,促进他们通过探究、交流、实践等方式构建知识体系,培养综合素养和创新能力。

(4)实践体验方面

通过实践活动和课后延伸环节,引导学生将所学知识运用到实际情境中,达到知行合一的目的。通过小组讨论、角色扮演、写作作业等形式,引导学生深入体验和表达对家庭成员的情感和爱。通过指导学生学习《金色花》一文,引导学生通过理解课文内容,进而开启爱的心门,感悟家庭成员之间的至亲至爱,并鼓励他们分享自己的见解和体会。

《再塑生命的人》

一、课例说明

1.学情分析和教材解读

（1）学情分析

七年级的学生处于青春期,不懂得怎样对待弱势群体、怎样对待生命和挫折。鉴于此,本课引导学生了解海伦·凯勒的人生经历,以及安妮·莎莉文老师的伟大品质,体会作者对待生命的积极态度,让学生树立正确生命观。同时帮助学生在已掌握的默读方法上巩固、提升默读技能。

（2）教材解读

《再塑生命的人》是自读课文。本单元主要写学习生活,不同时代儿童的学习状况和成长经历,感受童真、童趣、友谊和爱;学习默读,在阅读中把握内容。

本文记叙了盲聋哑残疾人海伦·凯勒在安妮·莎莉文老师的帮助下开辟通往世界的道路,塑造了莎莉文老师的光辉形象,表现海伦·凯勒作为盲童的心路历程。

2.课例目标和重点难点

（1）教学目标

①练习默读,提高默读速度。

②抓住标题、开头和结尾的关键语句,了解文章,把握主旨。

③把握海伦·凯勒心理变化,体会莎莉文老师的教育艺术。

（2）教学重点难点

①默读,抓住关键语句,了解文章大意,把握文章主旨。

②揣摩关键词句,感受海伦·凯勒的人生变化,探析莎莉文老师人物形象。

③体会莎莉文老师的教育艺术,感受海伦·凯勒对老师的感激、爱戴之情。

④学习海伦·凯勒的精神品质,让学生获得生命观和情感价值的提升。

二、教学设计两次对比以及课堂实录

1. 第一次教学设计

环节一:情感体验

【用手"听"话】

明晰游戏规则,学生按要求进行情感体验,并说出自己的感受。

环节二:整体感知

①走进作者,解决生字生词

介绍海伦·凯勒,检查预习,纠正错误读音,解决本课中的难点字词。

②走进文章,理清文章内容

探寻关键内容段落,思考再塑生命的人是谁、给了你什么印象,概述本文内容。

环节三:品读文章

①"再塑生命"历程

明确默读方法和要求,探析莎莉文老师来之前,海伦·凯勒的生命原貌是怎样的。

依托表格(见表 3-1),梳理莎莉文老师做的哪些事让海伦·凯勒产生触动。

表 3-1　海伦·凯勒心理感受变化表

"**再塑生命**"历程:莎莉文老师到来之后

段落	事件	海伦的感受
第 5 段	第一次亲密接触	陌生
第 6、8 段	给"我"洋娃娃,教"我"拼写	自豪、高兴
第 7 段	教"我"学会简单的字	领悟
第 9—12 段	教"我"学会区分"杯"和"水"	不耐烦→恍然大悟
第 13 段	教"我"比较复杂的字	喜悦、幸福

环节四:精细研读

①探究人物形象

以"我从_____这句话中读出莎莉文/海伦·凯勒是_____的人"的句式,概括二人的人物形象。

②探究变化因素

分析海伦·凯勒成功再塑生命的因素有哪些。

环节五:深入思考

学生结合生活和学习经历,谈谈自己是否喜欢莎莉文老师。

2.第一次教后反思

本文作者在文中注入了很深的情感,学生阅读后基本了解文章内容,用游戏导入,让学生感受海伦·凯勒的生活方式和学习方式,通过游戏拉近学生与文本的距离。接着通过默读的方式,提出与课文中心相关的问题引导学生进行思考。培养学生感悟能力和质疑精神,边学边发现问题,发散学生思维。

师生交流互动较多,课堂较活跃,但问题预设以及各环节设置还需斟酌改进。

采用多种教学形式可以让课堂更活跃、学生的求知欲更加高涨,但讨论时易泛泛而谈,缺少深入思考。本文篇幅较长,要有所取舍,抓住重点,引导学生静心思考,让学生达到情感与文本交融,从而获得生命感悟,与文本和角色产生碰撞和对话。

3.第二次教学设计的调整

环节一:情感体验

【用手"听"话】

明晰游戏规则,学生按要求进行情感体验,并说出自己的感受。

【设计意图】

作为导入,应快速有效地让学生的学习思维进入课堂当中。本节课的通过游戏的方式导入,以激发学生的学习兴趣,让学生快速走进课文,使整节课变得活跃。

环节二:再塑"生命"历程

明确默读要求(不出声,不动唇,不指读,不回看,一口气读完全文),通过默读,找出海伦·凯勒最初的生命感受。

> 海伦最初的生命感受是_____的?
>
> 明确:苦恼、愤怒、煎熬、小心、渴望

朗读关于海伦·凯勒生命感受的关键语句,感悟她的内心情感。

遇到莎莉文老师之后,海伦·凯勒的生命感受发生了怎样变化?

> 莎莉文老师到来后,海伦的生命感受是_____的?
>
> 明确:光明、希望、快乐、自由

海伦·凯勒对莎莉文老师的情感是怎样的? 感悟敬爱和感激之情。

【设计意图】

本单元训练学生默读能力,巩固默读技巧,提升默读水平,对文章形成整体把握。

开篇没有把笔墨放在莎莉文老师身上,而是通过海伦·凯勒的心理状态表明其重要性。以海伦的生命感受的变化,探寻"生命"再塑历程,感悟两人的深厚情感。

环节三:品析"生命"形象

介绍莎莉文老师,莎莉文老师为海伦·凯勒的"生命"再塑付出很多。除了莎莉文老师的帮助,也与海伦·凯勒自身某些特点密不可分。

小组合作概括形象,上黑板进行成果展示。

(提示:分析人物形象既要关注与人物有关的事件,也要关注细节。)

> 1、莎莉文老师是_____的人?
>
> 2、海伦的变化,除了莎莉文老师的付出,还与她自己_____的特点密不可分?
>
> 明确:莎莉文老师　　海伦·凯勒
>
> 　　　　　　　　　求知欲强(好奇心)
>
> 耐心　　　　　　　悟性极高(领悟心)
>
> 爱心　　　　　　　善于反思(反思心)
>
> 慧心　　　　　　　知错就改(乐观心)
>
> 　　　　　　　　　积极乐观(乐观心)

【设计意图】

重点默读课文主体部分,从中获取信息,把握思路结构。文中海伦·凯勒与莎莉文老师相辅相成、一体两面,海伦·凯勒能成为不平凡的人,是自己努力的结果,也与莎莉文老师的教育密不可分。莎莉文老师的伟大成就了海伦·凯勒的不平凡,故探究二人的人物形象是极其关键的环节。

环节四:书写"生命"感悟

> **助学资料:**海伦·凯勒,美国著名的作家、教育家、慈善家、社会活动家。曾就读于哈佛大学,发表了 14 部具有世界影响力的著作。
>
> 1964 年荣获"总统自由勋章"。
>
> 1965 年入选美国《时代》周刊评选的"美国十大英雄偶像"之一。
>
> 她为盲聋哑人的教育和福利事业贡献一生,曾受到多个国家政府和人民的嘉奖。

从海伦·凯勒的人生经历和成就出发,引导学生感悟人生,思考自己想对自己/海伦/莎莉文说些什么。

【设计意图】

本节课,学生不仅要获得学习能力上的提升,更应取得生命观和人生感悟上的提升,并将收获和所学知识用到生活中。海伦·凯勒的坚强、进取、乐观等优秀品质,莎莉文老师的有耐心、有爱心、有慧心等光辉形象,都可引发学生进行思考,产生新的人生感悟。引导学生与课本中的人物进行交流,从中获得情感价值上的提升。

环节五:课堂总结

酸甜苦辣,人生百态,方显生命精彩,希望大家坚强地面对人生中的每个困难,温暖帮助每个人。一起敬畏生命、热爱生命、享受生命。

4.课堂实录

(1)引入

师:游戏中,你有什么感受?

生:(抢答)不能看,很难受,感受不到他写了什么。

生:(抢答)我以为很简单,但脑中一片空白,很迷茫。

(2)师生互动

师:默读,找出海伦·凯勒最初的生命感受。

生:无声地呼喊着"光明! 光明! 快给我光明",她非常渴望光明。

生:"我正像大雾中的航船,既没有指南针也没有探测仪,无从知道海港已经临近。"她很无助。

师:她的生命一直如此吗?

生:不是。(学生摇头)

师:遇到莎莉文老师后,海伦·凯勒的生命感受发生了怎样变化?

生:她对世界充满渴望,渴望光明、希望、快乐、自由。(学生兴奋地回答)

师:海伦·凯勒对莎莉文老师有着怎样的情感?

生:敬爱和感激。

师:莎莉文老师为海伦·凯勒付出很多,海伦·凯勒生命的再塑与她自身某些特质密不可分,品析二人"生命"形象。

小组合作,交流展示。

(3)书写感悟

师:请任选角度,对自己/海伦·凯勒/莎莉文老师,写下心里话。

伴随舒缓音乐,学生书写"生命"感悟,进行分享。

三、评课实录

倪老师:本课教学目标清晰,注重培养默读习惯,提高默读能力,也注重朗读能力的训练和加强。通过默读和朗读的方式,让学生思考和理解,带着疑问上课。不急不缓,引导学生品味、鉴赏课文,将课文与生活相连,获得有关生命、生活的新感受。

张老师:老师对文本的赏析较细腻,把握文本的能力很强,自然舒服。注重学生的能力提升和情感感悟,清晰详细,调动学生积极性与参与度,让学生成为本节课主角,提供展示机会,体现出了学生在课堂中的主体性。

贾教师:本课符合新课标理念,设置活动,驱动思考等,特别是导入环节,通过游戏让学生快速进入课堂,感受海伦·凯勒的人生,可谓巧妙有趣。学生能在情境中沉浸式学习。学习任务环环相扣,自然流畅。活动有效,一步一个阶梯,引导学生在学习过程中获得成果,达到很好的效果。

专家点评:本文讲述师生间感人故事,莎莉文老师的形象很受学生喜欢。老师上课与学生互动亲切自然,与莎莉文老师的形象很贴切。把握学情是一节课成功的关键,学生上课积极性与参与度极高。老师能抓住学生的心理特点,引导学生走进角色,体会人物心理,将学情和教材相融合,且不止步于教材和文本,更融入生活,达到了语文学科的育人目标。

四、课例研究的成效与反思

1.基于"四学"的课例研究反思

(1)两次课堂基于"趣学、探学、悟学、用学"这四学方面的反思

语文是门综合性、实践性课程,工具性与人文性相统一。立足学生核心素养,发挥育人功能,是课堂学习的关键。基于"四学·轻悦"的模式开展教学,让学生学有所悟、学有所成。

语文课文都极具育人功能,但单从文本出发并不能让学生获得感悟、丰富自我,且易让学生产生倦怠感。以"趣学"为起点,让学生从语文学习中感受到趣味性,从而树立积极的学习态度。教师通过设置情境,让学生进行"情感体验",快速对主人公的人生遭遇和感受产生理解。

兴趣是最好的老师,在获得与主人公同样感悟后,学生会产生好奇心,自发地、主动地进行探索,带着这份体验感悟走入课文,对课文的理解会更深。在"探学"过程当中,教师针对默读和朗读都做出了明确的指导,并通过问题预设的方式,帮助学生理解文本、探索人物。

在"探学"环节中,教师充分发挥学生主观能动性,让学生通过小组合作,借助同伴力量完成对人物形象的品析,用词汇概括形象,进一步探究莎莉文老师和海伦·凯勒的特征。教学过程中,教师要充分挖掘学生的潜力和才华,给学生提供充分展示的机会,让学生获得团队协作的成就感,从而达到"乐学"的效果。

在"悟学"环节,教师设置书写"生命"感悟的任务,引导学生结合本节课所学、所思、所感,与自己的生活对话,与文本对话,与文中的人物对话,并鼓励学生将自己的"生命"感悟在班级内、在课堂上进行交流。此环节的设置,使学生不仅能够静下心来回顾本节课的学习,并在思索中获得与生活的联系,同时也能活跃课堂氛围。

轻悦课堂的设计,不仅要包含"趣学、探学、悟学、用学"这四个环节,更要考虑到各个环节的融合性与适配性。并且"四学"环节并非各自单独成

立,而是融会贯通的,这样才是让学生学有所成且"乐亦在其中矣"的高效、高能的语文课堂。

(2)体现新课标方面的反思

义务教育语文课程培养的核心素养,是学生在积极的语文实践活动中积累、建构的,是文化自信、语言运用和思维能力的综合体现。

本篇课文,教师应结合文本设计教学。学生通过具体情境和活动体验了解文本,感悟不一样的人生,感知自己生活的美好,学会敬畏生命、热爱生命、享受生命,形成正确的生命观和价值观。通过书写和交流,学生写作和表达能力也得到了训练。从而培养语文综合能力,促进学生语文核心素养的全面发展。

2.基于"四学"的课例研究改进

(1)知识建构方面

新课标引入知识构建的理念,凸显知识架构的重要性。教师不应把知识作为事先断定的结论教给学生,而应把知识当成一种看法、一种解释,让学生去理解、分析和鉴别。传授知识时,不仅要让学生明白"是什么""为什么",更要让学生进行知识链接和迁移,促使学生完成知识内部转化,做到学有所用。

(2)主动探究方面

在探究学习中,主动、探索、实践、创新是几个重要环节。探究学习是以学生主动参与为前提的,教师引导学生围绕问题展开探究,调动学生主动性,促使学生主动思考,获取解决问题的依据,做出详尽的回答。通过联系生活,或与文本中的人物对话,进行实践与创新。教师应注意结合学生的反馈来进行有针对性、区别性、创意性的评价方式,激励学生主动探究,培养其可持续发展能力。

(3)深度思考方面

一堂课的内容有难有易,学生对海伦·凯勒前后的变化是有直观感受的,但变化原因以及师生情谊,才是课文的深层意义,同样需要去思考了解。只有进行深入探究和思索后,才能提升学生对生活的热爱和对生命的理解,培养学生形成正确的生命观,达到以文育人的综合目标。教师要通过启发式提问,驱动学生完成深度学习的探索与思考。

（4）实践体验方面

语文课堂的实践，不仅在于对文本教学环节的能力考查，更要与实际相结合。读文本观人生，课堂以用手"听"话的游戏方式导入，让学生体验海伦·凯勒的生命感受，通过"真体验"的方式起到更好的效果，促进学生对文本的理解。在实践环节中，学生感悟海伦·凯勒和莎莉文老师的人物色彩后，通过书写"生命"感悟，完成对生命的沉淀，形成正确的生命观。学生自由发挥，交流展示，从而培养主动探究能力和深度思考能力。

《昆明的雨》

一、课例说明

1.学情分析和教材解读

《昆明的雨》是一篇自读散文，作家用动人的笔触，从生活中拾取"小事小物"，抒写对第二故乡昆明的雨的喜爱与怀念，进而怀念那段青春的岁月，娓娓道来，温情而又富有魅力。

作者汪曾祺如话家常，文中大量关于美食的生动描写让学生消除距离感，浓厚的生活气息让学生产生共鸣和兴致，结合背景材料辅助阅读，更精准地把握文章主旨和作家情感。

2.课例目标和重点难点

（1）教学目标

①反复诵读，把握文中昆明的雨的特点，了解文中展现的风土人情，学习作者通过拾取生活中的琐细事物来表情达意的写作手法。

②披文入情，品味文章淡而有味的语言风格，读出"情味"，感受作者淡淡乡愁中的家国情怀。

③培养审美，在生活中细心观察、用心体验，感悟作者对生活的热爱，以及乐观积极的人生态度。

（2）教学重点难点

①通过圈点勾画把握昆明的雨的特点，了解文中风土人情，体悟作者情感。

②品味文章淡而有味的语言风格，了解汪曾祺其人其文。

二、教学设计两次对比以及课堂实录

1.第一次教学设计

环节一：情境激趣，导入新课
课件展示描写雨的古诗文名句。

学生说说诗句中的雨具有怎样的特点。

环节二:初读文章,感受"雨"意

文中哪个句子最能表现四十年后作者对"昆明的雨"的情感?

学生细读思考,圈出重点语句,把握昆明的雨的特点。

教师追问:作者思念的仅仅是雨吗? 他思念的还有什么? 为什么念念不忘?

小组分组员,划分具体语句,找到作者隐藏的情感。

环节三:品味语言,体悟"雨"韵

本文是一篇充满美感和诗意的作品,其中有景物的美、滋味的美、人情的美、氛围的美……试着找出自己喜欢的语句和最让你动情的画面,并通过朗读和品味,说一说它们让你喜欢和动情的理由。

环节四:深入探究,领悟"雨"情

补充资料,了解汪曾祺在西南联合大学的生活片段,领会他的淡淡乡愁及情怀。

环节五:妙笔生花,书写"雨"心

联系生活,仿照示例写一写。

2.第一次教后反思

其一,这节课的开篇紧扣了"雨"这一主题,分析了雨的特点,但诗句让学生有距离感,没有能让学生快速地融入情境。另外,分析雨的特点浮于表面,和整节课的情感把握相距甚远。其二,《昆明的雨》用了大量的笔触去写了昆明的菌子、杨梅等其他事物,看似杂乱无章,却又让人感觉处处在写雨。这个难点由学生分组讨论、圈出重点,环节设计比较开放,学生很难迅速找到其中的关联和线索,对情感的把握不够到位。

3.第二次教学设计的调整

环节一:导入新课,"问"雨

教师用 PPT 展示一张下雨的图片,顺势而问:同学们,最近杭城都是雨天,你们喜欢下雨吗?

【设计意图】联系生活情境,引导学生对身边事物进行细致观察,话题直指情感,"喜欢"与否十分主观,让每个学生都有话可说、有话敢说。"情"也是散文阅读的"魂",动情的开篇为文章的解读做好铺垫。

环节二:整体感知,"读"雨

任务一:教师用 PPT 展示五幅不同的图片,让学生从中选择一张最适合做文章插图的图片。同学们速读课文,在文中做好圈点批注,结合文章内容说一说理由。

【设计意图】文中有大量具体事物的描写,结合图片,直观明了,快速对应文中相应的文字描写。通过与图片的比对,精准把握所写事物的特点,从而实现对文章内容的整体了解。

环节三:细读思考,"赏"雨

"四十年后,我还忘不了那天的情味。"

——汪曾祺

任务二:教师给出五张不同的图片,让学生根据图片在下面的横线上填上最合适的词语,根据填写的词语让学生在文中选择一句写得最有"情味"的句子,读一读,说一说理由。

① _____ 的仙人掌

② _____ 的菌子

③ _____ 的杨梅

④ _____ 的缅桂花

⑤ _____ 的小酒店

【设计意图】在这一环节中充分体现学生的主体性。静心品,用心读,品析汪曾祺平淡有味的语言特点;走进文本,用师生对话、生生对话的形式,在朗读中慢慢品味语言文字的魅力。

环节四:拓展延伸,"悟"雨

什么样的人能写出这样动情的文章?

学生阅读 PPT 中的三段文字,分享感悟,如何才能写出这么动情的文章。

【设计意图】通过材料的拓展,开阔学生的视野,从对作家文字的品读过渡到对人文情怀的理解,深入了解汪曾祺其人其文,感受他的性格魅力。

环节五:总结全文,"念"雨

任务三:填一填,完成小诗,写下你这节课的收获;

分享交流小诗;

师生共读寄语,互勉。

【设计意图】在优美的音乐声中,学生通过仿写性的创作,写下课堂中的感悟和收获,从而思考生活中的美好,并学会用语言文字记录下来,从而更加热爱生活、感恩生活。

4.课堂实录

师:同学们,最近杭城都是雨天,你们喜欢下雨吗?

生:不喜欢,不能去户外活动了,黏糊糊的不舒服,阴沉的天气影响心情。

生:雨水的滴答声很美很好听⋯⋯

师:文中有一幅插图,老师不是很喜欢。我这里有五幅图,你觉得最适合做文章插图的是哪一幅?同学们速读课文,做好圈点批注,结合文章内容说一说你的理由。

生:我选图一,因为图中画的与文中提到的缅桂花吻合,所画的房屋与文中提到的风格协调。

师:文章看似平淡,实则处处含情。让我们一起找一找,你觉得文中最有"情味"的句子;读一读,分享一下你的朗读和理由;填一填,写下你读出的内容。

生:我填的是好吃的牛肝菌。"滑,嫩,鲜,香,很好吃"这句很有画面感,读完就觉得好吃,要滴口水了。(生笑)

师:这真是色香味俱全了!

生:中间用的标点符号也很特别,用逗号逗开,一字一顿,吊足了胃口,我们读的时候,放慢节奏,要读出一种享用美味时的怡然自得、回味悠长。

师:好一个回味悠长!我们可以去掉这些逗号来读读看,好好感受下有什么不同。

生:我选择了干巴菌,我填的是"让人惊喜的"。有个词语用得特别好,"张目结舌",就写出了让人惊讶的程度。还有后面的句子:"这东西这么好吃?!"也是满满的惊喜。

⋯⋯⋯⋯⋯⋯

师:写了这么多的景物,就是没有写雨,昆明的雨究竟有什么特点呢?这么多的景物和雨有什么关联呢?

生:"昆明的雨季是明亮的、丰满的,使人动情的。"

生:因为雨,昆明的景物都显得特别饱满、特别有生命力,可谓氛围感拉满。雨是这些景物的生命之源。

师:作者仅仅是想念昆明的雨吗?

师:这一段岁月美好吗?我们一起看幻灯片:1939年作者考入西南联合大学,当时的中国处于抗日战争时期,西南联合大学的学生处在炮火的笼罩中,常常是东躲西藏……年轻时的汪曾祺是颠沛流离的,在文中我们感觉到了吗?

师:没有,那么是什么让作者这么想念呢?

生:想念的不仅仅是"雨",还有物、景、人、事,想念的是昆明的民风、人情和当年在那里的生活,想念那段动乱年代里内心少有的宁静、恬淡。

生:我觉得不仅仅是想念,是作者热爱那一段生活。

师:那么,什么样的人能写出这样动情的文章?请同学们读一读PPT中的三段文字,分享感悟,说一说如何才能写出这么动情的文章。

生:汪曾祺对昆明是有很深的情结的,要想写出好文章,首先得"心中有情"。

生:"要把生活中的真实、美好的东西"告诉人们,就要做到能发现生活的美,那就得"眼中有景"。

生:要把美告诉人们,要做到"手中有笔"。

师:同学们,这节课我们跟着汪曾祺一起走进他在昆明的日子,感受他对平凡生活的点滴热爱,也从他淡而有味的语言文字中学到了很多散文写作的技巧与方法,在我们的生活中,是不是曾经也有这样的景物带给我们相似的感受,让我们一起来写一写,沉淀一下我们的情与思。

生:我想念外婆的汤包,薄如蝉翼的皮晶莹剔透,翠绿色的葱花浮在上面,再淋一点香油,春天就在这碗里了。

三、评课实录

张老师:阅读教学应注重培养学生感受、理解、欣赏和评价的能力,这节课通过不同形式的比读做到了这一点。老师在课堂朗读指导中精心设计了一些比较活动,例如"牛肝菌色如牛肝,滑、嫩、鲜、香,很好吃"这一句,有无逗号都读一读,让学生自行比较其中优劣。又比如在"这东西这么好吃?!"这个句子前面加上一个感叹词,通过不同的感叹词来比对情感的不同,别有情趣。

倪老师:"问题链"的设置是这篇散文教学的亮点。"作者为什么对这些事物念念不忘? 这篇文章写于什么时候?"这个提问是老师精心设计的,起点很低,而切入的点却直指文章的核心,学生进入文本、深入文本很快。"这些景物和雨有什么关联呢?""作者想要抒发的情感是什么呢?"一个个追问,带着学生走向文本更深处。最后,再以"什么样的人能写出这样动情的文章""如何才能写出这么动情的文章"来引导学生进行重难点突破,归纳总结,由浅入深,层层推进。

专家点评:《昆明的雨》是一篇自读课文,在教学的过程中应立足学生本位。从学生的生活谈起,从身边的雨到对雨的喜恶,在学生的自主表达中营造畅所欲言的良好教学氛围。充分尊重学生的个性解读,让学生深入文本,畅快地领略汪曾祺语言的魅力,再引入西南联合大学的背景,帮助学生解读汪曾祺其人其文,真正做到了"心中有情,眼中有人,手中有法"。

四、课例研究的成效与反思

1. 基于"四学"的课例研究反思

(1)两次课堂基于"趣学、探学、悟学、用学"方面的反思

回忆性散文《昆明的雨》借助回忆中客观的景物、事物等要素,传达作者内心的真实情感,呈现出主客观相融合的特征。在教学中引导学生走进文本,透过物象看意象,品鉴语言、品味情感是教学重点;同时又要引导学生跳出文本,走进生活,将文本与自我相融。

首先,要找到有趣的课堂激发点。聊天室导入法是课堂破冰的第一步,从学生的生活聊起,结合课题的关键词"雨",和学生一起寻找生活中的"雨"的氛围、"雨"的情意、"雨"的美好。在细读文本时,找到与学生生活契合的点;在体验和感受中,去体味作者的"物"与"情";在充分的朗读中,体会汪曾祺对美食的喜爱、对昆明的怀恋、对生活的热爱。

其次,要找到有效的课堂生长点。"你觉得文中最有情味的句子"指向作者展现生活场景的背后,去感受作者不仅仅是写景而是着意于表现生活,抓住细节做出个性化解读。比如"这种东西也能吃?""这东西这么好吃?"两句,看似闲淡实则蕴含着深沉的感情。学生在思想情感的碰撞中自然生长,一起打开了散文共通的鉴赏之门,一起揣摩散文的鉴赏之法。

最后,要留下有情的课堂共通点。在"念"雨环节中,让学生一起来写一

写,沉淀课堂上的所思所想所获,沉淀生活中的感悟和情思,在音乐声中静静地悟一悟,然后将这些收获写下来。一堂好的散文课让学生从了解文本到观察生活到认识自我,情感的延伸和拓展是文学魅力所在,亦是课堂影响所及。

（2）体现新课标方面的反思

新课标提出:"感受语言文字的美,感悟作品的思想内涵和艺术价值,能结合自己的经验,理解、欣赏和初步评价语言文字作品,丰富自己的情感体验和精神世界""学习发现美、表现美和创造美,形成健康的审美情趣。"在培养学生学习语文知识的同时,需要以立德树人为导向,既关注学生的审美,也涵养学生的人文情怀,将核心素养与学科德育无痕地融合在一起,充分发挥语文的工具性与人文性。

2.基于"四学"的课例研究改进

（1）知识建构方面

主要学习散文内容由外在言说对象转向内在情感体验的同时,向外拓展到抽象化、概念化的审美心理和文化传统,最后内化于学生的个性化写作之中,融合阅读与鉴赏、梳理与探究、表达与交流三类言语实践活动。

（2）主动探究方面

设置四个环环相扣的学习任务,从"读雨"到"赏雨"到"悟雨"到"念雨"。了解散文的主要内容,体会散文"形散神聚"的精妙;从散文语言的特点等方面来赏析昆明雨季景物的特点,感受文质优美、典雅且富有韵味的语言之美。

（3）深度思考方面

在学生感受昆明雨季的景物特点之后,抛出问题引发思考,同时再给学生拓展汪曾祺在昆明的生活片段和他本人的一些感悟,将这些背景知识与文本结合起来,进行仔细揣摩,逐步深入地引导学生去探索新的、隐含的感情,让学生更好地去理解为什么作者难以忘记昆明的雨,有效地增加文章的深度。

（4）实践体验方面

生活中的点滴是需要停下脚步去体悟的,在一节散文课上,学生们想起了小时候吃的家乡美味,想起了母亲端来的热气腾腾的夜宵,想起了每天上学路上看到的那棵海棠树……将这些生活体验转化为文学体验,在书写中一起分享生活中的美好,也是这堂课最回味悠长的部分。

《孔乙己》

一、课例说明

1.学情分析和教材解读

在经过九年级上册两个小说单元的系统学习之后,学生对于小说这一文体不再感到陌生。同时,对情节梳理、人物形象分析、小说主题探究在内的学习活动也有了较为深入的体会。学生的这些储备,为后续进一步深化对小说的学习提供了便利。

教材九年级下册第二单元,仍然是一个小说单元,所选文本中的人物形象饱满鲜明,令人印象深刻。本单元的核心要求是希望学生在梳理情节、分析人物形象的基础上探究小说主题、理解小说的社会意义,这自然也成为教学需要回应的问题。

《孔乙己》这篇小说是现代文学史上的名篇,小说反映的社会人情颇耐人寻味,对科举制度的揭露更是深刻。精细研读文本,是学生一窥封建主义社会末期世道人心的重要途径。

2.课例目标和重点难点

（1）教学目标

在知识层面上,希望通过对文本的细读,学生能了解鲁迅在塑造人物时所运用的技巧,包括外貌、语言、环境的描写以及精当的动词选用。

在能力层面上,希望学生提升概括人物形象的准确性,全面把握"孔乙己"这样一个在封建时代末期生活的可怜可悲的读书人形象。

在素养层面上,希望学生在把握人物形象的基础上,窥见整个时代的面貌,并据此分析提炼小说丰富而又深刻的主题思想。

在情感层面上,希望学生能够全面评价孔乙己这个人物,在哀其不幸、怒其不争的同时,被唤起对弱者的同情,同时对腐朽落后的旧中国、扼杀人性的科举制度提出控诉。

（2）教学重点难点

教学重点:关注文中的人物描写,分析人物性格,理解人物形象的复杂性和丰富性。了解剧本改编的相关知识及具体实施。

教学难点:了解以笑写悲的写法,深入把握小说主旨。

二、教学设计两次对比以及课堂实录

1.第一次教学设计

环节一:情境导趣,课堂启幕

在《儒林外史》中,因中举而高兴到疯癫的范进给同学们留下了深刻印象。滑稽的范进是作者讽刺的对象,可他又是幸运的。课文一开篇,作者就说他"进学回家",意指他考中了秀才。而今天我们要学习的小说主人公孔乙己则终生没有"进学"。从他个人的悲剧命运中折射出的时代面貌以及这篇小说深邃的主题是很值得我们去探究的,接下来就让我们深入文本,一同探寻。

【设计意图】

将学生已知的封建读书人形象与新课中的人物相联系,能够帮助学生快速进入小说《孔乙己》的语境。此外,小说人物命运的不同,也提示学生关注两部作品在主题思想上的差异,提升参与《孔乙己》主题思想探究的积极性。

环节二:情境迁移,学以致用

(1)"看"与"被看":《孔乙己在酒店中》短剧脚本编写

在小说中,存在一个"看"与"被看"的叙事结构。每当孔乙己出现在酒店中,看客就将目光投向他。看客高高在上,对孔乙己加以"审视",被看的孔乙己左支右绌,疲于应付。这样的场景如果能拍成一个短片,肯定非常有意思。能否请同学们根据任务单的提示,小组合作,先来撰写一个拍摄的脚本?

表 3-2 "看"与"被看":《孔乙己在酒店中》短剧脚本编写表

人物	
服装	
化妆(人物外貌)	
场景(咸亨酒店格局)	

续表

机位架设(视角)	
旁白	
说戏(为演员讲解自己对人物的理解)	
拍摄立意	

【设计意图】

在依据任务单编写拍摄脚本的过程中,同学们将细致地收集文中的各类有用信息,这样就完成了对小说文本的精细阅读。任务单中"说戏"环节的设置,则引导了学生关注文中人物并分析他们的性格特点。

为阐明拍摄立意,学生将思考咸亨酒店与旧中国社会面貌之间的关系、看客与孔乙己的相处模式和当时民众整体精神风貌之间的关系。学生对文本信息进行梳理、思考和提炼,得到的"拍摄立意"将会靠拢这篇小说批判旧社会腐朽落寞、民众愚昧麻木这一重要主题。

(2)"看"与"打"中凸显的小说主题

咸亨酒店是旧中国的一个缩影,酒店中的"看客",对孔乙己从未流露出任何一点温情。以他们为代表的旧中国民众具有怎样的特征?旧社会的整体面貌又是怎样的?

丁举人作为读书人中的佼佼者,打起孔乙己来却毫不留情,他的行为符合儒家思想吗?他通过科举,最终追求的是什么?你对封建科举制度有怎样的看法?

请同学们思考上述问题,充分讨论,谈一谈你对《孔乙己》这部作品主题的理解。

环节三:情境贯通,归纳总结

小说的主题大致有两个维度。一是借咸亨酒店这一环境,真实反映了当时一般群众冷漠麻木的精神状态,揭示了封建社会的世态炎凉与腐朽黑暗。二是通过发生在读书人之间的"打"与"被打",揭露出在科举制度之下所谓读书人形象的不堪,以及封建文化和封建科举制度对下层知识分子的毒害,有力地批判了科举制度的陈腐。

环节四:情境延伸,课后安排

咸亨酒店中的小伙计,二十多年前也是酒店中的一名看客,当时他看待孔乙己的态度或许与酒客别无二致,但在二十多年后,他为何选择写出孔乙

056

己的故事？他对孔乙己、对曾经的看客、对那样一个社会,在情感态度上有没有发生什么变化？如果有变化,小说中有没有导致这种思想转变的根源存在？请你展开合理分析。

2.第一次教后反思

在具体授课过程中,我发现同学们对孔乙己的"偷窃"行为评价不一,有些同学认为在偷盗行为发生之后,何家与丁举人对孔乙己的"打"虽然重了些,但也无可厚非。

这部分同学没有能够察觉行为与后果之间天平的失衡,也没有充分领会何家与丁举人对孔乙己的"打"有着着重惩罚的用意。

针对这种情况,我做出了一些调整。讲解这部分内容时,引导学生关注小说中的一处细节,酒客介绍孔乙己断腿的原因时曾说:"他家的东西,偷得的吗？"酒客的话似乎强调了孔乙己最大的错不在偷,而在偷了丁举人家。

可以据此分析出,丁举人家在鲁镇人心目中地位较高,孔乙己的偷窃,给丁举人带来的财物损失微不足道,但对丁举人在鲁镇的权力与地位却是极大的蔑视。经过这样的调整,相信同学们都能够更好地认识到科举制度不仅不能选拔出品行高尚的人,还给许多底层读书人带来了苦难。

3.第二次教学设计的调整

环节一:情境导趣,课堂启幕
同学们认识下面两个表情包中的主人公吗？（PPT展示表情包）
对,他们正是鼎鼎大名的鲁迅。
表情包是广大网友对鲁迅这一光辉形象的"二次创作",体现了大家对鲁迅的喜爱,同时也拉近了鲁迅与大家的距离。
那么,鲁迅留下的经典作品能不能进行二次创作呢？
在二次创作过程中,是否会加深我们对于作品主题的理解,并拉近我们与经典的距离呢？接下来,就让我们一起来试一试。
【设计意图】
通过展示学生熟悉的鲁迅表情包,介绍"二次创作"这一概念。同时,以鲁迅个人形象的二次创作引导学生思考对鲁迅作品进行二次创作,将学生的思维引向本节课的重要任务:《孔乙己》剧本改编。

环节二:情境迁移,学以致用

小说《孔乙己》剧本改编与主题探究(核心任务)。

(1)剧本改编的相关知识

①定场景:为了使戏剧中的空间更加集中,往往把主要事件的发生地确定为戏剧场景,次要事件则放到幕后。

②定情节:梳理小说原著中的情节,在此基础上妥善布局,确定整部戏剧情节上的开端、发展、高潮和结局。

③定人物:根据情节,确定戏剧中的出场人物。依托原著的描写,梳理人物的外貌、语言、动作等信息,概括人物形象,为剧本创作及表演服务。

【设计意图】

在学习九年级下册第二单元《孔乙己》这篇课文时,学生对于戏剧了解得还比较少。在正式开始剧本改编前,介绍戏剧相关知识,可以帮助学生顺利地开展后续学习活动。

(2)剧本改编

步骤一:确定戏剧场景,探究设置意义

表3-3 任务单一

场景	
场景特点	
相关道具	

作者鲁迅设置这一空间场景是如何"以小见大"的?

提示:
　　文艺作品中的某些空间场景,常能"以小见大",体现出作者的别样匠心。

【设计意图】

引导学生细读原文,了解旧中国社会生活的大体风貌,通过"咸亨酒店"这一空间场景,快速回到历史现场。启发学生思考得出,咸亨酒店以小见大地反映了旧中国整体社会面貌,其中的人物就是当时广大民众的缩影。

步骤二：梳理原著情节，安排戏剧结构

表 3-4　任务单二

原著主要情节	
戏剧结构	

提示：

戏剧往往是分为多幕的，同学们也可以根据情节划分场次，安排开端、发展、高潮和结局。

【设计意图】

引导学生梳理小说情节，提升他们概括文本内容的能力。同时做到将小说情节移植到剧本当中，妥善划分场次，安排戏剧的开端、发展、高潮和结局。在具体操作中，鼓励学生创造性地编排情节和场次，不求一致。

步骤三：编写人物台词，补充旁白、独白

表3-5　任务单三

人物台词：

第一幕

酒客：(都看着他笑，有的叫道)孔乙己，你脸上又添上新伤疤了！

孔乙己：(不回答，对柜里说)温两碗酒，要一碟茴香豆。

酒客：(又故意地高声嚷道)你一定又偷了人家的东西了！

孔乙己：(睁大眼睛说)你怎么这样凭空污人清白……

酒客：什么清白？我前天亲眼见你偷了何家的书，吊着打。

孔乙己：(涨红了脸，额上的青筋条条绽出，争辩道)窃书不能算偷……窃书！读书人的事，能算偷吗？

(孔乙己喝过半碗酒，涨红的脸色渐渐复了原。)

…………

在梳理情节与对话的过程中，你对这些人物的性格特征有怎样的理解	
原著中有哪些重要信息需要通过旁白进行补充	①鲁镇酒店的特殊格局
	②短衣帮与穿长衫者的身份差异
	③孔乙己绰号的来历
	④原文第五段关于孔乙己的介绍……
孔乙己最终在悄无声息之中死去，他一定有许多的委屈和不甘。对咸亨酒店中的酒客，对痛打自己的何家与丁举人，他会如何控诉？对旧中国、旧社会以及让自己耗尽青春的科举制度他又会说些什么？你能否为他在剧中写下一段临终前的独白	

提示：

根据任务二确定的场次，明确各幕中涉及的人物，依据原文编写他们之间的对话，原文中对话以外的各种描写，可以放入括号，供表演者参考。发生在对话之外的重要信息，可以通过旁白和人物独白来进行补充。

【设计意图】

在设计人物对话时,学生将密切关注原文中关于人物的各种描写,包括语言、动作、神态等,结合相应的情节,可以加强学生对小说人物形象的理解,以便概括出人物性格特征。在熟悉人物的同时,还能够让学生对孔乙己的悲剧命运产生同情,在为他撰写"临终独白"时,思考他悲剧命运的根源究竟是什么,从而回应课程对小说《孔乙己》的主题探究。

(3)"看"与"打"中凸显的小说主题

环节三:情境贯通,归纳总结

环节四:情境延伸,课后安排

4. 课堂实录

师:同学们,你们认识这两张表情包里的主人公吗?

生:是鲁迅,是周树人……

师:同学们都很聪明,这两个卡通形象正是基于作家鲁迅的形象,二次创作出来的。同学们,你们有没有接触过其他有关鲁迅的二次创作呢?

生:鲁迅的小说《阿Q正传》曾经被改编成电影。

师:非常好,这真是一个恰当的实例。同学们,有没有想过我们也来动动手,对鲁迅的小说进行二次创作呢?

生:我们也要拍电影吗?(师生笑)

师:拍电影是个不错的建议,但是现阶段比较难实现。我们可以退而求其次,准备一个课本剧表演。

生:那我们演什么呢?

师:可以把课文《孔乙己》改编成剧本,就演它怎么样?

生:这对我们来说太难了,我们还完全不知道该怎么改编剧本。

师:困难当然是存在的,我们可以通过学习来克服它们。请同学们看PPT,改编剧本需要明确场景、情节、人物。老师分别给大家准备了任务单,同学们可以小组合作,共同完成这些任务。接下来请同学们帮我分发这些任务单。

生:我!我来!我来发!

…………

三、评课实录

张老师:这节课的构思比较新颖,通过对剧本的改编,学生逐步梳理文本、分析人物形象、探究小说主题。这样的安排比较有趣,能够让学生动起来,有所思考、有所收获,避免了教师简单讲授、学生被动接受的弊病。

专家点评:这节课前后两次的设计,体现了一个很好的课程优化过程。第一堂课中,设置了两个任务,一个是剧本改编,一个是申诉人招募,都比较有想法。但两个任务放在一节课中,任务量过多,难以实现教学目的。因此将两个任务合二为一,课堂教学也将随之变得紧凑、集中。

四、课例研究的成效与反思

1. 基于"四学"的课例研究反思

(1)两次课堂基于"趣学、探学、悟学、用学"这四学方面的反思

如何激发学生的学习兴趣,让他们带着趣味进行学习,是教学设计过程中绕不开的一个话题。老师用同学们熟悉的"表情包"进行导入,能够快速地让学生在课堂中松弛下来,从而更好地进入情境。语文学习应当具备一定的深度,探究潜藏在文本之下的内涵就是一种深入的学习。在学习中,获得成就感,是学生乐于投入学习的一种途径。学习讲究举一反三,通过对小说《孔乙己》的剧本改编,同学们同步了解了小说、戏剧的相关知识,切身感受到了课文、文体之间整合教学的魅力。

(2)体现新课标方面的反思

新课标强调课程的综合性和实践性,要求着力培养学生的核心素养。这就要求在教学设计时加强对课程内容的整合,建立情境并注重实践。对单篇课文的教学,教师应自觉分析课文文本的可能性,尝试与其他教学资源进行关联、整合,正确把握不同文本之间的联系,让课堂变得新颖、生动、高效。

3. 基于"四学"的课例研究改进

(1)知识建构方面

小说这一文体的学习,人物、情节、主题等方面的探究,既是重点,也是

难点。戏剧的相关知识,则是学生们接触较少、较为陌生的领域。小说到剧本的改编活动,可以引导学生细读小说文本,梳理人物、情节,思考小说的主题,解决小说教学的重点问题。基于剧本改编了解戏剧的文体特点,亦可建立戏剧知识的大体框架。在课程中,可以增加整理知识点的环节。

（2）主动探究方面

引导学生主动探究,是教学设计的又一重点,在此课例中,教师主要通过任务单的设计来引导学生完成学习任务。在任务单中,通过对任务的细分和具体问题的设置,降低了学习探究的难度。应当注意完善任务单整体设计的逻辑和难度梯次,更好地发挥任务单的引导功能。

（3）深度思考方面

一堂课的时间是有限的,能够在课堂中完成的学习活动也是有限的。学生关于本堂课内容的深度思考,应该分布在课中以及课后,这就要求教师有敏锐地把握学生问题的能力,精准提问,就学生的回答进行追问,引导学生进行有深度的思考。作为一堂课的延续,布置的作业也应当继续发挥引导深入思考的功能,这一点也是后续可以改进的地方。

（4）实践体验方面

顺利完成本节课的教学活动之后,学生将收获自己改编创作的剧本。一方面,改编剧本这一实践活动已然完成。另一方面,剧本的排演工作亟待跟进。这是另一项重要的学习实践,对于理解小说主题、明确戏剧相关知识具有重要意义。本堂课后续的教学,也应该进行具体细致的设计与安排,这是教师随后应当进一步完善的工作。

第四章　数学学科案例

用字母表示数

一、课例说明

1. 学情分析和教材解读

该课例针对对象为七年级学生。这是学生从小学算术过渡到代数的一个重要阶段,需要引导学生建立初步的符号意识,从具体推广到理论抽象。用字母表示数字虽然看似简单,但对学生来说却是一个全新的认知飞跃,从习惯的用数字描述问题过渡到用字母代替数字进行表达和运算,这种抽象化的能力对七年级的学生来说是一个极大的挑战。

"用字母表示数"是代数学习的起点,为后续方程、函数等知识点的学习奠定基础。教材设计从生活实例出发,通过探究活动,学生亲身体会用字母表示数的意义和优势。

2. 课例目标和重点难点

(1)教学目标

通过实例体验用字母表示数的意义和优势,对学习符号化抽象方法至关重要。

熟练掌握用字母表示数的书写规范。由于代数符号语言与自然语言的区别,书写规范是学生初次接触时需要着重掌握的内容。

能用字母表示简单数量关系和数学规律。字母表示数最终目的是用于描述各种数量关系和规律。

（2）教学重点难点

教学重点：用字母表示数的意义。

教学难点：用字母代表任意数、符号化简单数量关系对学生来说，最大的难点就是无法理解为什么用字母代替数字，以及如何用代数符号描述一般性的数量关系。

二、教学设计两次对比以及课堂实录

1.第一次教学设计

环节一：创设情境，引入新课

一起唱儿歌。

师：一只青蛙一张嘴，两只眼睛四条腿，扑通一声跳下水；两只青蛙两张嘴，四只眼睛八条腿，扑通扑通跳下水。三只青蛙，怎么唱？

师：n 只青蛙呢？

【设计意图】设计该环节意在让学生通过熟悉的儿歌体会到数学的通用性和简约美。通过将具体的数量转化为抽象的表示，学生可以感受到数学使复杂信息变得简洁和易于理解。

环节二：设置情境，探求新知

师：周末，小明与爸爸、妈妈一起驾车去动物园游玩。小明的爸爸先把车开到加油站，加了 a 升油，每升油的价格 5.5 元，则需费用多少？小明去买了 2 瓶矿泉水，每瓶矿泉水的单价是 b 元，则需费用多少？他们一共付了多少？小明的家距动物园 s 千米，汽车的行驶速度是每小时 40 千米，则他们花了几个小时才到动物园？

【设计意图】设计这个环节的目的是通过实际生活中的情境来增强学生对知识的认识，让他们了解数学不仅仅是抽象的符号，它与我们的日常生活密切相关。同时，通过讨论书写规范，学生可以学习如何正确地表达数学规律。

环节三：动手实验，探索规律

师：字母不仅可以表示数，还可以简明地表示一些运算律，你能表示吗？

生：加法交换律：$a+b=b+a$

乘法交换律:$ab=ba$

加法结合律:$(a+b)+c=a+(b+c)$……

师:生活中的一些规律也可以用字母表示,下面我们做一个用火柴棒搭正方形的活动,屏幕显示如下:

(1)搭一个正方形需要几根火柴棒?搭 2 个正方形需要几根火柴棒?搭 3 个这样的正方形需要多少根火柴棒?

(2)搭 58 个这样的正方形需要多少根火柴棒?你是怎样思考的?(四人小组合作)

(3)搭 x 个这样的正方形需要多少根火柴棒?

【设计意图】通过动手操作的方式,让学生自然地发现规律并将其表达为数学式。这不仅培养了学生的观察和归纳能力,还使他们能够在有趣的活动中学习到数学的抽象表示。

环节四:总结反思,质疑提高

这节课你收获了什么? 你还有什么疑惑?

【设计意图】通过这一活动,学生可以将知识点组织成一个体系,并学会自我反思和提问。最终的总结和反思旨在帮助学生整合知识、提升学生的自我评价和自我改进能力。

2.第一次教后反思

第一次教学设计虽然情境创设新颖,探究活动设计合理,注重学生自主学习和生活实践相联系,但整体上还是较为传统、缺乏创新,有以下几点不足。

(1)从娱乐化的儿歌情境切入,虽然新颖有趣,容易引起学生兴趣,但缺乏持续统一的问题导向,一定程度上影响了"趣学"环节对思维的持续性激发。

(2)虽然设计了搭建正方形探究规律的环节,但主要着眼于归纳某种特定的数列规律,缺乏真正地将所学知识与学生生活联系起来的生活情境任务链,因此在"探学"活动设计上较为单一。

(3)探究活动以及习题设计整体偏向于传统的数学实践,学生在情境表达、合作探究等方面的机会较少,没有体现"用学"理念。

3. 第二次教学设计的调整

针对第一次教学设计的不足,第二次教学设计做出了以下有针对性的调整。

环节一:情境引入

展示 24 点扑克牌图片,出示问题:这里表示的是什么?

师生活动:表示的是数字 12 和 13,此时,教师要强调在此游戏过程中,认为规定的字母 Q、K 所代表的数字是不变的。

【设计意图】通过生动有趣的 24 点游戏情境,区分固定数和代数变量的概念区别,有效引起学生对代数变量概念的浓厚兴趣,为导入新课奠定基础。

环节二:探究新知

问题 1:

搭 1 个正方形需要 4 根火柴棒;

搭 2 个正方形需要_____根火柴棒;

搭 3 个正方形需要_____根火柴棒;

搭 4 个正方形需要_____根火柴棒。

追问:你发现的规律是什么?

师生活动:教师先让学生回答搭 2 个正方形需要多少根火柴棒,然后让学生以齐读的方式解决这个问题;既然学生可以正确顺利地读下来,那么,他们就已经找到了其中存在的规律,请一名学生进行阐述蕴含的规律是什么;最后,分析用字母表示数的优点及意义。

【设计意图】通过动手操作搭建正方形探究数量关系规律,感受用字母表示数的简洁优势。师生共同分析不同写法,启发对规范书写格式的批判思考。

环节三:巩固新知

问题 2:

判断下列各式是否符合代数式书写格式:

$$1\frac{1}{2}ab^2 \qquad ab3 \qquad ab+c \qquad 2y$$

$$x+3 \qquad 1a \qquad -1b$$

师生活动:学生口答完成,但在最后两个代数式中可能会出现问题,此时教师应引导学生进行总结。特别注意:1乘以字母时,1可以省略不写,如$1\times a$可写成a;-1乘以字母时,在那个字母前加上"$-$"号,$-1\times a$可写成$-a$。

【设计意图】通过判断分析各式书写,培养学生的符号规范意识。用字母表示日常生活和数学知识中的数量关系,培养运用代数符号的能力。

环节四:合作探究

问题3:请你说出一个可以用ab表示结果的实际问题。

问题4:回顾已学过的数学规律、公式、法则等,用字母表示数的方式把它们表示出来,并在小组内进行交流。要求:每个小组将总结的内容写在纸上,比一比,看哪个小组总结得多,且书写规范。

【设计意图】通过回忆学过的数学规律、公式、法则等,将文字语言转化为用字母表示的符号语言,培养学生的符号意识及运用符号语言进行交流的能力,同时综合运用本节课所学知识,从而获得成功体验。另外通过小组合作,学生之间互相启发和帮助,培养交流合作的能力。

4.课堂实录

师:同学们,看这里,我们有一些扑克牌的图片。你们可以告诉我这里的Q和K分别代表什么数字吗?

生:老师,Q代表12,K代表13。

师:非常好!这是24点游戏中的一个小技巧。那么在数学中,如果我们想要表示一个不确定的数,我们可以用什么来表示呢?

生:我们可以用字母来表示,老师。

师:正确!现在让我们探究新知。假设搭建一个正方形需要4根火柴棒,搭建两个、三个、四个正方形分别需要多少根火柴棒呢?

生:搭建两个需要7根,三个需要10根,四个需要13根火柴棒。

师:你们觉得这背后有什么规律吗?

生:是的,每增加一个正方形,我们只需要增加3根火柴棒。

师:很好!那么我们怎么用字母表示搭建x个正方形所需的火柴棒数

量呢?

生:我们可以用 4 加上 3 乘以 $(x-1)$ 来表示,也就是 $3x+1$。

师:非常好,看来大家快速掌握了用字母表示数的方法。我们再来看一个问题。假设一个长方形的长是 a 米,宽是 3 米,那么它的面积是多少?

生:面积应该是 a 乘以 3,也就是 $3a$ 平方米。

师:现在请大家尝试用字母表示一些我们已经学过的数学规律和公式,然后和你们的小组成员讨论一下。

生:加法交换律可以表示为 $a+b=b+a$,乘法交换律是 $ab=ba$。

师:很好,同学们。通过今天的活动,我们看到了用字母表示数的强大之处。现在,请每个小组把你们总结的数学规律写在纸上。我们来比较一下,看看哪个小组总结得更多、写得更规范。

(学生们在小组内讨论和展示。)

师:好的,每个小组都做得非常出色。我们今天学到了用字母来表达数,体验了数学的简洁美;同时我们也让数学成为了我们解决实际问题的工具。记住,数学不仅仅存在于课本中,它无处不在,就在我们的生活中。好,今天的课就到这里,同学们辛苦了!

三、评课实录

叶老师:这节课总体设计很好,尤其是环环相扣的情境创设环节,让学生一开始就被生动有趣的 24 点游戏吸引,对"用字母表示数"这一全新概念产生了浓厚兴趣。之后通过动手操作去探究规律,再到分析书写格式、讨论生活实例,循序渐进、由浅入深,充分契合了学生的认知规律,非常巧妙。

张老师:这节课是一节设计精心、环节紧凑、情境创新的好课。尤其是将 24 点游戏渗透进新概念学习,让学生在无形中打开了对符号化学习的兴趣大门,这是一个很巧妙的导入;搭建正方形规律探究和代数式书写格式探讨的设计亦属佳作,符合新课程理念,注重培养学生的发散思维。

吴老师:能够真切感受到,史老师在备课时是下了很大功夫的,尤其是出色地贯彻了"四学·轻悦"课堂理念。整节课情境介入自然,探究活动贴近实际,启发性很强;知识内化与能力培养紧密结合,注重培养学生运用所学知识解决实际问题的能力。

专家点评:史老师的教学设计确实贯彻了"四学·轻悦"的理念,符合新课标提出的教育要求,展现出了新时代数学课堂的全新面貌。首先,从情境创设来看,史老师巧妙地以学生熟悉的24点游戏作为切入点,不仅吸引了学生的注意力,还引导学生理解用字母表示数和固定数之间的区别,这就为新课的教学奠定了基础;其次在探究活动设计中,以生活实例讨论、动手操作实践的形式,让学生在做中学、学中做,将枯燥的数学知识内化为实际能力;在此基础上,史老师精心设计了师生互动环节、小组探究环节等,为学生创设了交流分享、合作探索的平台,培养了其批判思维和合作能力。

四、课例研究的成效与反思

1.基于"四学"的课例研究反思

(1)两次课堂基于"趣学、探学、悟学、用学"这四学方面的反思

趣学:第一次设计的儿歌情境略显单薄,缺乏持续导向思维的问题串设计。第二次的24点游戏情境则更加新颖吸引人,且与所学内容联系紧密,激发了学生浓厚的学习兴趣。

探学:第一次探究活动虽然设计了动手操作环节,但缺乏真实情境任务链,且只停留在简单的算术数列规律层面。第二次在搭建正方形的基础上,又设计了丰富的生活实例和书写规范探讨,涵盖了任务链和挑战性要求。

用学:第一次在这方面做得较少,几乎没有学生相互交流、表达见解的机会。第二次通过师生互动、小组讨论等环节,为学生提供了表达的平台。

悟学:这仍是两次设计的共同薄弱环节。虽然第二次设计让学生动手操作实践,并在规范讨论时表达自己观点,但创新应用实践的机会还稍显不足。如何充分发挥用学理念,仍需要进一步探索。

(2)体现新课标方面的反思

新课标强调要坚持以学生发展为本,强调知识与实践相结合、理论与应用相结合。通过本案例研究可以看出:第一次课堂设计仍过多地停留在算式运算层面,与新课标理念有一定距离。而第二次课堂设计强化了动手实践、生活联系以及师生互动交流环节,体现了新课标提出的"过程导向""过程与方法"的理念,以及培养"综合理解运用"能力的要求。

2.基于"四学"的课例研究改进

（1）知识建构方面

在第二次设计中,情境创设虽然新颖有趣,但从趣学环节切入到正式探究新知的过程仍不够流畅,缺乏层层递进、环环相扣的问题导向。未来可以在情境创设环节精心设计一个连贯的问题链,循序渐进地引导学生主动建构用字母表示数的基本概念和方法。充分发挥问题的导向作用,帮助学生顺利地完成从具体到抽象的认知飞跃。

（2）主动探究方面

第二次设计中的探究活动还是以搭建正方形归纳规律、书写规范讨论为主,虽然增加了一些生活实例的联系,但学生参与探究过程的机会还是较少。未来可以增加更多探究性的活动,让学生亲自动手实践,感受从具体现象到抽象规律的全过程。同时探究活动也应该尽量贴近生活实际,从而加深学生的理解和认知。

（3）深度思考方面

本案例中两次设计虽然都注重启发学生的思考能力,但更多地停留在浅层次的分析判断上,还没有真正达到深度思考、批判质疑的层面。未来可以在问题设计、教师引导、评价方式等方面有所创新。

（4）实践体验方面

这仍是本案例两次设计的共同薄弱环节。第二次虽然有小组探究、动手操作等环节,但给予学生创新实践的空间还稍显不足。未来的教学设计可以适当增加一些开放性的实践环节,让学生自主设计探究活动的方案,在实践过程中不断优化并创造新思路。

提取公因式法

一、课例说明

1.学情分析和教材解读

学情分析:学生已经学习了因式分解的概念,清楚了因式分解后的形式,理解了因式分解与整式乘法的关系,为本节课的学习奠定了一定基础。除了确定应提取的公因式外,还需要准确地写出剩余的因式,需要用到多项式的除法法则,所以同学们对于多项式除法的掌握程度也会影响本节课学习目标的完成度。

教材解读:提取公因式法是浙教版数学七年级下册第 4 章"因式分解"第 2 课时的内容,它是因式分解最基本、最常用的一种方法,其理论依据是乘法分配律,两者是互逆关系。本节课的"提取公因式法"是对上一节课的完善,基于对因式分解的初步认识,再继续学习提取公因式法分解因式,从而达到对上一节课内容的巩固。并且,本节课的学习内容也是后面用乘法公式进行因式分解的基础,所以本节课起到了承上启下的作用。

2.课例目标和重点难点

(1)教学目标
①了解公因式的概念,确定多项式应提取的公因式。
②了解提取公因式法的概念,掌握一般步骤,并学会因式分解。
③掌握添括号法则,解决公因式为多项式的因式分解问题。
(2)目标解析
达成目标①的标志:学生能准确地指出某个多项式各项的公因式。
达成目标②的标志:学生会利用提取公因式法进行因式分解,并且能够准确地写出分解后的因式。
达成目标③的标志:学生能够利用添括号法则解决公因式为多项式的因式分解问题。

（3）教学重点难点

教学重点：理解提取公因式法的概念及操作步骤，并学会用提公因式法分解因式；理解添括号法则，并熟练运用。

教学难点：教会学生掌握多项式应提取的公因式的方法以及添括号法则的应用。

二、教学设计两次对比以及课堂实录

1. 第一次教学设计

环节一：温故知新

师：同学们，让我们比一比，看谁算得快：$17 \times 21 + 17 \times 33 + 17 \times 46$。

生：（思考计算方法）

师：哪位同学可以来分享一下自己的方法？

生：可以利用乘法分配律的逆运算来求解。

师：非常棒，利用乘法分配律的逆运算可以帮助我们简化计算。今天让我们一起学习乘法分配律逆运算在多项式中的应用吧。

【设计意图】学生通过逆用乘法分配律，很快算出算式结果，从而体会到数的计算由复杂到简单，进一步引出逆用乘法分配律在多项式中能否使用的问题，进入新知探究。

环节二：新知探究

探究1：学生类比并思考：怎样把多项式 $ma + mb + mc$ 进行因式分解？

师：请大家类比并思考这个问题。

生：（思考并回答）

师：类比刚才的计算，我们可以得到因式分解的结果为 $m(a+b+c)$。那么，我们再来深度地探究一下。

【设计意图】引出公因式和提取公因式法的概念。

师：（给出公因式及提取公因式法的概念）

生：（了解概念，学习新知）

探究2：如何确定应提取的公因式？以多项式 $3ax^2y + 6x^3yz$ 为例进行分析。

$$3ax^2y = 3 \cdot a \cdot x \cdot x \cdot y \quad 6x^3yz = 2 \cdot 3 \cdot x \cdot x \cdot x \cdot y \cdot z$$

师:通过定义,同学们可以看出,要用提取公因式法进行因式分解,首先应确定这个多项式各项的公因式。那么该如何确定应提取的公因式呢?

生:(积极思考,找到每一项中共有的字母和数字)

师:回答得很棒,让我们具体来看看怎样寻找。可以分两步进行,先确定公因式,再确定余下的项。

环节三:新知归纳

师:同学们可以归纳出提取公因式的步骤吗?

生:(合作交流,归纳新知)

师:(完善学生的答案,展示确定应提取的公因式的步骤)

环节四:巩固练习

练习:目标 1 测评:填写下列表格。

表 4-1 目标 1 测评练习表

多项式	各项系数的最大公因数	相同字母的最低次幂	应提取的公因式
$4a^2+2a$	2	a	$2a$
$4a^3b^2+a^2b^3c$	1	a^2b^2	a^2b^2
$2a^2b+4abc$	2	ab	$2ab$

【设计意图】巩固确定一个多项式应提取的公因式的方法,夯实基础。

环节五:典例讲解

例 1 分解下列各式的因式。

(1)$2x^3+6x^2$ (2)$3pq^3+15p^3q$

(3)$-4x^2+8ax+2x$ (4)$-3ab+6abx-9aby$

师:看来,同学们都已经学会了确定一个多项式应提取的公因式,那我们再来应用一下。

师:多项式的公因式是什么? 余下的项是什么?

生:(学生代表指出每一道题目的公因式和余下的项)

师:同学们,我们在用提取公因式法分解因式时要注意什么?

生:(学生踊跃回答)

师:你们总结得很棒。通过以上的练习,你们能总结出提取公因式法的一般步骤吗?

生:(合作交流,讨论归纳提取公因式法分解因式的一般步骤)

【设计意图】及时巩固用提取公因式法分解因式,掌握分解因式的相关技巧,如:提取负因数,括号里的符号改变。

环节六:课堂小测

练习:测评目标 2、3　　　　　　　分解因式

(1)$3x^2-9xy$　　　　　　　　　(2)$8ab^2-16a^3b^3$

(3)$4a^2b+10ab-2ab^2$　　　　　(4)$-8a^3p+12a^2p^2-16a^3$

【设计意图】巩固练习用提取公因式法进行因式分解,达到学以致用的目的。

环节七:课堂小结

师:同学们,我们一起对本节课进行小结。

图 4-1　课堂小结框架

【设计意图】从知识和思想两个层面对本节课的学习内容进行总结,帮助学生建构知识框架,及时整理本节课的学习内容。

2.第一次教后反思

这次教学设计环节紧密相连、环环相扣,在引入部分虽然做到了从学生已知入手,但对于提取公因式法的几何意义并未分析透彻。在课堂小结部分,教师重在从知识和思想两个维度进行总结,但还是停留在知识记忆的表层上,对于本节课的学习路径没有进行一个很好的概括和总结。总之,虽然这节课的教学设计比较完整,结构具有连贯性,但对于学生学习路径的总结还有待完善。

3.第二次教学设计的调整

环节一:新知引入

教师出示三张长方形纸片,长分别是 a,b,c,宽都是 m,请同学们拼成一个大长方形。

师:请同学们根据刚才的拼图,用两种不同的方法来表示这三个长方形的面积。

生:可以先求出每个长方形的面积,再求和,得到 $ma+mb+mc$。

师:回答得很棒,还有其他方法吗?

生:也可以将其看成是一个宽为 m,长为 $a+b+c$ 的长方形,直接根据长方形的面积计算公式就可得出 $m(a+b+c)$。

师:真厉害,那么根据两位同学的回答,我们可以得到一个怎样的恒等式呢?

生:(齐声回答)$ma+mb+mc=m(a+b+c)$。

师:同学们回答得很正确。根据面积相等,我们就可得出等式:$ma+mb+mc=m(a+b+c)$。通过几何直观,可以看出,因式分解和整式乘法是互逆关系。

【设计意图】通过几何图形的变换,利用等面积方法,学生从形的角度直观地理解因式分解与整式乘法的互逆关系,进一步引出分配律和提取公因式的互逆关系。

环节二:新知探究

探究1:观察等式 $ma+mb+mc=m(a+b+c)$,左边多项式中的相同因式和右边提取出的 m。

师:我们再来观察这个等式。可以发现,在这个多项式中的每一项都含有一个相同的字母 m,我们称其为公因式。

生:(在书上进行重点圈画,做好课堂笔记)

【设计意图】引出公因式和提取公因式法的概念。

探究2:如何确定应提取的公因式呢?

生:(深思两分钟)

师:相信同学们已经有了一定的想法,现在以多项式 $3ax^2y+6x^3yz$ 为例进行分析,请同学们先完成下列表格。

$3ax^2y=3 \cdot a \cdot x \cdot x \cdot y$ $6x^3yz=2 \cdot 3 \cdot x \cdot x \cdot x \cdot y \cdot z$

表 4-2 确定公因式练习

公因式	第一项余下的因式	第二项余下的因式
$3x$	axy	$2x^2yz$
x^2	$3ay$	$6xyz$
$3x^2y$	a	$2xz$

师:同学们,填好了吗?与同桌一起先讨论交流下自己的想法。

生:(合作学习中……)

师:同学们很认真!现在老师请小组代表来说一下自己的想法。

生:(学生代表回答问题)

师:很不错,思路清晰。通过这个表格的填写,同学们可以总结出提取的最大公因式由哪些部分组成吗?

生:(积极举手回答……)

师:回答得真棒!

【设计意图】从学生的逻辑思维出发,以表格的形式呈现选取不同公因式时,多项式余下的项的情况。并经过一番探究,引导学生得出该多项式应提取的公因式为 $3x^2y$,强调此时余下的各项不再含有公因式。从而归纳出确定应提取公因式的方法。

环节三:巩固练习

表 4-3　巩固练习

多项式	各项系数的最大公因数	相同字母的最低次幂	应提取的公因式
$4a^2+2a$	2	a	$2a$
$4a^3b^2+a^2b^3c$	1	a^2b^2	a^2b^2
$2a^2b+4abc$	2	ab	$2ab$

【设计意图】巩固确定一个多项式应提取的公因式的方法,夯实基础,为用提取公因式法分解因式作铺垫。

环节四:典例讲解

例1　分解下列各式的因式。

(1)$3pq^3+15p^3q$　(2)$-3ab+6abx-9aby$

师:同学们已经学会了确定一个多项式应提取的公因式,那么,我们再来对多项式进行因式分解吧。

生:(思考每一道题目的解法)

师:有没有哪位同学可以挑战一下自己,分享一下自己的想法?

生:(举手回答)

师:思路清晰明了,因式分解结果正确,为你点赞!

环节五:新知归纳

师:通过以上两道题目的练习,让我们来总结一下提取公因式法的一般步骤。

生:(思考交流,归纳解题步骤)

【设计意图】及时巩固用提取公因式法分解因式,掌握分解因式的相关技巧。如:当首项系数为负数时,应提取负因数,并且括号里的符号要改变;余下的项中不要漏写"1"。

环节六:巩固练习

练习:目标 2 测评:下列因式分解是否正确? 若不正确,请指出错因,并改正。

(1)$2x^2+3x^3+x=x(2x+3x^2)$

(2)$3a^2c-6a^3c=3a^2(c-2ac)$

(3)$-2t^3+4t^2-6t=-t(2t^2+4t-6)$

师:同学们,我们再来辨析一下,上面因式分解是否正确? 若不对,请先指出错因,再改正。

生:(举手抢答)

【设计意图】通过辨析题目,学生能更清楚地知道用提取公因式法分解因式时的易错点,以帮助学生更好地掌握方法和技巧。

环节七:典例讲解

例 2 对 $2(a-b)^2-a+b$ 进行因式分解。

师:同学们,你们会对这个多项式进行因式分解吗? 它有公因式吗?

生1:可以先将多项式化简,寻找公因式。

生2:可以给后边两项添加括号,则会出现公因式$(a-b)$

师:你们都很棒,都很有想法。其实,相比方法 1,我们发现方法 2 更加简单些。

【设计意图】运用添括号法则分解因式,体会从整体考虑公因式为多项式的情况。

环节八:课堂小测

练习:目标 3 测评:运用添括号法则,对下列整式进行因式分解。

(1)$-x^2-2x-1$ (2)$(2a-b)^2-2a+b$

环节九:课堂小结

师:本节课,我们对于新知识的学习路径是怎样的? 同学们,让我们一起来总结一下。

【设计意图】归纳本节课的学习路径,从知识和思想两个维度来梳理学习过程和学习收获,培养学生的数学核心素养。

三、评课实录

陈老师:这节数学课的引入利用了图形的等面积,揭示了因式分解的几何意义,具有一定的深度。在新知识的讲授中,教师采用问题串的形式,激发学生不断去探索问题,找出用提取公因式法分解因式的方法,让学生能够充分参与课堂,是一节不错的数学课。

王老师:本节数学课教学思路清晰,过程流畅,符合学生的认知规律。教师从同学们熟知的长方形面积角度开始导入,激发学生对于新知的探索欲望。在新知探究过程中,教师注重启发式教学,通过一个个的问题串,引导学生通过自主探究的方式总结归纳出提取公因式法分解因式的步骤和注意事项,将教学目标落到实处。

吴老师:本堂数学课教学结构清晰,教学设计有特色,体现了新课标精神,对于学生的"三会"能力培养起到了很大的作用。在课堂合作中,教师主张学生在合作、探究性学习中发现问题、解决问题,以小组合作的方式,充分发挥了学生学习的主观能动性,体现了"以学生为中心"的课程理念。

专家点评:本节课教学目标明确,定位准确,对于每一个目标都设置有对应的目标评价任务,能够促使学生不断地通过努力实现一个个目标。通过问题串的设计,引导学生发现、总结和归纳提取公因式法分解因式的步骤;通过合作学习、交流探讨等多种形式,激励学生主动参与课堂、融入课堂,促使学生能够学有所得;在课堂小结部分,教师重在引导学生回顾本节课的知识学习路径,帮助学生搭建起知识之间的联系,对学生重建知识结构有重要的作用。

四、课例研究的成效与反思

1. 基于"四学"的课例研究反思

新时代的课堂教学要培养学生适应未来发展的关键能力,真正调动、激活学生在学习过程中的主体动能,激发学生主动探究、轻悦学习的样态。"提取公因式法"围绕轻悦课堂中"四学"要素开展课堂,让学生体会到学习数学的乐趣。

问题串好比是学生学习路上的导航仪,在学习过程中能不断地激发学生学习的内驱力。在"趣学"环节中,教师通过几何直观地导入,以问题串的形式不断地激发学生对新知进行探索,让学生保持好奇心。在"探学"环节,教师首先从学生熟悉的 $ma+mb+mc=m(a+b+c)$ 等式入手,让学生首先对公因式、提取公因式法的步骤有一定的了解,通过一个个启发式的问题,学生完成一个个目标,实现了目标导学。在"用学"环节,教师设置挑战台,鼓励学生敢于挑战自己,敢于上台展示自己的学习成果;课堂中若成功讲明白、讲透彻的同学可以获得 10 积分和学生专属文创用品,以此提高学生的课堂参与度和学习积极性。在"悟学"环节,教师将学生的学习成果通过同屏方式进行展示,给予学生展示的机会,让学生充分感受学习数学所带来的成就感。

2. 基于"四学"的课例研究改进

(1)知识建构方面

数学是一门研究"关系"的学科,数学知识之间存在着密切的联系,新知识生长于已经熟知的旧知中,学生需要用到已经学过的知识、经验、方法来探究新知识,不断地积累更为丰富的经验。例如在"提取公因式法"这节课中,教师通过几何以直观的方式激发学生的学习兴趣,让学生能够了解数与形的相互转化,从整体上加深了对所学知识的理解。在课堂小结部分,教师引导学生回顾本节课的知识学习路径,帮助学生搭建起知识之间的联系。基于问题串式的"趣学"教学策略,使学生能够充分融入数学课堂,感受学习数学的重要意义,感悟数学的魅力。

(2)主动探究方面

新课标指出:教学就是要教给学生能借助已有知识去获取新知识的能力,并使学习成为一种思维活动。而数学教学改革重在培养学生自身的综合能力,通过教师必要的启发、诱导、填补空缺,引导学生在思考中掌握知识,在掌握知识中发展自己的思维。在课堂中,教师多次组织学生进行小组合作、交流探讨,能够引导学生主动去探究问题,体现了学生的主体地位。为了使学生能够更加准确地表达、更加清楚地了解本节课的学习目标,教师还在导学案上设置表格,为学生的探索提供了一条路径,让学生可以找到解决问题的方法。

（3）深度思考方面

在数学课中,深度思考尤为重要,学生只有充分静下心来,深层次地思考问题,才能够发现问题的本质。教师在新知探究部分完成后,在"用学"阶段,给予学生充分的思考时间,让学生独立完成相关习题,通过独立思考、展示交流来加深对新知的理解,分享彼此对解决问题的想法,让学生体验到了获得知识的乐趣,从而爱上数学。教师在新知探究部分,设计"挑战台",鼓励学生大胆挑战、探索新知。

（4）实践体验方面

本节课中,教师采用小组合作、交流探讨、合作探究等多种方式,让学生通过主动探索来获得知识、归纳新知,从而感受获得知识的快乐,感受学习到新经验的乐趣,促进学生数学核心素养的落地。在巩固练习部分,教师设置一些典型习题,帮助学生巩固新知,使得学生能够在"做中学",经历解决问题、建构知识、运用知识过程,体会学科的思维方法,形成对知识更深刻、更全面、更丰厚的理解,实现经验、方法和新认知的连续沟通。

事件的可能性

一、课例说明

1.学情分析和教材解读

学情分析:知识方面,学生在日常生活中接触过一些不确定的现象,但他们对这些不确定现象的观察往往是零星的;认知方面,如何调动九年级学生的积极性、有效建立新旧知识间的联系、引导学生轻松愉悦地参与课堂,是教师需要思考的问题。

教材解读:本节课内容属于概率范畴,帮助学生分清不确定的现象和确定的现象,学生能定性地认识事件"可能""不可能""必然发生"的含义。在新课标理念的指导下,注重对学生的动手能力、合作交流能力与探究问题的习惯和意识的培养。

2.课例目标和重点难点

(1)教学目标
①了解必然事件、不确定事件、不可能事件的概念;
②会运用列表或画树状图来确定事件发生的所有不同可能的结果;
③通过独立思考、小组讨论、共同探究提高学生发现问题、解决问题的能力,提高他们合作交流的能力;
④创设问题情境,让学生在活动中获得成功的体验,培养学生的探索精神,增强他们学习的信心。
(2)教学重点难点
教学重点:了解必然事件、不确定事件、不可能事件的概念。
教学难点:会运用列表或画树状图来确定事件发生的所有不同可能的结果。

二、教学设计两次对比以及课堂实录

1.第一次教学设计

环节一:创境激趣
【抽奖活动】
游戏规则:在1、2、3号箱子中均有5个球(除颜色外均相同),请3位同学分别选 1 个箱子,从中摸出 1 个球(摸完后需要放回),摸到白球即为中奖。

教师准备 3 个箱子:1 号箱只有白球;2 号箱只有黄球;3 号箱有白球也有黄球。

学生通过三轮抽奖结果猜想箱子里球的情况,学生通过活动发现在 3 号箱中中奖是可能发生、也可能不发生的事情,从而引出生活中也存在许多有可能性的事件,引出课题"2.1 事件的可能性"。

【设计意图】从学生亲身参与的抽奖活动引入,引发学生参与课堂的热情,引发对本节课内容的探究欲,从具体情境中过渡到数学问题,培养学生用数学的眼光观察现实世界。

环节二:新知讲解

【概念生成】

师:通过刚才的活动,在 3 个不同的箱子中摸白球会有哪些结果?

追问:都是摸白球,为什么在不同的箱子中结果不同?

练习:判断下列事件哪些必然会发生,哪些必然不会发生,哪些可能发生也可能不发生。

(1)某个三角形内角分别是 $50°,80°,51°$。

(2)杭州亚运会开幕式当天是晴天。

(3)竹篮打水一场空。

(4)$-a$ 是负数。

师:事实上,在我们的周围,有很多事件一定不会发生;有些事件可能发生,也可能不会发生;有些事件必然会发生。根据事件发生的可能性你能将上述事件进行分类吗? 怎么分?

【概念明晰】

(1)"$-a$ 是负数属于_____事件。"

你能分别添加适当条件,使它成为另两类事件吗?

"_____,$-a$ 是负数"属于必然事件。

"_____,$-a$ 是负数"属于不可能事件。

归纳:事件发生的条件影响事件的类型。

(2)游戏规则:3 号箱子中有 5 个球(黄球、白球均有,除颜色外均相同),从中摸出 1 个球(摸完后需要放回),摸到白球即为中奖。

师:若想提高中奖率,你会如何放球? 若想降低中奖率,你会如何放球? 你有什么发现?

归纳:事件发生的条件影响事件发生的可能性大小;区分事件类型的标准是事件发生的可能性大小。

【设计意图】从抽奖活动中引导学生归纳结果,认识到生活、数学中三种情况的存在,并用事件发生可能性的角度观察世界;通过摸球的条件、数学不等式的条件改变,进一步引导学生理解概念中的"在一定的条件下",加深学生对概念的理解,学会从定性的角度进行判断。

环节三:典例讲解

活动 1:箱子里放有 1 个白球和 1 个黄球(除颜色外完全相同)。从箱子里摸出 1 个球,有几种不同的可能?

活动 2:箱子里放有 2 个白球和 1 个黄球,它们除颜色外其余都相同。

(1)从箱子里摸出 1 个球,有哪几种不同的可能?

(2)从箱子里摸出 1 个球,放回,摇匀后再摸出 1 个球,这样先后摸得的两球有哪几种不同的可能?

师生活动:重点明确从球的个体来看,摸到不同的球就表示不同的可能。

小组活动:学生先自己尝试(2),鼓励学生用多种方法,组内分享。希沃投屏展示学生得出的结果,从学生的方法出发逐步完善,得到列表法和树状图法。

活动 3:箱子里放有 2 个白球和 1 个黄球,它们除颜色外其余都相同。从箱子里摸出 1 个球,不放回,摇匀后再摸出 1 个球,这样先后摸得的两球有哪几种不同的可能?

学生选择适当的方法写出所有的可能,并用希沃投屏,进行讲解。

学以致用:你能用两枚骰子来设计一个随机事件吗? 你能用树状图或列表来说明它的可能性吗?

学生先自己设计随机事件,并在小组内分享。

【设计意图】通过经典的摸球活动,从两个球到三个球,从一次概率到二次概率,从简到繁,从易到难,在教学过程中注重对学生思维方法的提炼。使学生掌握思考问题与学习数学的方法才是数学课堂最根本的目的,学会用数学的思维思考现实世界;为学生提供较充裕的时间进行探索、交流,引导他们进行合作探究,充分体现学生的自主性。

环节四:课堂小结

1.本节课我们是如何学习事件的可能性的?

2.本节课的知识可以帮助我们解决哪些问题?

布置课后练习

基础练习

1. 下列事件中,是必然事件的是　　　　　　　　　　　　　　　　（　　）

   A. 两条线段可组成一个三角形

   B. 400 人中至少有两个人的生日在同一天

   C. 早上的太阳从西方升起

   D. 打开电视机,它正在播放动画片

2. 一个不透明的布袋里装着标有 1～10 的 10 个完全相同的球,从中随机摸出 1 个球,下列事件中

   A. 标号是奇数　　　　　　　　　　B. 标号大于 3

   C. 标号是 5 的倍数　　　　　　　　D. 标号是 7 的倍数

   E. 标号既是 3 的倍数又是 5 的倍数　F. 标号是正数

   G. 标号大于 10　　　　　　　　　　H. 标号是负数

   必然事件有_____,不可能事件有_____,不确定事件有_____。

拓展练习

   红红和娜娜按如下的规则玩一次"锤子、剪刀、布"游戏,用画树状图或列表的方法表示出红红和娜娜两人出手势的所有可能的结果。

   游戏规则:若一人出"剪刀",另一人出"布",则出"剪刀"者获胜;若一人出"锤子",另一人出"剪刀",则出"锤子"者获胜;若一人出"布",另一人出"锤子",则出"布"者获胜;若两人出相同的手势,则两人平局。

   2. 第一次教后反思

   本课在实际操作过程中抽奖环节会出现偶然情况,有两个抽奖箱的获奖概率相同,需要花费更多的时间让学生感受到三个抽奖箱的不同,因此在激发学生的好奇心和求知欲方面还需要改进。

   在教学活动中,设置了生活和数学中的情境让学生自主探索、自由想象

和合作交流,充分感受到成功和失败的情感体验,但是例子需要更加精确,例如"竹篮打水一场空",容易产生歧义,因此还需要更加关注探究过程中例子的科学性和典型性。

3.第二次教学设计的调整

环节一:创境激趣

幸运转盘活动:转动转盘,指针指在哪一格,便从此格的下一格起,顺时针地往下数指针上的数字,数到哪一格上,格子内物品就是奖品。比如指针停在2时,即从2的下一格起再数2格,获得最终奖品。

教师准备:在每一个奇数位置设置大奖,偶数位置设置小奖或者空奖。

学生参与转盘活动,经过多个人参与后,学生发现无论如何拿到大奖的概率都是0,由最早发现的学生说出原因,引出课题"2.1事件的可能性"。

【设计意图】从学生在日常活动中参与过的抽奖活动引入,创设情境场激发学生参与课堂的热情,激起对本节课内容的探究欲,从真实的生活情境中过渡到数学问题上,培养学生用数学的眼光观察现实世界。

环节二 同上

环节三:典例用学

过渡:根据事件的可能性,你认为我们要重点研究哪个事件?为什么?

学以致用:你能用两枚骰子来设计一个随机事件吗?

学生先自己设计随机事件,并在小组内进行分享。

【设计意图】通过经典的掷骰子活动,从简到繁,从易到难,在教学过程中注重对学生思维方法的提炼,使学生学会用数学的思维思考现实世界;为学生提供较充裕的时间进行探索、交流,引导他们进行合作探究,充分体现学生的自主性。利用交互台,运用希沃投屏技术实现对学生成果的展示,便于学生讲解自己的思考过程,使成果可视化。

环节四:课堂小结

1.本节课我们是如何学习事件的可能性的?

2.本节课的知识可以帮助我们解决哪些问题?

【设计意图】课堂小结反思回顾本节课的学习路径,使学生形成完整的知识脉络,通过语言表达反馈对本节课知识的掌握情况;设置相应的练习,给学生创设用学的机会,通过实践检验知识的使用情况。

4. 课堂实录

师:根据事件的可能性,你认为我们要重点研究哪个事件? 为什么?

生:随机事件,因为它的可能性不确定。

师:非常棒,我们从一个经典的摸球游戏来探索随机事件的表示方式。请看大屏幕。

(学生之间开始讨论,存有不同想法)

师:从颜色上看它们有几种不同? 今天我们要研究事件的可能性,那从可能性上来看,会有几种不同的可能呢?

生:颜色上是两种,可能性上看好像是 3 种。

师:同学们可以思考,如果我放入 100 个白球和 1 个黄球,从可能性的角度看,你觉得 1 个白球和 100 个白球的可能性相同吗?

生:肯定不相同。

师:因此我们规定从球的个体来看,摸到不同的球就表示不同的可能。

三、评课实录

叶老师:整个课堂的节奏把控得很好,用活动引入,充分激发了学生的兴趣,学生们积极地参与课堂互动、有强烈的求知欲。在典例讲解环节设计的问题很有梯度,由易到难,引导学生层层深入。

王老师:课堂的情境导入能够结合实际生活,使学生快速地进入课堂,激发学生的兴趣,整个教学过程中数学用语比较严谨,并且在教学过程中给学生时间,让学生思考,不干扰不打断,这点值得表扬。

专家点评:老师上课非常有亲和力,能始终和学生们站在一起,对于调动学生的积极性很有自己的方法。

四、课例研究的成效与反思

1. 基于"四学"的课例研究反思

兴趣是学生高效参与课堂的有效保障。基于"四学"的课堂通过激发学生的学习动机,从而在新知探索、知识应用等环节让学生得到协调发展。

新课标中对本节课的要求是能通过列表、画树状图等方法列出简单随机事件所有可能的结果。"趣学"环节设置有现实意义,抽奖环节激发学生的兴趣;"探学"环节设置的问题引发学生结合大量的生活和数学中的实例获得概念,完善学生个性心理品质,培养其创造性思维;"悟学"环节又有一定的拓展性和广阔的思维空间,使全体学生在获得知识的前提下,不同的学生又能获得不同的经验;"用学"环节关注学生独特的见解,关注学生得出独特见解的思维过程,形成智力活动的磁场与情感的互动场,为学生今后的学习打下良好的基础。

2.基于"四学"的课例研究改进

(1)知识建构方面

知识与知识之间的联系纵横交错,一个完整的知识体系不能只包含知识,还要架起知识之间的联系。在本课中,学生在小学已经学习过"可能性",对于如何探索表示随机事件的方式,学生虽然有自己的方法,但需要进行完善,因此将新知与学生已有的知识经验和生活实际相联系,创设情境场引导学生快速地进入情境,打消他们对学习新知的恐惧感。

(2)主动探究方面

史宁中校长在"新课标对教学的启示"讲座中谈到,"数学核心素养"是学生在本人参与其中的数学教学活动中逐步形成和发展的。在课堂中多次采用先学后教的教学模式,注重让学生自主学习和合作学习,通过先学后教,引导学生主动探究、思考和解决问题。通过在抽奖活动中的认知冲突,引导学生用数学的思维去看待现实世界。

(3)深度思考方面

"根据事件的可能性,你认为我们要重点研究哪个事件?为什么?"提问是最深刻的思考,通过交互场和情境域,给予学生深度思考的机会,在独立思考、小组合作、展示的每个环节,给学生创设展示的机会,让他们在思考中掌握方法。

(4)实践体验方面

《义务教育数学课程标准》(2022年版)提出:"要让学生在参与特定的数学活动、在具体情境中初步认识对象的特征,获得一些体验。"在基于"四学"课堂基础上,更加关注给学生提供"语言表达区""文字呈现区"和"实践创新区",让学生实践所学习的知识,让学生感受数学的应用价值。

中点问题

一、课例说明

1.学情分析和教材解读

学情分析

（1）学生情况总体描述

学生学习数学的兴趣浓厚，好奇心强。学生们对知识掌握的水平不同，其中优秀生占比约 72%，中等生占比约 23%，学困生占比约 5%。

（2）学生个体差异分析

优秀生：基础知识扎实，学习态度端正，能够主动求知，自学能力较强，但是在拓展思维和创新能力方面，他们还需要进一步加强。

中等生：基础知识不够扎实，学习态度认真但不够主动，自学能力有待提高。对基础知识的学习和巩固需要加强。

学困生：学习积极性相对较低，基础知识薄弱，学习态度不够端正，缺乏自学能力。需要特别加强基础知识的辅导。

（3）学生学习兴趣分析

本班级学生对数学学习有着浓厚兴趣，尤其是对于一题多解、多题一解等方面的内容，表现出极高的热情和兴趣。也有部分学生基础不够扎实，对数学学习的兴趣有待提高。在教学过程中，应充分考虑学生的兴趣和需求，采用生动有趣的教学方式，激发学生的学习热情。结合本校市级课题"轻悦"课堂中涉及的趣学与用学，进行设计。

（4）学生学习习惯分析

优秀生具有良好的学习习惯，能够做到课前主动预习、课中认真听讲、课后复习总结。中等生在学习习惯方面有待改变，需要加强自主学习能力。教师需要加强对其基础知识的辅导。在教学过程中，注重培养学生的良好学习习惯，引导他们建立知识网。

教材解读

在传统的复习方法中，教师往往采用分模块复习的方式，将三角形、四边形等知识点进行分类复习。然而,这种复习方式存在知识点零散、缺乏系统性等问题,对于提分并不明显。为了解决这个问题,笔者提出了一种以知识点为核心的知识结构表(表4-4)。

表4-4　知识结构表

中点	线段的中点	三角形的中线	等腰三角形三线合一
			直角三角形斜边中线
		三角形的中位线	平行四边形
		中点四边形	菱形
			矩形
	圆有关的中点	弦的中点	垂径定理
		弧的中点	等弧	圆有关的等角

　　通过这个知识结构表,学生可以清晰地看到中点知识在整个初中阶段数学教材中的地位和作用,以及与线段、三角形、四边形和圆的联系。同时这个结构表也提供了一种通用的解决方法,帮助学生掌握解决中点问题的基本思路和方法。在这种复习方式下,学生不仅能够更好地掌握中点相关知识,还能够提高自主学习的能力,使深度学习真正发生。

　　2.课例目标和重点难点

　　(1)教学目标
　　①知识与技能目标:通过自主学习中点相关知识及教师的问题串,学生能够解决含有中点条件的几何问题。
　　②过程与方法目标:通过合作学习中点涉及的相关知识,学生能够快速地添加适合的辅助线,从而解决问题。
　　③情感与态度目标:通过探究学习中点有关问题,学生能够在遇到同一类问题时快速解决问题,从而获得成就感。
　　(2)教学重点难点
　　教学重点:通过对中点相关知识的总结,学生能够掌握解决中点问题的方法。
　　教学难点:掌握中点问题相关的基础图形并灵活运用。

二、教学设计两次对比以及课堂实录

1.第一次教学设计

环节一：初探中点

如图 4-2，在△ABC 中，点 D 为 BC 中点，请同学们过点 D 添一条线段，然后思考：你能得出哪些结论？

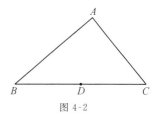

图 4-2

环节二：再探中点

学生经过独立思考，小组合作解答图 4-3 和图 4-4。

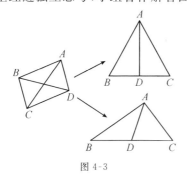

图 4-3

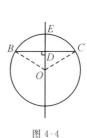

图 4-4

环节三：追探中点

例题 1，如图 4-5，在直角三角形 ABC 中，∠BAC＝90°，∠B＝30°，D 是线段 BC 上一点，AC＝AD，E、F 是线段 CD、AB 的中点，连接 EF，AB＝6。可以求出图中哪些线段的长度？

环节四：试手中点

例题 2，如图 4-6，在正方形 ABCD 中，点 G 为 DC 中点，点 E 在 BC 边上，连接 AE、AG，则∠DAG＝∠EAG，请说出 AG 与 EG 的位置关系，并证明。

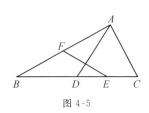

图 4-5

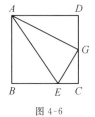

图 4-6

环节五:再战中点

例题 3,如图 4-7,点 C 是以 AB 为直径的⊙O 上一点,AD 平分∠CAB,已知 AC＝6,AB＝10,求 DF 的长。

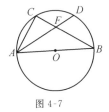

图 4-7

2.第一次教后反思

在课堂中笔者没有充分引导学生思考问题。在提问环节,开放性还不够,不能很好地发散学生的思维。鼓励学生积极参与讨论和思考的语言还不够多。接下来要引导学生提问,提高他们的批判性思维和解决问题的能力。

3.第二次教学设计的调整

环节一:初探中点

如图 4-8,已知线段 BC,点 D 为 BC 中点。

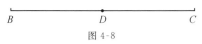

图 4-8

【设计意图】把原来的三角形一边上的中点改成一条线段上的中点,所设计的知识更多,学生需要的知识储备更多,也能更好地让学生发散思维。

总结基础图形(如图 4-9):

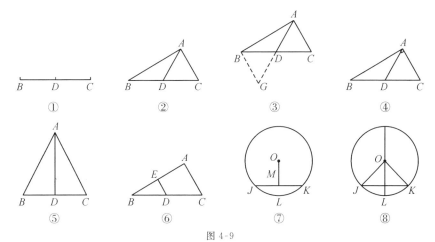

图 4-9

【设计意图】通过学生自己绘制图形,可培养学生的动手能力、审题能力以及解决问题的能力。此种方法还有利于培养学生的分析、综合等高阶思维,从而实现知识内化为素养的课程目标。

环节二:再探中点

如图 4-10,在 △ABC 中,D 是线段 BC 的中点,AC＝AD,E、F 是线段 CD、AB 的中点,连接 EF,AB＝6。求 EF 的长度。

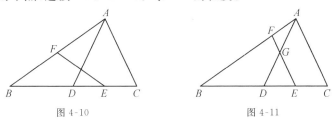

图 4-10   图 4-11

【设计意图】让学生学会从复杂的图形中找到基础图形,并利用基础图形快速地解决问题。

环节三:追探中点

变式1,如图 4-11,在 △ABC 中,D 是线段 BC 的中点,E 是线段 CD 的中点,F 是线段 AB 上一点,连接 EF,交 AD 于点 G,点 G 刚好是 AD 中点,求 FG/EG。

解法1:从点 E、D 为中点入手,则 $\frac{BE}{BC}=\frac{3}{4}$,又因为 G 为 AD 中点,则 EG 为中位线,EG∥AC,可得 $\frac{BE}{BC}=\frac{EF}{AC}=\frac{3}{4}$,$\frac{GE}{AC}=\frac{1}{2}$,所以 $\frac{FG}{EG}=\frac{1}{2}$。利用基础

图形⑥解答本题。

解法 2:从 D 为中点入手,过点 D 做 $DH \parallel AC$(如图 4-12),则 DH 为 $\triangle ABC$ 的中位线,点 H 为 AB 中点,又因为 E、G 为中点,所以 EG 为 $\triangle ADC$ 的中位线,FG 为 $\triangle ADH$ 的中位线,可得 $\dfrac{FG}{EG} = \dfrac{1}{2}$。利用基础图形⑥解答本题。

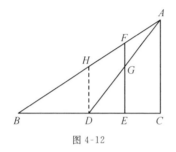

图 4-12

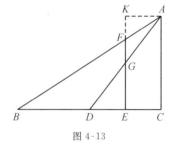

图 4-13

解法 3:从点 G 为中点入手,过点 A 做 $AK \parallel BC$,交 EG 的延长线于点 K(如图 4-13),可证 $\triangle AGK \cong \triangle DGE$,所以 $AK = DE$,$KG = GE$,又因为 $\triangle AKF \sim \triangle BEF$,所以 $\dfrac{AK}{BE} = \dfrac{KF}{EF} = \dfrac{1}{3}$,所以 $\dfrac{FG}{EG} = \dfrac{1}{2}$。利用基础图形③解答本题。

【设计意图】在解题过程中再一次渗透数学思想,从而达到做一题通一类的目的。

环节四:试手中点

变式 2,如图 4-14,在 $\triangle ABC$ 中,D 是线段 BC 的中点,E 是线段 CD 的中点,F 是线段 AC 上一点,连接 FE 并延长,交 AD 的延长线于点 G,$FG \parallel AB$,求 EG。

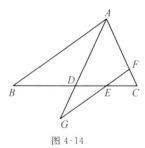

图 4-14

【设计意图】帮助学生学会中点问题添加辅助线的常规方法。

环节五:再战中点

变式 3,如图 4-15,在 $\triangle ABC$ 中,D 是线段 BC 的中点,E 是线段 CD 的中点,F 是线段 AC 上一点,连接 FE 并延长,交 AD 的延长线于点 G,若 $AC/AF=m$,$AD/AG=n$,求 $m+n$ 的值。

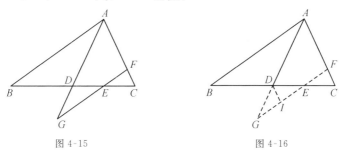

图 4-15　　　　　　　　　　图 4-16

解法:如图 4-16,从 E 为线段 CD 中点入手,过点 D 做 $DI \parallel AC$,交 GF 于点 I,可证:$\triangle FCE \cong \triangle IDE$,则 $FC=ID$,又 $\because D$ 是线段 BC 的中点,$\therefore 2ID=AF$

$$\therefore \frac{AC}{AF}=m=1.5,同理\frac{AD}{AG}=n=0.5,\therefore m+n=2$$

把中点 E 作为切入点,用到了图③与图⑥两个基础图形。

【设计意图】从具体数据到参数,对于学生来说是难度的提升,但是通过前面两个环节的探究学习,学生已经建立基础图形,通过中点这个切入点很快就能得到答案,在无形中让学生对学习数学更有信心。

4.课堂实录

师:已知点 D 为线段中点,你能得到哪些结论?

生:两条线段相等、构造中位线、构造8字全等三角形等。

师:请在学案上构造 $\triangle ABC$,连 AD,你又能得到哪些结论?

生:三角形中线。

师:请写出线段 AB、AC 和 AD 的大小关系。并说出为什么。

生:通过倍长中线,构造三角形,利用三角形两边之和大于第三边可以得到 $AB+AC>2AD$。

师:这两个三角形除了全等还有其他什么关系? 连 CE 可以得到什么图形?

生:平行四边形。

师:老师发现有的同学把△ABC特殊化了,得到了不同的结论。

生:(学生小组合作,由小组代表回答)在直角三角形中,斜边上的中线还有等于斜边的一半这个结论;等腰三角形底边上的中线就是底边上的高线也是顶角的角平分线,即等腰三角形三线合一;在等边三角形中任意一边上的中线既是高线也是角平分线。

师:请同学们在自己画的△ABC的AB边上取一点E,连DE,你能得到什么结论?

学生们继续小组讨论,大家画的三角形不同得到的结论也不同,此时大家畅所欲言,有的同学怕自己讲不清楚还主动要求上台画图进行讲解。

三、评课实录

张老师:课堂气氛非常活跃,教学结构完整,重难点清晰,老师注重以学生为主,善于引导学生进行思考。教师本人基本功扎实,通过小组合作、讨论、代言人发言,培养了学生自主探究的能力,同时激发了学生的学习兴趣。

何老师:教师善于引导学生进行思考,利用问题串的方法帮助学生建立知识结构,例题难度适中,变式难度层层递进,巩固了知识点,通过总结中点的基础图形培养了学生举一反三的能力。

专家点评:浙江省特级教师邵文鸿就本节复习课进行了点评。邵老师从"图形结构、几何研究方法、解决策略和能力课堂"四个方面,多角度地肯定了教师的授课。他认为教师在复习课的教学展示中,做到了让学生在体验中学习,发挥了学生学习的主体性,完成了一节高效的复习课。

四、课例研究的成效与反思

1.基于"四学"的课例研究反思

(1)两次课堂基于"趣学、探学、悟学、用学"这四学方面的反思

在初三复习阶段,如何让学生在轻松愉悦的氛围中掌握知识、提高学习效率,一直是教师们关注的焦点。在这个过程中,趣学与用学成为了笔者思考的方向。

在中点问题这节复习课中,笔者采用了问题串的方法,帮助学生总结知

识点、建立知识网。在一开始的导入部分,从线段的中点到三角形的中线,从一个中点到两个中点等,发散学生的思维,对初中三年所学的与中点相关的知识点进行串联,形成思维导图。例题的选取考虑到了从特殊到一般这个特点,一步一步地把学生引入课题。

在教学过程中,笔者注重培养学生的实践能力。以引导为主,帮助学生一步步地去解决问题。变式 1 的解法多样,很好地说明了课前学生总结的几个基础图形的重要性。对于变式 3,通过前面几个题的铺垫,学生利用基础图形秒杀含参问题。

然而,趣学与用学并非一蹴而就,在教学过程中,教师需要不断地总结经验,结合学情改进方法,才能让趣学与用学发挥出更大的作用。此外教师还要关注学生的个性化需求,针对不同学生的特点进行教学方案设计,使每一个学生都能在学习中找到自己的兴趣点。

(2)体现新课标方面的反思

《义务教育数学课程标准》(2022 年版)中明确提出了培养学生的核心素养,主要包括以下三个方面:①用数学的眼睛观察现实世界;②用数学的思维思考现实世界;③用数学的语言表达现实世界。中点问题是几何中经常出现的问题。笔者在初三复习课中尝试教学"中点问题",对提升学生自主探究能力和促使学生深度学习进行了一些研究和思考。

2.基于"四学"的课例研究改进

(1)知识建构方面

在本节课例中,知识建构是重要基础。在传统教学方法中,教师是知识的传授者,学生则是被动的接受者。而在"四学"课例研究改进中,教师变成了知识的引导者,学生则是知识的建构者。教师通过提出问题、发现问题、解决问题,引导学生通过自己的思考和实践,逐渐建立对知识的理解和认识。如本课例,从一条线段的中点引入,让学生自己动手添加辅助线,得到与中点相关或者由中点引出的不同的结论,从而建立起学生对中点的理解。这种知识建构的方式,不仅能够提高学生的学习兴趣,还能够帮助学生更好地理解和掌握知识。

(2)主动探究方面

在本节课例中,主动探究是核心。在传统教学方法中,教师是知识的讲解者,学生是知识的接受者。而在"四学"课例研究改进中,教师变成了知识的引导者,学生则是知识的探究者。教师需要引导学生主动地去发现问题、解决问题,让学生在解决问题中,主动探究知识。如本课例,通过 3 个变式,从特殊到一般,让学生在已有的知识基础上探究含参问题。这样,学生不仅能够更好地理解知识,还能够培养出独立思考的能力。

(3)深度思考方面

在本节课例中,深度思考是目标。在传统的教学方法中,教师是知识的灌输者,学生则是知识的接受者。而在"四学"课例研究改进中,教师变成了知识的引导者,学生则是知识的思考者。教师要引导学生发现问题、提出问题、解决问题,让学生在解决问题的过程中进行深度思考。如本课例中的变式 3,需要学生结合已学习的 8 个基础图形,通过找到对应的基础图形,结合对应基础图形的解题方法进行解题。这样学生不仅能够更好地理解知识,还能够培养出创新思维能力。

(4)实践体验方面

在本节课例中,实践体验是学生全面发展的关键。在传统的教学方法中,教师往往是知识的传授者,学生则是知识的接受者。而在"四学"课例研究改进中,教师变成了知识的引导者,学生则是知识的实践者。教师通过引导学生进行实践体验,从而让学生更好地理解知识。如在解答 3 个变式中,所有的解题过程、解答思路都是在每个小组合作交流中得出的,其中也会出现错误结论,教师把问题抛给其他组的学生,由他们来解答,如果有错误,教师适时地进行引导。这样,学生不仅能够更好地理解知识,还能够培养出实践能力。

更换国旗杆绳项目

一、课例说明

1.学情分析和教材解读

(1)学情分析

九年级学生在解决问题的过程中,容易"想当然",有一些不切实际的想法和预设,对于在具体的情境中提取问题及其信息点还存在困难。虽然学生已基本掌握了科学探究的一般过程,但若置身实际情境中,则难以将理论与现实联系在一起。

(2)教材解读

本课选自浙教版九年级上册第四章"相似三角形的性质及其应用"第3课时。本课的主要内容是探索相似三角形的条件和性质,能利用三角形相似的条件判别两个三角形相似,能运用相似三角形的性质解决一些实际问题,进行有关的计算和简单的证明。

2.课例目标和重点难点

(1)教学目标
①能运用相似三角形的性质解决一些简单的实际问题。
②进一步体验数学的应用价值。
(2)教学重点
运用相似三角形的性质解决简单的实际问题。
(3)教学难点
由于学生缺乏生活经验,让他们设计测量树高的方案有一定的难度,所以例6的方案设计是本节教学的难点。

二、教学设计两次对比以及课堂实录

1.第一次教学设计

环节一:复习提问
我们已经学习的相似三角形的性质有哪些?

（1）相似三角形对应角相等,对应边成比例。

（2）相似三角形的周长之比等于相似比,面积比等于相似比的平方。

（3）相似三角形对应边上的高线之比、对应边上的中线之比、对应角的平分线之比等于相似比。

思考:你能够将上面生活中的问题转化为数学问题吗?

【设计意图】该环节试图通过对相似三角形的相关知识进行回顾,帮助学生进行知识应用,为方案设计作铺垫。

环节二:例题讲解

校园里有一棵大铁树,要测量树的高度,你有什么方法?

方法一:把一面小镜子放在离树(AB)8m的点 E 处,然后沿着直线 BE 后退到点 D,这时恰好在镜子里看到树梢顶点 A,再用皮尺量得 $DE=2.8$m,观察者目高 $CD=1.6$m。树高问题能解决吗?

方法二:把长为 2.40m 的标杆 CD 直立在地面上,量出树的影长为 2.80m,标杆的影长为 1.47m。树高问题能解决吗?

分别根据上述两种不同方法求出树高(精确到 0.1m)。

请你自己写出求解过程,并与同伴一起探讨,还有其他测量树高的方法吗?

【设计意图】创设的问题情境是学生所熟悉的,有利于激发学生的参与热情。而后通过多种方案设计,有利于学生思维的发散和对知识的综合运用。

环节三:练一练

（1）课内练习

步枪在瞄准时的示意图如图 4-17,从眼睛到准星的距离 OE 为 80cm,步枪上准星宽度 AB 为 2mm,目标的正面宽度 CD 为 50cm,求眼睛到目标的距离 OF。

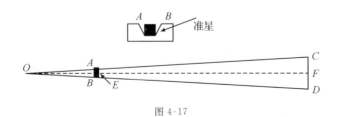

图 4-17

（2）反馈练习

如图 4-18，已知零件的外径为 a，要求它的厚度 x，需先求出内孔的直径 AB，现用一个交叉卡钳（两条尺长 AC 和 BD 相等）去量，若 $OA:OC=OB:OD=n$，且量得 $CD=b$，求厚度 x。

【设计意图】通过变式训练，巩固新知，锻炼能力。

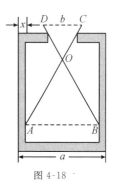

图 4-18

环节四：课堂小结

（1）应用

相似三角形的应用主要有如下两个方面：①测高；②测距。

（2）测高的方法

测量不能到达顶部的物体的高度，通常用"在同一时刻物高与影长的比例"的原理来解决。

（3）测距的方法

测量不能到达两点间的距离，常构造相似三角形以求解。

（4）解决实际问题（如测高、测距）

一般有以下步骤：①审题；②构建图形；③利用相似解决问题。

【设计意图】通过课堂小结，总结方法，深化新知。

2. 第一次教后反思

课例在教学设计上还不是很理想，可以结合新课标和我校"四学·轻悦"学习样态设计初衷，改编为项目化学习，让学生从关键问题出发，实现探究体验,再将学习成果用多种方式进行反馈,在趣学、探学、悟学、用学中实现学习目标。

3.第二次教学设计的调整

针对第一次教学设计的不足,第二次教学设计作出了以下有针对性的调整。

(1)分课时的教学进度规划

表 4-5　教学进度规划表

主题	具体内容
【子任务 1】 乐于助人,循序渐进	拆解项目问题,聚焦项目难点——旗杆长度测绘。
【子任务 2】 小组合作,"纸上谈兵"	旗杆长度测绘方案设计交流、合理性分析与方案优化。
【子任务 3】 现场躬行,方案实操	实施测绘方案,收集分析数据,实时方案迭代,直至得到结果。 (教师监控学习过程,同时作为学习支架,适时提供帮助)
【子任务 4】 结果汇报,评估反思	结果解释与评估,反思过程与结果。

（2）分课时教学设计

【一、乐于助人,循序渐进】

表 4-6　分课时教学设计表 1

环节一:情境导入	
教的活动1 ①（播放导入视频） ②问题1:要帮助章师傅更换旗杆绳,需要做哪些步骤？了解哪些信息？	学的活动1 ①观看视频。 ②学生利用电脑,可反复观看视频情境,分析章师傅所面对的困境;而后将问题用鱼骨图进行拆解。

设计意图:
　　学生需在实际情境中发现问题,并将其转化为合理的数学问题、科学问题等。本情境材料取材于真实校园生活,既增添了趣味,又提供了丰富的信息。

环节二:评价引领	
教的活动2 ①教师:同学们分小组用 3 分钟讨论以下几件事: 　　人员选派:以小组为单位,交流讨论,回答"问题1"。 ②教师引领总结,板书,适时表扬。 ③教师公布打分规则。	学的活动2 ①学生以小组为单位,收到《项目记载手册》。 ②小组经过讨论后,派代表回答。

设计意图:
　　引入《项目记载手册》和打分系统,对项目解决过程进行引导。这里请注意,打分系统不等于评价,仅用于增加项目竞争性,提升学生用学积极性。

环节三:多元调查聚难点	
教的活动3 问题2　你通过调查,得到了哪些信息？有哪些问题的解决遇上了困难？困难点在哪儿？	学的活动3 学生根据《项目记载手册》进行分工,分头行动。 　　20分钟后,学生会合至机房,将信息进行最终整合与讨论,并做好记录。

设计意图:
　　在项目解决的过程中,学生容易"想当然",有一些不切实际的想法和预设。在这开放的活动空间,可以切身体会各种想法的可行性;利用信息技术,可以即时解决部分问题,将项目解决聚焦至"困难"——"需要多长的旗杆绳"。

【二、小组合作,"纸上谈兵"】

表4-7　分课时教学设计表2

环节一:明晰流程	
教的活动1 　　教师:我们一般怎样进行探究?	学的活动1 　　预设具体梳理。
设计意图: 　　事先对问题解决的全过程进行规划,明晰活动环节,方便后续自主规划。	
环节二:初定方案	
教的活动2 　　问题3　对于获知所需旗杆绳长度,是否能设计方案去解决?请思考以下几点: 　　①设计方案的目的是什么? 　　②方案设计可能涉及哪些知识技能?进行知识梳理,并写出。 　　③方案内容是什么?是否能结合设计图进行说明? 　　④小组成员在此项目中应如何分工合作? 　　⑤方案实施需要哪些工具? 　　⑥方案是否切实可行?	学的活动2 　　学生小组讨论,教师巡视、聆听并记录;对于讨论较为消极的组,了解讨论凝滞点,并针对性地进行点拨;对于想法重复的组,汇成大组,对比方案设想的完成度,让想法更不成熟的组放弃原方案,并点拨新方案思路。
设计意图: 　　以结果为导向,给予学生进行创造的时间。展示环节,既促进学生将方案进行完善,又在"纸上谈兵"阶段,让学生学会倾听和理解,最终将方案进行优化。	
环节三:交流展示	
教的活动3 　　教师作为主持人,引导流程。	学的活动3 　　学生以小组为单位,上台展示本组测绘方案,其他组记录至《项目记载手册》并评估该方案的可行性。
设计意图: 　　整个环节中,教师没有给出答案,每一位学生都通过思考找出答案。学生利用发言的机会理解概念、表述概念和观点。最后,通过交流,实现方案可行性探讨,便于后续在"纸上谈兵"阶段,对方案进行优化。	
环节四:方案优化	
教的活动4 　　教师巡视、聆听并记录。	学的活动4 　　学生根据交流意见,小组讨论,重新对方案进行审视。
设计意图: 　　工程项目学习重点,不仅在于对工程方案的设计(数学建模),还在于方案的可行性和工程结果。通过方案的可行性推演,进行重难点突破。	

【三、现场躬行,方案实操】

表 4-8　分课时教学设计表 3

环节一:方案实施,数据收集

	学的活动 1 　　学生根据小组方案,使用相应测绘工具,对国旗杆高度进行测绘,得到数据并记录。

设计意图:
　　通过工程实施的过程,学生主动参与学习活动,体验克服困难、解决问题的过程,累积学习信心;初步养成乐于思考、勇于质疑、言必有据等良好品质。

环节二:数据整理与分析

	学的活动 2 　　小组分工: 　　①一部分人对方案实施结果进行结果计算。 　　②一部分人再次实施方案,得到新的数据。

设计意图:
　　工程结果与数学结果不同,数学是抽象简约的、严谨的、精准的;工程是现实繁复的、充满了挑战与不可控的。学生在数据收集的过程中已经初步体会到了这一点,而对不同批次收集到的数据进行对比,将会放大"工程计划"与"工程实际"之间的区别。最终,只能多次实践——在大量的数据中整理、分析,才能确定较为准确的数值。

环节三:结果分析

	学的活动 3 　　反复用一个方案测算旗杆高度之后,学生将聚在一起分析每一个实践步骤对于数据结果的影响,以获得更为准确的数据。

设计意图:
　　在追求更为"完美"的最终数据结果的过程中,学生在平等、紧张的氛围中,勇于发表自己的想法,勇于质疑、敢于创新,养成认真勤奋、独立思考、合作交流等学习习惯,形成严谨求实的科学用学态度。

【四、结果汇报,评估反思】

表 4-9　分课时教学设计表 4

环节一:测绘结果汇报

	学的活动 1
	学生以小组为单位,上台介绍: ①本组测绘过程。 ②其中用到的数学模型及光学原理。 　　其他组学生聆听、记录至《项目记载本》,并对展示内容进行打分。

设计意图:
　　提高学生语言表达能力。

环节二:结果对比

教的活动 1	学的活动 2
将小组的数据结果与测绘仪所测结果进行对比,并确定本次项目实施结果中,最接近"准确答案"的优胜小组。	使用测绘仪的同学将测绘仪的原理和使用方法进行介绍展示。

设计意图:
　　测绘项目,最重要的就是它的测绘结果。故而结果的对比将必不可少。
　　学生对现代技术——测绘仪的了解将开阔自己的眼界,明白现代技术发展的意义。

环节三:溯本解案

教的活动 2	学的活动 3
结合最后成果数据,确定所购旗杆绳品牌、种类及长度。	与章师傅等教工一起更换旗杆绳。

设计意图:
　　将现实问题回归到现实中去。体会用知识解决项目的全过程,收获成功解决问题的喜悦,积累学习信心。

4.课堂实录

　　师:章师傅有一个小小的烦恼——他发现国旗杆的绳子有点磨损,要换绳子。但是手上没有相关数据资料。你们能够帮帮他吗?

　　生:要考虑绳子的长度。

　　生:还要考虑绳子的类型和质量等。

　　师:好,我们翻开《项目记载手册》,填写你的思考。

师:接下来小组讨论设计方案的目的和如何设计方案去实现目的。之后我们进行小组展示,互相交流,再次改进方案并实施。

师:你们觉得实施会一帆风顺吗?

生:(异口同声)不会。

师:所以你们要怎么做?

生:反复地改进。

师:是的,这种方案的迭代,其实就是方案优化。现在给大家10分钟左右的时间进行讨论。

(学生小组讨论方案,并商量如何展示)

(学生上台展示小组设计的项目方案)

师:觉得方案有问题的同学可举手辩论。

(小组展示后,其他同学问询,帮助其优化方案)

(展示完成后,小组在同学和老师的帮助下,将方案优化。而后去操场实践方案,并做好记录)

师:通过这次项目化学习,我们知道对于任何一个项目而言,或者说,对于我们生活当中碰到的任何问题而言,我们第一步应先做什么?

生:找到问题,然后分析问题。

师:本来是一个更换国旗的项目,但是通过我们的分析,我们将问题聚焦到旗杆高度。但是我们项目目的是什么?

生:更换旗杆绳。

师:所以我们这个项目还没有出结果。根据各位同学的建议,章师傅正在采买旗杆绳,稍后让我们一起去参观"更换旗杆绳"。

(老师带着学生一起去操场观看男老师和校工更换旗杆绳)

三、评课实录

吴老师:本节课架构清晰,探究过程可谓循循善诱,注重学生知识点的形成,鼓励提醒的语言贯穿整节课,很好地落实了课堂训练,学生思维始终处于活跃状态。此外,叶老师能够熟练地运用信息技术直观呈现学生的学习成果。

何老师:叶老师依据"轻悦"课堂的"三转""三得""三高",从教学理念落实情况、教学目标达成情况、学习效果实现情况出发,将课堂重新架构,两次课程截然不同。课堂的着重点从以教师为主体转向注重学生合作,从传递中心转向师生对话中心,从教授过程转向习得过程,真正做到学生听得懂、做得对、说得出,达到了学生参与率高、有效率高、幸福率高的课堂模式和学习效果。

蔡老师:通过本节课的学习,学生在对三角形的相似有一个全面认识的基础上,能够探索具体问题中的数量关系和变化规律;通过构造相似三角形解决问题的过程,体会模型的思想;通过测量旗杆高度的活动,巩固相似三角形有关知识,提高综合运用三角形相似的判定与性质解决问题的能力,发展数学应用意识,深化对本章知识的认识和理解。

专家点评:本节课以问导练,以练导学,用开放性问题,层层递进、环环相扣,既激发学生的积极性,又让所有学生都能在思考问题的过程中有不同的收获。同时,本课从教学内容、课程标准、思想方法的分析出发,在相似三角形知识的基础上,又补充了数据分析和科学工程,让学生在"做中学",从而得以全面发展。

整节课的设计立足于现实,却在内容上格外地"浪漫"——拓宽了学生视野,调动了学生的主观能动性。

四、课例研究的成效与反思

1. 两次课堂基于"趣学、探学、悟学、用学"这四学方面的反思

本次项目化学习设计体现了学习的本质——不只是把外部世界的知识装进脑袋,更应该是学习者在发现问题和解决问题的过程中,探索世界,认识自我,发展理性思维。学生能借助本次项目化学习更好地发展自身,培养解决问题的能力。

波利亚提出:"不要把你的秘诀一股脑地倒给学生——让他们先猜测一番,然后再讲给他们听——让他们独立地找出尽可能多的东西。"在6个课时的教学中,教师通过丰富的学习形式,促进学生解决问题能力的发展。尤其在工程实践阶段,学生将通过动手操作、分析比对数据,自主发现问题、分析问题、解决问题,在方案迭代、学习反思中,进一步提高自身解决问题的能力。

2.体现新课标方面的反思

上课实践具体的项目化学习,每个课例组成员跟踪录像一个学习小组,从而收集资料。课后回顾课堂信息,对学生和教师进行访谈,从中发现以下问题:

①拆解问题时,学生没有思路,需要教师带领;

②互相评价的页面表述不够清晰,学生评价不够精准;

③缺少自我评价过程;

④本手册更适用于"工程情境";

⑤其项目成果缺少科技写作和创意写作。

本次研课是将项目化学习与"四学·轻悦"成功结合的优秀案例,充分验证了"四学·轻悦"学习样态的理论合理性。

第五章 英语学科案例

My favorite day

一、课例说明

1.学情分析和教材解读

教学对象是七年级学生,平均年龄14岁,该阶段的学生心理发展主要表现为对接近生活且有趣的活动感兴趣,注意力不能长时间集中在单一事物上。因此,教师需要将"My favorite day"这个话题联系学生实际,吸引其注意力,激发并维持其学习动机。另外,学生已经学习过一些表达喜爱的词或句型,有一定的英语词汇积累,能大致了解文本内容,只是对对话文本的框架结构了解过少,且逻辑思维未发展成熟,还不能抽象、熟练地进行信息转化,形成对话文体框架,因此,还需要依靠教师进行引导。

本节课的授课内容选自人教版教材七年级上册第九单元 Section A 2d 部分的对话。本单元的话题是关于学校的学习科目,目的是让学生学会讨论自己的个人偏好并说明原因。本部分语篇是一个对话,因此本节课是对话教学课,授课语篇内容主要是两位学生讨论各自的"My favorite day"。

2.课例目标和重点难点

(1)教学目标
语言能力:
①正确理解以下词汇和短语含义:favorite,for sure 等。
②跟读音频进行语音语调的模仿。
学习能力:
①通过读图获取有效信息并进行有效推测。

②听对话音频,核对推测情况。

③通过问题链解读文本并进行信息转化。

文化意识:

了解对话过程中的语言缩略形式以及礼貌表达方式。

思维品质:

①分析对话文本中的对话结构并发展学生的逻辑思维。

②建立对话框架,从多角度展开对话,并培养学生的创造性。

(2)教学重点难点

教学重点:

①正确理解以下词汇和短语含义:favorite,for sure 等。

②通过读图获取有效信息并进行有效推测。

③通过问题链解读文本并进行信息转化。

教学难点:

①分析对话文本中的对话结构,从而发展学生的逻辑思维。

②建立对话框架,从多角度展开对话,从而发展学生的创造性。

二、教学设计两次对比以及课堂实录

1.第一次教学设计

环节一:Lead-in

教师通过和学生打招呼并自然地介绍自己的姓名、喜欢的科目及原因导入本课的话题和关键句型"My favorite subject is English because it is cool"。

环节二:Look and Share

教师通过自己举例引入话题和句型后,在本活动中给学生提供了词汇和句型,让学生根据提供的材料自由地表达自己喜欢的一天及其原因。

环节三:Guess and Listen

先让学生根据图片信息进行话题的预测,接着给出一些预测的相关话题,让学生带着疑问听一遍音频并找出对话中的话题。

环节四:Read and Fill in the chart

本活动(见表 5-1)是让学生阅读对话并完成信息转化,梳理对话中人物最喜欢的一天以及理由,信息转化成表格后让学生根据表格进行对话,即对主要内容进行复述。

表 5-1　第一次教学设计表

	Favorite day	Favorite subjects	Why
Bob	Monday	P. E	Mr. Hu always plays games with them.
		history	History is interesting.
Frank	Friday	/	The next day is Saturday.

环节五:Read and Think

本活动是让学生阅读并思考两个问题:1. Are they classmates,why? 2. Frank likes Friday best because the next day is Saturday. So what can Frank do on Saturday? 让同学们对 Frank 星期六这天的活动进行头脑风暴。

环节六:Listen and Imitate

这个活动让学生跟着音频朗读对话并模仿,在朗读时同学们需要注意对升降调的处理。接着给同学们时间去找搭档进行角色扮演练习,关注对话时的语音语调和对话时的情感态度。

环节七:Think and Ask

本活动是将对话中的问句抹去,并让学生根据回答采用不同的方式对回答进行提问。

环节八:Find and Ask

让每个同学去询问班上三位同学最喜欢的一天,并询问理由后完成表格,最后再对三位同学的情况进行汇报展示(见表 5-2)。

表 5-2　"最喜欢的一天"汇报表

Find and Ask		
Find someone who likes Monday/Tuesday... best and ask why and reason(原因).		
name	Favorite day	Reason(原因)

Hello,everyone. I ask three of my classmates about their favorite day. I find XXX's favorite day is _____ because _____.

2.第一次教后反思

在进行第一次教学后,发现了在授课中存在以下一些问题。

首先,导入部分比较一般,且难以抓住学生的兴趣点。

其次,在表达个人喜好的时候提供的词汇支撑太多太细,这反而限制了学生对旧知识的回顾和运用。

再次,在学生提问环节中,学生并没有给出多样的提问方式,因而对思维活动的有效性有所质疑。

最后,结束环节的活动本是一节课的升华点,但学生们的输出过于单一。

3.第二次教学设计的调整

环节一:基于游戏,趣味引入

活动1:Is this your favorite day? Why?(Are you happy?) I'm happy today because I have English with all of you. And today is my favorite day. What about you? What's your favorite day?(Do you like Wednesday?) Why do you like that day?

活动2:通过一个找词小游戏(见图5-1),引入对话话题和相关表达。

Let's play a game.(find words as many as you can)

r	e	o	i	a	c	d	b	a	t	f
i	n	t	e	r	e	s	t	i	n	g
c	q	l	t	h	m	e	w	p	v	r
v	k	z	e	z	c	n	h	h	o	i
f	a	v	o	r	i	t	e	l	r	c
t	k	d	e	b	j	o	l	a	i	v
n	m	v	s	u	b	j	e	c	t	r
g	h	s	t	a	u	e	o	i	e	i
w	c	h	e	s	d	o	r	y	t	c
c	e	n	g	l	i	s	h	f	a	v
a	i	e	g	e	n	e	k	e	i	l

图 5-1　找词小游戏

【设计意图】自然引入和游戏导入,不仅可以自然地导入话题和句型,且为后面对话做好了铺垫。这个思维活动的意图是发展学生思维水平的第一个层次。

环节二:基于对话,挖掘逻辑

活动1:在这个活动中,教师先让学生根据图片信息进行话题的预测,接着给出一些预测的相关话题,让学生带着疑问听一遍音频并找出对话中的话题。

活动2:基于问题链进行对话文本解读和信息转化(见表5-3)。

表5-3 对话文本解读和信息转化表

Who?	Favorite day?	Favorite subjects	Why
Bob	Monday	P. E	Mr. Hu always plays games with them.
		history	History is interesting.
Frank	Friday	/	The next day is Saturday.

【设计意图】从语篇内容入手,通过问题链进行思维激活,让学生在对内容形成结构化认识的基础上去探索语言形式的内在逻辑,并在提升学生语言能力的同时,渗透对其逻辑思维的培养。因此,这个环节中学生建立了以下逻辑关系:对学科正向态度和最喜欢的星期几之间的因果关系;对老师正向态度和喜欢课程之间的因果关系;对老师正向态度和老师品质或有趣课堂之间的因果关系。

环节三:探究框架,评估对话

让学生找出对话中的五个问题,然后对这五个问题进行分析归纳,从语篇角度分析对话的功能和提问意义,并一起归纳和评价对话的篇章结构。

【设计意图】本活动的设计目的是锻炼学生的思辨能力。这个活动的设计让学生分析出对话结构,以及对话是如何形成和继续下去的。对于评价方面是让学生思考从真实对话的角度去评价,进而发展学生的评价能力和创新思维能力。

环节四:基于角度,重构对话

最后的任务是创设多样的真实情境(见图5-2),促进学生发散性思维和创造性思维的发展。真实情境的创设能激活学生的相关背景知识,并迁移到新情境中实现深层次的学习。

Choose one situation and make up a conversation about favorite thing.

1. Your friend and you are at a restaurant. (restaurant，food...)

2. Your friend and you are on the school playground. (sports，teacher...)

3. Your friend and you are in the library. (book，writer...)

4. ...

Questions：What is your favorite...?

Who is...?

Why...?

图 5-2　重构对话图

【设计意图】最后的活动设计改成泛化的话题,让学生讨论的不再仅局限于最喜欢的一天以及最喜欢的科目,而是从最喜欢扩展开进行举一反三、学以致用。在本活动中,老师出具三个场景给学生提供一些思路,而学生在这个活动中可以发挥自己的创造性,谈论任何自己想要讨论的有关之最的话题,更好地激发了学生的创造性思维。

4. 课堂实录

课堂实录片段一(基于对话,挖掘逻辑)

T：Just now，we knew Frank likes Friday best because the next day is Saturday. So can you guess what Frank can do on Saturday?

S1：He can play with Bob.

...

T：So，he may have so many activities on Saturday. Now，can you guess whether Frank loves these activities on Saturday?

Ss：Yes.

T：Now，do you know why Frank likes Saturday best?

S1：Because he can do something he likes.

课堂实录片段二(基于框架,评估对话)

T：What does the last question "why" mean?

S1：Why does Frank like Friday?

T：Why doesn't Bob ask this longer sentence?

S1：Because Frank knows what they're talking about and it is easy to say one word.

课堂实录片段三（基于角度，重构对话）

S1：What's your favorite book?

S2：My favorite book is Harry Potter. Because it is interesting and J. K. Rowling is my favorite writer. She is great. How about you?

S1：I like her too. She is a good writer.

三、评课实录

姜老师：本节课中，教师用一个找词小游戏，巧妙自然地将学生注意力引入话题和句型，并且为后面对话中的短语教学做好铺垫。而且，在这个过程中，教师给学生足够的想象和发挥空间，使得学生能够积极参与课堂、积极表达。

许老师：第三环节的设计是思维梯度性和思维发展的进一步表现，是在发展学生高阶思维中的分析和评价思维，也就是对其思辨能力的锻炼，这是思维培养中重要的一环。

周老师：活动设计中话题的泛化，让学生讨论的内容不再仅局限于最喜欢的一天以及最喜欢的科目，而是从最喜欢扩展开进行举一反三，可以讨论各个感兴趣方面的最喜欢的人、事、物。本活动的改进设计不仅可以锻炼学生的发散性思维，也可以更好地激发学生的创造性思维。

专家点评：本节课中，师生之间有真情实感，同学们都积极参与课堂，在课堂中有充分的交流，而且同学的回答也有很多亮眼之处。教师在英语对话教学中，重视了思维在教学中的地位，关注了对话文本的深层挖掘，注重了学生的视角以激发其学习思考内动力，侧重教学活动设计的真实性及有效性，关注课堂中学生的多维思维的发展，呈现了一堂有趣味、有质量、有提升的课堂。

四、课例研究的成效与反思

1. 基于"四学"的课例研究反思

（1）两次课堂基于"趣学、探学、悟学、用学"这四学方面的反思

　　本课基于"四学·轻悦"模式开展课堂教学设计,"四学"包含了"趣学、探学、悟学、用学"四个部分。在第一个教学环节中,教师将逻辑关系紧密的问题串和紧贴学生实际生活的情境场相结合,通过问题链引入并结合小游戏引入本课中的词汇。这个话题和学生密切相关,使他们积极地参与到课堂中去,这是实现"轻悦"课堂的基础环节和重要环节。

　　在"探学"环节过程中,通过对对话文本的内容解读进行信息的转化,并依托问题链和学习情境进行深度探究。本对话的主题和学生的生活息息相关,为此通过开放式的问题对句子"Because the next day is Saturday"进行头脑风暴,以实现对文本的进一步理解。

　　在"悟学"环节中,让学生在潜移默化中获得对对话文本的深度理解和体验。在本节课中通过找出对话中的问句并梳理对话中的对话框架及更多创造性的表达,学生结合情境域进行学习的深入和强化,在不同的情境中理解和吸收对话中的框架,并总结和改进对话框架和句型,为下一步的"用学"环节打下基础。

　　在"用学"环节中,学生使用所学知识进行语言表达及实践创造。在语言表达上教师先为学生创设了丰富的情境,让学生在情境中自然、自信地表达。在本节课最后环节中,从餐厅、运动和书籍这三个方面展开自己的喜好讨论,不同的学生依据自己的个人兴趣爱好展开了真实的对话和创造性的生成,实现在"学中用、用中学"。

　　(2)体现新课标方面的反思

　　《义务教育英语课程标准》(2022 年版)总目标中指出,学生通过英语课程的学习提升思维品质,能够在语言学习中发展思维,在思维发展中推进语言学习。在此新形势下,英语课程中对思维品质的培养越来越重要。《普通高中英语课程标准》(2017 年版)中将思维品质界定为一个人在逻辑性、批判性、创新性等方面所表现出来的能力和水平。因此,在对话教学中,老师需要关注学生不同层次思维的发展,重视对对话文本的深度挖掘、对对话策略和框架的学习及创造性产出,提升思维品质在对话教学中的"地位"。

　　2. 基于"四学"的课例研究改进

　　(1)知识建构方面

　　创建贴近学生的真实情境及让学生有话可说的情境,是学生进入知识学习场域的重要前提,在情境中促进学生的学习是知识建构的关键所在,足够立体的情境对学生的学习兴趣和学习动机有重要的影响。此外,导入中也可以通过有效的问题链引入知识、建构知识,让学生由浅入深地理解知识。本节课通过游戏引出话题,紧接着通过问题链自然地引入对话的话题及本节课中的重点句型。此外,问题链中问题的有效性也会影响学生知识构建的有效性和准确性。

（2）主动探究方面

学习的过程就是学生在对新知识进行构建的过程,而知识的构建效果和准确率离不开学生对知识的加工和重新构建。在教学过程中引导学生主动去探究,不仅有利于提升学生对知识的兴趣,而且给学生对知识的理解运用和创新都提供了平台。在本节课中,知识的主动探索环节是对文本中的对话框架的梳理和重新构建,这使得后续的输出环节成为重要的基石。因此对于如何设计活动让学生主动去探索,或者如何设计问题和情境让学生有兴趣和动机去探索,是需要进行深入研究和思考的地方。

（3）深度思考方面

思维的培养是在活动中进行的,如在本节课中通过问题 Can you guess what Frank can do on Saturday? 学生对 Frank 星期六活动进行头脑风暴,最终表达出的都是自己星期六最想做的事情。因而学生将自己代入并推断出,在星期六 Frank 可以做自己想做的事情。从最后学生回答"Because he can do something he likes",也再次表明学生的推断及依据。此外,还通过问题并引导学生根据对话中的问题得出信息"不认识对方体育老师",进而推断出对话双方并非同学关系。总之,推断过程能提高思考能力和逻辑思辨能力。

（4）实践体验方面

本节课中的实践体验主要体现在最后的输出环节,本节课中的输出环节是让学生根据所提供的情境选择自编对话,学生通过所学知识展开创造性运用和表达,并在真实的情境中"迫使"自己运用和输出。本节课中对话的生成可以从多角度拓展,主要有以下几点:①在原有话题基础之上设计真实情境,激发学生创新使用所学的丰富句型或进行新句子的创编。②在原有对话框架基础上,延展到不同话题,通过多样的情境,学生在所学对话框架上展开对新话题的对话创造。无论哪种方式,在活动的设计中都需结合真实情境,并提供学生创造性发挥的实践体验。总之,实践体验需要建立在有效而真实的情境驱动下以及课中所学的知识框架下,让学生在实践中体验所学、理解所学、巩固所学、评估所学。

Would you like some noodles

一、课例说明

1.学情分析和教材解读

（1）学情分析

本课内容与食物和广告有关，贴近学生生活实际，极易激发学生学习英语的欲望和兴趣。通过本单元前四课时听、说、读的学习，学生对食物名词和核心句型都有了较充分的掌握，同时，学生在阅读课中学习了关于不同国家的不同生日食物，了解了不同国家的生日饮食习俗等文化知识，为本节课做好了在写作思路、写作结构和写作应用的基本句型等方面的铺垫。

七年级学生对英语普遍感兴趣，但有很强的不稳定性。因此教师在教学过程中要善于创设合适的语境，由旧知引发新知，发挥优势设计多样有趣的活动，使各学习层次的学生都能够参与到活动中来，并实现学有所获。在教学中引导学生进行自主学习和语言实践，渗透学法指导并引导学生逐步养成良好的英语学习习惯。

（2）教材解读

本课课型为写作课。要求学生在听、说、读的基础上，尝试简单的语言输出，为餐馆设计菜单并撰写广告。这一任务的设置有助于激发学生的主动参与意识，让学生发挥其独特创意，同时这一任务也使得学生能够在较为真实的语境中运用本单元所学的重点语言结构和词汇。此外，教材不仅提供了写作模板，还给予了词汇和句型表达方面的支持，便于教师在课堂上对学生进行过程性写作训练。

2.课例目标和重点难点

（1）教学目标

①正确使用 would like 句型及相关不定代词对食物进行询问和简单介绍。

②根据所提供的材料，运用所学知识来补全文本，运用目标语言为餐馆

写广告,介绍餐厅的特色食物,包括餐馆名、菜名和价格等。

③通过学习,多层次、多角度、多元化地内化有关食物的语言知识,在写作中注意语篇的整体性、结构性和逻辑性。

④小组合作,以宣传海报的形式为餐厅制作广告,在小组合作中获得良好的学习体验,通过互相交流、分享,实现提升。

(2)教学重点难点

教学重点:

①正确使用 would like 句型及相关不定代词对食物进行询问和简单介绍。

②根据所提供的材料,运用所学知识来补全文本,运用目标语言为餐馆写广告,介绍餐馆特色食物,包括餐馆名、菜名和价格等。

教学难点:

能够在写作中熟练、灵活地使用不定代词和 would like 句型,掌握英语应用文中广告词的写作方法和技巧。

二、教学设计两次对比以及课堂实录

1.第一次教学设计

环节一:趣味回顾,写前铺垫

活动1:看图猜物

教师在 PPT 中播放被遮挡了部分的食物照片,让学生在猜测的过程中回顾有关食物的单词并对食物特征进行简单介绍。在照片被展示出来后,引导学生运用目标语言对同学进行提问。

活动2:观图思考

教师用 PPT 展示几张餐厅广告,引导学生观察图中广告给出的信息,并鼓励学生运用目标语言说出餐馆食物的特点。

活动3:补全广告

学生阅读3a部分文本并补全广告。在校对答案的过程中对目标语言进行再巩固。

环节二:头脑风暴,写中思考

活动1:基于文本做归纳

通过补全广告,教师引导学生观察和思考"What can we write in the

ad?",对广告中需要撰写的内容进行初步归纳。

活动2:再读广告加补充

教师再次向学生呈现餐厅广告,让学生观察更多细节,引导学生思考更多可在广告中撰写的内容,并最终列出大纲。

活动3:当堂写作

学生在课堂上运用所学知识完成对餐厅广告的撰写。

环节三:设计广告,学以致用

教师引导学生设计自己心仪的餐厅并为之设计吸引眼球的广告。

课后练习:

(1)与同学分享自己撰写的餐厅广告,完成互评。

(2)绘制自己设计的餐厅广告,上交给老师。

2.第一次教后反思

经过初步的教学实践和对教学设计的深刻反思,发现部分教学环节还需要改进和优化。例如课堂导入环节,教师利用看图猜物的方式带领学生回顾与食物相关的单词,耗费了不少时间。再如教师在第一次呈现餐厅广告图片时,没有充分利用图片中的信息。

在课堂教学过程中,要更多地给予学生交流、合作和提升的机会,让学生有更多思考和消化知识的时间。例如在写作环节,教师在引导学生归纳总结、列出大纲后就进行当堂写作,这对基础比较薄弱的学生来说存在较大难度,对基础扎实的学生来说,也缺少了写作提升方面的具体指导。教师可以在写作前增加文章对比的环节,在对比中找出文章间的差距,让学生集思广益,更清楚地明白文章可以在哪些方面做出提升。最后的设计广告环节中,也可以将个人设计改为小组设计,让学生们有充分的交流、讨论和实践机会,做到学以致用。

3.第二次教学设计的调整

环节一:趣味回顾,写前铺垫

活动1:单词竞赛

教师鼓励学生分组进行单词竞赛,快速地对食物类单词进行书写和分类,并对速度最快、书写量最多的小组进行奖励。在呈现食物的过程中自然引导学生对 would like 句型等目标语言进行回顾和巩固。

【设计意图】学生通过单词竞赛对所学内容进行回顾和巩固。在小组竞赛、食物奖励的刺激下,学生在课堂伊始就产生了浓厚的学习兴趣,同时脑海中的旧知得到了激活,目标语言得以自然引入。

活动 2:观图思考

教师展示两张餐厅广告图片,引导学生观察图中广告所给出的信息,并鼓励学生运用目标语言说出餐厅食物的特点,同时对目标句型进行呈现和巩固。

【设计意图】教师巧妙地运用两张餐厅广告图片,引导学生依次关注食材、价格和宣传语的表达方式,激活学生大脑。同时先从口头上帮助学生巩固、内化本单元所学的关于食物、餐厅等目标语言。

活动 3:补全广告

学生阅读 3a 部分文本并补全广告。在校对答案的过程中对目标语言进行再巩固。

【设计意图】教师利用教材提供的文本,让学生在完成练习的过程中对如何撰写一篇完整的广告有了初步印象。

环节二:头脑风暴,写中思考

活动 1:基于文本做归纳

通过补全广告,教师引导学生观察和思考"What can we write in the ad?",对广告中需要撰写的内容进行初步归纳。

【设计意图】教师引导学生对教材提供的范本进行观察、思考和归纳,让学生对文章主旨、结构、语言和写法有了具体的了解,为后续写作做铺垫。

活动 2:对比文章加补充

教师向学生呈现两则广告(PPT 展示),引导学生通过对比讨论,选择他们认为更好的一篇,并给出理由。

【设计意图】教师引导学生阅读对比两则广告,使学生能够注意到更多细节信息的准确表达,达到以读促写的目的,促进学生逻辑性思维品质的提升和良好写作习惯的养成。

环节三:设计广告,学以致用

教师引导学生设想一个自己心仪的餐厅,并鼓励学生进行小组合作,为理想中的餐厅设计吸引眼球的广告。

【设计意图】通过之前的学习,学生已经对餐厅广告的撰写和设计有了比较清晰的认识,教师继而引导学生展开想象,设想出自己心仪的、理想中的餐厅。学生可以充分发挥其创造性思维,动手实践。

课后练习:

(1)小组共同完成餐厅广告的设计和绘制,润色后上交给老师。

(2)将绘制的餐厅广告张贴在教室一角进行展示,每位同学都选择出自己最喜欢的一张广告,并给出最喜欢这一张广告的理由。

4.课堂实录

(1)引入

T:Good morning, boys and girls! I'm very glad to see you again. Last time, I took many photos for you when you were making delicious food. Today let's talk about food again.

T:Let's play a word game. We learn many words of food, please put the words you learned in diffenrent groups. Who'd like to have a try? OK, you please!

S1:Me!

Choose five Ss to write the words in different groups on the screen.

(2)师生互动

T:After reviewing these words, are you hungry? Here are some pictures about restaurants, let's look and choose.

T:What can you see in picture 1?

S1:I can see beef, hamburgers and the prices.

T:Yes, very good. So we can say that they have beef for $15.

T:What can you see in picture 2?

S2:I can see ice-cream, and two prices.

T:OK, we can see that the ice-cream is $5 before, and now it's $3. What happened?

S3:It's on sale.

T:You're right! It's on sale, and the ice-cream is only $3 now.

T:Point two pictures and ask.

Ss:What kind of pictures are they? Why?

Ss:They are ads. Because there is food, price and the name of restaurant on it.

（3）学生练习

T：Here is also an ad on the English book，let's fill in the blanks in the ad with the words in the box.

Ss：Finish the task and check the answers together. (Ss read the complete sentence one by one.)

T：What are the specials of this restaurant?

S1：Ice-cream and pancakes.

T：How do you know?

S2：There are pancakes and ice-cream in the picture and the name of this restaurant is The Ice-cream and Pancake House.

T：Ask another two questions：What's the prices? What sizes do they have?

（4）小结反思

T：Shows two ads and ask Ss which one is better. Why?

Ss：Answer the questions and find how to write a good ad.

T：Help Ss summarize what can be written in the ad.

Ss：Talk about the restaurant they want to open. Choose some groups to show their ideas.

Ss：Design an ad in groups.

三、评课实录

许老师:教师关注对教学方法的灵活运用,注重利用实物、图片等作为教学资源,创设讲解、操练和运用英语的情境。整堂课贯彻以学生为中心的原则,关注教学过程,让学生真实地去感受知识、体验知识,积极参与、努力实践。

周老师:英语课堂的活动应该以语言运用为落脚点,本堂课上,教师很好地贯彻了用中学、学中用,学用结合、学以致用的原则。同时体现了以学生为主体、教师为主导的新课标理念。在这样的一个学习过程中,学习者处于相对自然的状态,不断地在习得和使用语言,学与用和谐地交织在一起。

专家点评:教师本堂课口语流利、教态自然、动静结合、系统扎实、师生关系融洽。教师以新课标理念为指导,充分考虑学情,在教学中注重根据学生的基础,去调动他们原有的知识储备,能够使学生在认知领域中掌握英语,在情感领域中提高情商,在智育领域中发展智力。

四、课例研究的成效与反思

1.基于"四学"的课例研究反思

(1)两次课堂基于"趣学""探学""悟学""用学"四学方面的反思

本课基于"四学·轻悦"模式开展课堂教学设计,"四学"即"趣学、探学、悟学、用学"。

在"趣学"方面,教师充分利用情境场、问题串等激发学生的学习兴趣,激活学生已有的知识体系。在导入环节,教师基于学情给学生创设了真实、有趣的教学情境,引导学生在充满趣味的情境中,有效使用本课目标语言。教师在教学中借助问题串的设置,由浅入深、层层递进地激活学生思维。

在"探学"环节,教师利用生活圈、任务链、挑战台等载体,引导学生开展一系列学习活动,从而在实践中主动将知识内化、提升英语核心素养。例如教师通过完成广告文本填空、基于文本做归纳、对比文章加补充、撰写广告等任务,形成完整的任务链,引导学生循序渐进地了解、熟悉、掌握餐厅广告的撰写。

在"悟学"环节,教师给学生提供了交互台,让学生有充分表达自己想法的机会。教师引导学生就设计自己心仪的餐厅展开讨论,鼓励学生通过不断地交换意见和细心打磨,撰写出更好的餐厅广告。完成撰写任务后,学生还能够通过互相分享,各取所长。

在"用学"环节,通过迁移创新活动培养学生在真实情境中解决复杂问题的能力。学生通过小组合作设计广告,充分利用课堂所学,结合自身创意发挥才能。至此,不论是语言表达区、实践创新区,还是文字呈现区,学生的能力都得到了充分展现和发挥。

(2)体现新课标方面的反思

新课标要求七年级学生能分析和梳理常见书面语篇的基本结构特征;积累常用的词语搭配;能辨析和分析常见句式的结构特征;能在学习活动中积极与他人合作,共同完成学习任务;能在学习过程中积极思考,主动探究,发现并尝试使用多种策略解决语言学习中的问题,积极进行拓展性运用。本课创设新店开业的真实情境,通过同伴对话、小组交流、范文赏析等多种途径,引导学生依次关注目标语言,从口头上帮助学生巩固、内化本单元所学知识,并让学生进行有关主旨、结构、语言及写法方面的分析,帮助学生快速积累语料,同时注意到细节信息的准确表达,促进学生逻辑性思维品质的提升和良好写作习惯的养成。

2.基于"四学"的课例研究改进

(1)知识建构方面

写作和阅读是紧密相关的。因此,在英语教学中,教师把阅读和写作有机地结合在一起,可以更好地培养学生的读写能力。教师在第二次教学中,在写作前增加了文章对比的环节,让学生对其进行阅读和讨论,在对比中找出文章间的差距,同时也让学生集思广益,更清楚地明白文章可以在哪些方面、通过怎样的方式进行提升。

(2)主动探究方面

在英语教学中,问题链的有效设计至关重要。教师在设计问题链时要从学生角度出发,要符合学生的心理特征和实际水平,使各个层次的学生在层层递进的问题中都能有话可说、学有所获,激发学生主动探究的学习动力。同时,教师在教学中要精准地设置问题链,紧扣文本话题展开活动,进而锻炼学生的思维能力。

(3)深度思考方面

教师在教学中培养学生的高阶思维能力,有利于挖掘学生潜能,让他们真正成为课堂的主人。在原先的教学设计中,教师在呈现餐厅广告图片时,只是让学生自己观察图片、说出特点,没有充分利用图片中的信息,引导学生进行深入思考。在第二次教学中,教师给了学生充足的时间去观察图片,引导学生思考"How can we make the ad better?",充分调动学生的已有知识,并整合成新知,有助于学生完成深度学习。

(4)实践体验方面

实践体验在本课的最后产出环节有所体现。最后的设计广告环节中,教师将原先教学设计中的个人设计餐厅广告改为由小组共同设计,让学生有充分的交流、讨论和实践机会,真正做到创新迁移、学以致用。教师还可以在教学中优化评价环节,如教师可以为学生设计评价量表,鼓励学生在完成写作任务后使用评价量表,帮助学生发挥学习的主动性,实现有效自我监控和同伴反馈。

It must be a UFO

一、课例说明

1.学情分析和教材解读

（1）学情分析

本课学习内容与外星人事件有关,学生对此内容具有强烈的好奇心,有较浓的学习兴趣;对于本课主要语法——运用情态动词表示推测,学生已有较多接触和使用,对其有一定了解。九年级学生具有较强的听说能力及英语学习能力,但如何在真实语境中使用目标语言对正在进行的事件做合理推测,之前并没有展开系统学习,而这正是本课教学重点。

九年级学生随着年龄增长可能不爱参与课堂活动,这要求教师能够根据教学内容设计有趣味的教学活动和有效的课堂提问,随时调动课堂气氛,激起学生的学习欲望。另外,教师要关注后进生的课堂参与,设置不同层次的课堂提问,鼓励各层次学生参与课堂活动。

（2）教材解读

该单元围绕"神秘事件"话题展开,通过使用不同的情态动词,如 must/could/might/can't 等,根据相关信息进行合理推断。本课为听说课,在单元中起承上启下的作用,内容围绕外星人展开,进一步巩固情态动词表示推测的用法。对话中说话者的语气和语调丰富且多变,可引导学生进行模仿朗读,体验说话者的情绪感受。通过听力输入目标语言,在真实语境中运用语言,培养学生听力能力和口语交际能力。

2.课例目标和重点难点

（1）教学目标

①正确使用情态动词对事物或正发生的事件进行推断,并给出理由。

②通过解读对话中的标点,寻找句子重音,感受说话者不同的情感态度,并进行对话的模仿、朗读和表演。

③发挥想象对所听故事进行合理的猜测和推断,并续编故事。

④在谈论外星人事件时,感知科幻电影的相关信息并发挥想象,提高艺术欣赏能力、审美能力,培养文化品格。

⑤通过小组合作的方式对电影内容进行畅想和续编,在小组合作中获得良好的学习体验,互相交流、分享与提升。

(2)教学重点难点

教学重点:

①能正确使用情态动词对事物或正在发生的事件进行推断。

②能在推断过程中给出恰当的理由,并进行合理推断。

③能通过解读对话中的标点、寻找句子的重音来捕捉说话者的情感态度,并进行对话的模仿、朗读和表演。

教学难点:

①能在推断过程中给出恰当的理由,并进行合理推断。

②能发挥想象对所听故事进行合理猜测和推断,并续编故事。

二、教学设计两次对比以及课堂实录

1.第一次教学设计

环节一:设置悬念,引人入胜

活动 1:以画猜物

教师在黑板上一步步手绘出 UFO,让学生从最先的圆圈开始,慢慢猜测该物体是什么。在推测时,引导学生使用本课目标语言,鼓励学生给出推测理由。

活动 2:看图思辨

教师顺势呈现两幅图(课件呈现),让学生观察图中物体(UFO)和人物行为、表情并做推断,再次运用本课目标语言。

活动 3:预测排序

教师呈现完整的三幅图(课件呈现),学生观察并预测其排序,同时再次运用目标语言 must/could/might/can't be...

环节二:聆听对话,研读深意

活动 1:听音排序

教师第一次播放录音片段 1,学生对三幅图进行排序,验证自己的预测。

活动 2：听音填空

教师第二次播放录音片段 1，学生注意听对话双方推测的内容并填写在表格中。

表 5-4　听音填空表

They see...	The man says...	The woman says...
_____图 1	he might be _____.	he could be _____.
_____图 2	it could be _____.	it must be _____.
_____图 3	it must be _____.	I must be _____.

活动 3：揣摩深意

教师呈现对话，引导学生观察标点符号来捕捉说话者的情绪变化。随后，播放录音，引导学生在画线句中标注重音。研读完对话的标点符号和重音后，学生模仿跟读。

环节三：大胆推测，揭示结局

学生根据图片和听力片段 1，对余下的故事进行大胆推测。随后，学生听片段 2 并在表中填写缺失信息。

表 5-5　缺失信息填写表

They see...	a woman with a _____.
The man says...	she could be from the _____.
The woman says...	they must be _____.

环节四：创编后续，学以致用

教师引导学生思考该电影类型，并鼓励学生续编电影情节。

课后练习

(1)听录音并模仿跟读，将朗读录音与同伴进行分享，并发送给老师。

(2)写下你的续编故事，修改润色后上交。

2.第一次教后反思

经初步教学实践，教师发现部分环节需改进优化。如导入环节，教师需思考，是以简笔画方式直接呈现 UFO 还是让学生看图推测？哪种方式更有悬念？若学生已知故事中会出现 UFO，再猜测人物为何奔跑，那么学生对答案已然明确,没有悬念。反之,学生将有丰富猜测,言之有理即可。同时,学生充分操练目标句型,激发求知欲。对比发现,不应将 UFO 在课堂开始便直接透露给学生。

教师应注重学生的课堂主权。如教授说话策略时,让学生自行朗读、体验和总结,而非教师直接呈现,剥夺学生思考权利,教师应引导学生挖掘细节,并思考推断。例如,教师可引导学生观察表 5-5 中情态动词的变化,由 might/could 变成 must,这是为何?学生通过思考不难找出原因。若学生发现不了,教师再适时引导,通过问题链等方式启发学生思维,引导学生自主探索和发现。

3. 第二次教学设计的调整

环节一:设置悬念,引人入胜

活动 1:触摸猜物

教师引导学生通过摸一摸袋子里的物体,猜测里面的东西究竟是什么。在推测的过程中,引导学生使用本课的目标语言并鼓励学生给出推测理由。

【设计意图】学生通过触摸实物来猜测物品,并给出推测理由。在触觉、视觉、听觉等多种感官的刺激下,学生的学习兴趣得到激发,与此同时,旧知得以激活,本课的目标语言被自然引入。

活动 2:看图思辨

教师依次在 PPT 上呈现三幅图,层层递进,引导学生观察图中人物的行为、表情,并做出合理推断。

【设计意图】教师巧妙地运用图片创设情境并设置悬念,引导学生仔细观察图片,运用问题链带领学生挖掘图片中的重要细节(如人物的衣着、表情、动作等),并鼓励学生发挥想象,运用目标语言充分讨论此人在街上奔跑的可能原因、外星人追他的可能原因等。在学生畅所欲言的同时,使其充分练习目标句型,在语境中学习新的词汇和短语。

活动 3:预测排序

学生基于三幅图的观察和自己的思考,在听力之前对图片的顺序进行预测和排序。预测顺序时,引导学生再次运用本课目标语言。

【设计意图】在学生的思维被充分激活和点燃之后,教师带领学生进入预测环节,运用本课目标语言预测这三幅图发生的先后顺序,并给出理由。教师一直是引导者,鼓励学生大胆想象、畅所欲言。

环节二:听取对话,研读深意

活动1:听音排序

教师第一次播放录音片段1,学生对三幅图片进行排序,验证自己的预测。

【设计意图】学生第一遍听,注重听故事梗概。同时验证学生听前猜想是否正确、是否带着目的去听。

活动2:听音填空

教师第二次播放录音片段1,学生注意听对话双方推测内容并填写在表格中(表5-4)。

【设计意图】学生第二遍听,锻炼听取细节并快速记录的听力技能。同时,基于听力输入和口语输出等多种语言活动,学生能够熟练掌握本课目标语言。在教师引导下,学生自主总结语言运用规则,培养概括总结的能力,促进思维品质的发展。

活动3:揣摩深意

教师呈现对话片段,引导学生通过观察对话中所用的标点符号来捕捉说话者的情绪变化。随后,播放录音,引导学生对画线句子进行重音标注。在研读完对话片段中的标点符号和重音之后,学生进行模仿跟读。

【设计意图】教师引导学生深度解读对话,挖掘说话者的情感态度。教师为学生充分搭建脚手架,引导学生通过对话中不同标点的使用(如问号、叹号、省略号等),体会出人物的情绪,也可通过寻找句子中单词重音的使用,并朗读,从而体验人物当时的感受和情绪。深度解读对话之后,学生通过模仿跟读、角色扮演来进一步巩固对话,亲身体验。学生完全沉浸于该情境之中,其口语交际能力也得以提升。

环节三:大胆推测,揭示结局

活动1:推测结局

根据图片和听力片段1的内容,学生对余下的故事情节进行大胆推测,并给出推测的理由。

【设计意图】此处教师再次设置悬念,将教材所给的听力音频一分为二,第一段听完后学生根据所给信息猜想这到底是怎么回事。鼓励学生充分发挥想象,锻炼其创造性思维能力。

活动2:揭示结局

教师播放片段2,学生听余下内容并将缺失信息填写在表中(表5-5)。

听后思考为何最后女士使用 must be 推断,同时关注女士的最后一句话,观察标点符号和说话重音,推测其感受和心情。

【设计意图】学生分享猜想之后,教师播放第二段音频,揭晓结局。教师引导学生思考:女士为何如此肯定? 她当时感受如何? 学生再次巩固如何进行合理推断(给出理由),以及在对话中如何捕捉说话者的感受(解读标点和寻找重音)。

环节四:创编后续,学以致用

教师引导学生思考该电影类型,并鼓励学生进行小组合作,共同续编电影情节。

【设计意图】基于听力文本内容,学生不难推断这是一部科幻片,教师继而引导学生展开想象,编写电影内容。学生充分发挥其创造性思维,畅所欲言。分享过后,其他学生可发表观点,给出自己的评价和理由。

课后练习

(1)听录音并模仿跟读,将朗读录音与同伴进行分享,并交给老师。

(2)写下你的续编故事,修改后上交。

(3)把你的续编故事与同学进行分享,并思考:你喜欢同学的故事吗? 哪部分最吸引你? 该故事有可能真实吗? 为什么?

4. 课堂实录(师生对话记录)

(1)引入

T:Let's see what's in my bag. You can touch it and guess what's in my bag.

S1:It must be something about clothes.

T:It's very close!

S1:It might be a hat.

T:Why do you think so? How do you feel when you touch it?

S1:It's very soft,so it must be a hat.

T:Wonderful!

(2)师生互动

T:What is the man doing?

Ss:Running!

T:How does he look?

S1：Scared.

S2：Uneasy.

T：Why is he running on the street，looking so scared?

S1：Maybe something is running after him.

S2：Maybe for exercise.

T：Really? Could he run with a suit and a tie?

S3：Maybe he's late for work.

T：Why do you think so?

S2：Because he is wearing the suit.

T：Good try!

（3）学生练习

T：Now let's check your answers. When the woman sees the man running，what does she think?

S1：She says he could be running for exercise.

T：Good! What about the man? Does he agree?

Ss：No! （Answer together）

S2：He thinks he might be late for work.

T：Excellent! You got it!

（4）小结反思

T：Now let's listen to some of your movies. Any volunteer?

S1：The alien come to the earth because their planet is in danger with bad environment. But they don't know how to plant trees. So the alien come and catch the man who knows how to plant trees. Finally the man was caught and brought to their planet.

T：Cool! Do you like his story?

Ss：Yes!

T：What's it about?

Ss：About the environment. （Answer together）

T：You know environment is really important. I think it's a creative story.

三、评课实录

孙老师:教师始终立足于学生的生活经验和学习兴趣,通过设置悬念,带领学生一步步地推测事件,并逐步揭晓谜底。围绕本课的听力内容,教师共设置了两处悬念,学生的好奇心被充分激发,因而学习积极性大大提高,学生思维一直处于活跃状态,他们不停地思考、推测、创新。

周老师:教师注重发挥英语作为一门语言学科的交际作用。在导入环节,教师充分调动学生积极性,通过触摸推测活动,学生感受到活动的真实性,并练习目标语言,任务难度小,学生都能参与,学习热情被激发,学生主体地位得到体现。

专家点评:教师以核心素养为前提,引导学生进行深度学习。在情境教学、设置悬念、互动课堂方面表现突出。教师以任务为主线、学生为主体,注重激发学生兴趣,在活动中引导学生运用语言、锻炼思维品质。课堂氛围轻松和谐。

四、课例研究的成效与反思

1. 基于"四学"的课例研究反思

(1)两次课堂基于"趣学、探学、悟学、用学"四学方面的反思

"趣学":借问题串、情境场等载体引导学生明确锁定关键问题。积极地创设真实、有趣的教学情境,引导学生使用目标语言,注重发挥英语作为一门语言学科的交际功能。

"探学":教师利用任务链、挑战台等载体引导学生开展学习活动,在任务链中不断地突破自我,引导学生整合学习任务。鼓励学生站上"挑战台",研读对话片段,思考对话中标点符号所隐藏的深意。

"悟学":教师以情境域鼓励学生表达观点,引导学生根据图片和对话发挥想象,推测故事情节,利用标点和重音推测其感受。

"用学":学生充分自主表达,续编电影。在表达时,学生积累自信。不论是语言表达区、实践创新区,还是文字呈现区,学生的能力都得到了充分的展现和发挥。

（2）体现新课标方面的反思

新课标提出，教师应设计指向不同思维层次的问题，促进学生思维从低阶向高阶发展。基于听力的神秘性，教师巧设悬念，微调音频，将其一分为二。学生边听边思考，逐渐揭示结局。学生捕捉说话者的情绪变化，模仿、表演对话，对故事情节发挥想象，以此锻炼创造性思维。

2.基于"四学"的课例研究改进

（1）知识建构方面

在导入环节，手绘 UFO 忽略了对学生思维品质的锻炼。改为触摸推测，设计多感官参与活动，但其与本课主题意义是否紧密？教师可润色过渡语言，例如，学生猜是帽子，图中主人公戴了帽子，可继续引导学生猜测是谁的帽子，将话题自然过渡到故事人物。

（2）主动探究方面

教师应利用智慧的语言引导学生开展主动探究的学习活动。例如本课读图环节，Why is the man running on the street? 对这一问题的讨论，学生给出了各种可能的猜想，教师可通过追问引导学生给出推测的理由，鼓励学生深度思考。

（3）深度思考方面

以生为本，教师应把展示机会还给学生。教师在教授说话策略时，可通过启发式的问题链引导学生自主思考、总结说话策略，真正落实以生为本的课堂理念。

（4）实践体验方面

产出环节中，教师只对学生发言进行简单提问，无学生评价。可围绕教学目标引导学生对同伴的描述内容进行猜测，再次在真实语境中训练目标语言；还可向学生提供支架，鼓励互评，锻炼其思维品质和深度学习的能力。

What kind of music and movies do they prefer

一、课例说明

1. 学情分析和教材解读

（1）学情分析

文本贴近学生日常生活,渗透交际的文明礼貌和口语表达。文中有较多定语从句,是本节课的语用目标,如 I suppose/like/prefer...that/who...听说课中包含大量的学生活动,例如 predict what will happen, role-play the conversation, retell the story, pair-work 等。鉴于本单元重点在于学生能够对自己所喜欢的音乐进行评价、鉴赏,在学习、交流中就会运用到大量修饰语。学生在七年级和八年级均已学习了一些的形容词,有了一定的用恰当的形容词描述事物的基础。

（2）教材解读

此语篇文本材料取自人教版九年级"Unit9 I like music that I can dance to. 2d"听说课。2a－2d 的听说任务链补充了新的语言输入,增加了 who 引导的定语从句,对人物的表述更加完整,使交际语言更丰富。2a 部分主要让学生关注两个人物的不同喜好;2b 部分引导学生关注对话的细节;2c 部分则要求学生针对听力内容进行讨论,尝试转化人称并运用定语从句进行表达;2d 部分展现了在日常交际中人们谈论音乐和电影时喜好的口语范例,供学生学习模仿,并在此基础上实现口语输出。

［What］

2d 的文本讲的是两部分内容。第一部分是 Jill 和 Scott 交流他们彼此喜欢的音乐和电影。第二部分是 Jill 邀请 Scott 一起去看电影,但是 Scott 拒绝了。Scott 拒绝的原因是他不喜欢看 serious movies。

［Why］

文本的主题语境是 Scott turns Jill's invitation politely because he doesn't like to watch serious movies。由此可以在深度学习的课堂,引导学

生思考如何 make an invitation in a polite way 和 turn it down in a polite way。

［How］

全文使用的都是一般现在时。语篇谈论的主要是个人的 preference (movies 和 music)。文中有较多定语从句，是本节课的语用目标，如 I suppose/like/prefer...that/who... 还有一些需要着重深挖的小词，比如 depends，only，just 等。整则语篇的解读思路还是比较明晰的，一开始是 What is Scott's preference? What is Jill's preference? What does Jill want to do? Does Scott want to go with her?

2. 课例目标和重点难点

（1）教学目标

①学会运用定语从句谈论不同的音乐、不同种类的电影。

②能区分定语从句中的关系代词（that，which，who，whom，whose）的区别。

③能听懂有关讨论电影和音乐喜好的对话，根据所给信息预测听力内容，做到在听中做笔记。

④通过开展角色表演等活动，培养学生阅读兴趣，培养学生的文化品格。

⑤能和同伴交流自己对电影和音乐的喜好，并向同伴描述自己喜欢的电影和音乐的类型。

（2）教学重点难点

①本单元的语法点较单一，本节课需要学生学会运用定语从句谈论不同的音乐和电影，并且能在日常交际中正确运用含有 that，which，who 的定语从句。通过本节课的学习，学生能够经由听、说、读、看这些大量的活动接触并使用到该结构，教师要给学生创造大量实操机会以巩固掌握。

②经过听力文本学习，学生能根据重音、意群、语调与节奏等语音方面的变化，感知和理解说话人表达的对音乐、电影的意图和态度；借助重音、意群、语调与节奏等语音方面的变化，表达自己不同的意图和态度。

③学会有礼貌地回应他人的邀请以及有礼貌地接受或拒绝邀请。

二、教学设计两次对比以及课堂实录

1. 第一次教学设计

环节一:听前激趣
活动 1:对话导入
教师与学生交流喜欢的歌曲及电影,教师以定语从句导入,培养学生的听说能力,引出如何用定语从句和如何表达喜好。

Q1:I like funny movies. I like movies that are funny. How about you?

Q2:Do you know this movies? I prefer movies that help me relax after a long week at work. So how about you?

Q3:In my spare time, I prefer movies that can make me relaxed. What do you prefer in your spare time?

活动 2:同伴交流
尝试用定语从句与同伴相互交流自己对电影和音乐的喜好,并向同伴描述自己喜欢的电影和音乐的类型。

Look at the picture and read these sentences in the picture of 1a. Help students to learn the structure:I like/prefer/love music that...

Learn the phrases:have great lyrics, sing along with, dance to the music. Help students to say out their own sentences. Ask some students.

环节二:听中思考
活动 1:听文本内容
根据学生学情播放听力文本,学生完成相应练习。

活动 2:探文本表达
学生在听记文本重要内容后,能通过抓住 key words 的方法表达 Scott 和 Jill 对音乐和电影的喜好。

T:What kind of music and movies do they prefer? Let's listen and fill in the blanks... From these sentences. Can you tell me what kind of persons Scott is?

Ss:tired/ stressed/ a fan of music... Jill is friendly and outgoing, because she asks Jill to watch a movie together.

活动3:悟文本深意

T:Let's read again and please answer me two questions. What did Jill want to do and does Scott want to go with her?

Ss:Jill wants to watch a movie with Scott. Scott doesn't want to go with her.

T:Does he refuse in a polite way?

Ss:Yes,He uses "I just want to love, I only like movies", "You know what I mean."

环节三:听后解析

活动1:对话模仿

教师播放听力对话片段,引导学生进行语音语调的模仿,体会不同语气下对话者表达的含义有什么不同。

活动2:对话操练

有目的地让学生运用定语从句进行对话操练,老师及同伴给予一定评价。

活动3:技巧归纳

先让学生归纳与他人交流喜欢的事物时所采用的语言知识和语法要点,再由老师进行归纳。

2.第一次教后反思

在第一稿中,简单地将2d的文本内容解读成了两部分。第一部分是Jill和Scott交流他们彼此喜欢的音乐和电影。第二部分是Jill邀请Scott和她一起去看电影,但是Scott拒绝了。Scott拒绝的原因是他不喜欢看serious movies。但一稿中学生的思维没有在教师的引导下展开,只是机械地运用定语从句回答问题,缺乏实际情境。在做听力活动时,教师观察学生的听力产出就发现学生没有办法在第一遍听力之后就能够写出完整的句子。第二部分是仅通过图片和语句直接把人物的品质描述出来,略显牵强。

3.第二次教学设计的调整

环节一:听前激趣

活动1:对话导入

T:Do you enjoy this movies(a video about Avengers)? I really like movies that can make me relaxed! I suppose you like the movies that are relaxing，too.

　　S1：Yes. <u>I like the movies that can make me relaxed.</u>

　　T(追问)：So comedies and serious movies，which one do you prefer?

　　S2：<u>I prefer serious movies that can teach me a lot of things.</u>

　　S3：...

　　活动2:同伴交流

　　尝试用定语从句与同伴交流自己对电影和音乐的喜好,并向同伴描述自己喜欢的电影和音乐的类型。

　　【设计意图】在第二稿中融合了基于主题意义的情境教学,抓住 I prefer/like... that/who 来讨论自己喜欢的 movies 和 music。让学生模仿范例用定语从句进行 agree 或者 disagree 的交流。

　　环节二:听中思考

　　活动1:听文本内容

　　根据学生学情播放听力文本,学生完成相应练习。

　　活动2:探文本表达

　　学生在听记文本重要内容后,能通过抓住 key words 的方法表达 Scott 和 Jill 对音乐和电影的爱好。

　　T：What kind of music and movies do they prefer? Let's listen and fill in the blanks... From these sentences. Can you tell me what kind of persons Scott is?

　　Ss：tired/ stressed/ a fan of music... Jill is friendly and outgoing，because she asks Jill to watch a movie together.

　　活动3:悟文本深意

　　T：Let's read the passage carefully. Can you tell me what is Jim doing?

　　S：...

　　T：Which sentence tells you?

　　S：...

　　T：Does she make an invitation directly?

　　S：...

　　【设计意图】在读中环节,教师将其与之前的主线联系在一起。而且能够指引学生深挖文本价值。比如在这一环节中学生通过咀嚼 You know what I mean 等句子就能够理解 Scott turns Jill's invitation down in a polite way。

环节三：听后解析

活动 1：对话模仿

教师播放听力对话片段,引导学生进行语音语调的模仿,体会在不同语气下对话者表达的含义有什么不同。

活动 2：对话操练

有目的地让学生运用定语从句进行对话操练,教师及同伴给予一定评价。

T：It's difficult for you to turn down others' invitations in your real life. But in today's class，let's have a try. Let's make an invitation with your partner. I have three topics for you. You can choose anyone that you are interested in.

活动 3：交互评价

先让学生归纳与他人交流喜欢的事物时所采用的语言知识和语法要点,再由教师及同伴进行评价。

Tips：

1. Make an invitation in a polite way.

2. Accept or turn down an invitation in a polite way.

3. Remember to use attributive clause to show your own feelings.

【设计意图】第二稿中 pair-work 目的就变得非常明确——让学生表达自己的喜好,并且能够有礼貌地接受或者拒绝他人的邀请。既达成了教学目标又有情感渗透,学生的思维水平也随即提升。

课后练习

(1)B 层：①听录音跟读,注意对语音语调的模仿,②能正确使用定语从句与他人进行交流和分享彼此喜欢的音乐和电影。

(2)A 层：①背诵 2d,熟练掌握重难点字词,②能正确并熟练使用定语从句与他人进行交流和分享彼此喜欢的音乐和电影,有礼貌地表达接受邀请或拒绝邀请。

4.课堂实录

(1)对话导入

T：Do you enjoy this movies(a video about Avengers)? I really like movies that can make me relaxed! I suppose you like the movies that are relaxing，too.

S1：Yes. I like the movies that can make me relaxed.

T(追问)：So comedies and serious movies，which one do you prefer? Which one do you like better?

S2：I prefer serious movies that can teach me a lot of things.

T：So do I. I prefer serious movies that I can learn a lot from them. Do you know this movies? (The Teacher shows a picture of Tokyo Trial)

Ss：It's about World War Two. / It's about Chinese history. / It's a serious movie.

T：So do you prefer serious movies?

S3：Yes，I prefer serious movies that I can learn a lot from them.

T：I agree with you，different people have different ideas. Let's enjoy a piece of music in the movie. How do you feel?

S4：...

(2)听力解答

T：What kind of music and movies do they prefer? Let's listen and fill in the blanks... From these sentences. Can you tell me what kind of persons Scott is?

Ss：tired/ stressed/ a fan of music... Jill is friendly and outgoing， because she asks Jill to watch a movie together.

(3)文本解析

T：Let's read the passage carefully. Can you tell me what is Jim doing?

S：Maybe she is making an invitation.

T：Which sentence tells you?

S："Do you want to watch a movie with me?"

T：Does she make an invitation directly?

S：No，she asks Scott first，"What are you doing this weekend，

Scott?"

T：So Jill is making an invitation in a polite way. Does Scott accept it or turn it down?

Ss：Turn it down.

T：But I can't find "no" in the passage，which sentence tells you?

Ss：Depends which movie, I only like movies that are funny. I just want to laugh and not to think too much.

T：That means Scott turns it down in a polite way.

三、评课实录

陈老师:这是一堂"有意、有趣、有料"的听说课,听前创设主题情境,让学生对课堂产生兴趣,激活思维;听中建构知识框架,锻炼和发展思维;听后设置活动,提升思维。第二次的磨课有提升。教师对听说教材中的文本进行了深度解读,如对话的逻辑以及说话人的意图观点、言外之意,等等。

熊老师:课上学生非常踊跃,积极发言,活动设计有层次性,很注重对学生思维的提升。听中环节设计合理,学生都享受课堂氛围。小组活动热烈,学生都积极举手发言,可以适度提升学生发散性思维。

专家点评:教师基本功过硬,整节课非常自然,对于教学重难点也把握得当。听说课中包含大量的学生活动,例如 predict what will happen, role-play the conversation, retell the story, pair-work 等,教师没有只停留在活动的设计环节,而是非常注重学生在活动中的思维水平提升。在大量的活动输入之余,还有学生的高阶思维的输出。尤其是在悟文本深意这个环节,教师能牢牢抓住课堂,引导学生对文本中的字词进行充分解读,有思辨有生成。

四、课例研究的成效与反思

1. 基于"四学"的课例研究反思

(1)两次课堂基于"趣学、探学、悟学、用学"四学方面的反思
教师在导入环节、听力文本解析环节都精心设计了问题串,以激发学生

的学习动力,联系学生生活实际,调动相关的知识体系。如文本深层解读部分的教师追问:①So Jill is making an invitation in a polite way. Does Scott accept it or turn it down? ②But I can't find "no" in the passage, which sentence tells you? 问题串的设置由浅入深、环环相扣,激发学生思维,实现知识内化。

"探学"环节旨在提高学生学习创新力,在英语学科的学习中,更注重学生思维水平的提升。如课后让学生乐于表达自己的喜好,并且能够有礼貌地接受或者拒绝他人的邀请。

在"悟学"环节,学生善于表达自己的思考与观点,善于与同伴进行交流研讨。如本课中用定语从句表达喜欢,与他人进行分享和交流。

教师在"用学"环节,通过深度追问、任务驱动、留白思考、实践体验等支持策略,旨在激发学生强烈的求知欲、提升学生的沟通交流能力和知识迁移能力。

(2)体现新课标方面的反思

新课标提出了"践行学思结合、用创为本的英语学习活动观"。培养学生在真实情境中运用语言知识解决问题的能力至关重要。在本节课的教学活动中,定语从句是一个难点,对于一些英语学习能力较弱的学生,教师并没有在第一时间纠正其语法上的错误,而是采用他的回答,对比板书上的正确句子,让学生来进行自我修正,再一次重复答案。这极大地增强了学生在表达方面的自信,在后续的发言中也非常积极。教师认为自己做得不够好的地方是:在对视听资源的选择上,课外融入得不够及时。

2. 基于"四学"的课例研究改进

(1)知识建构方面

在传统的英语听力教学中,学生遇到听不懂的地方,往往通过不断复听的方式来提高听力理解水平,但课上学生热情也不高,缺少"探学"与"悟学"。教师应培养学生在听力理解中的语用能力,进而有效地提高其听力理解能力。

(2)主动探究方面

基于教材提供的语料资源(听力材料),进行有效的加工与运用,在此基础上以主题意义为引领,结合单元话题,联系生活实际创设接近真实生活的语境场域。听中阶段设计有阶梯的任务,营造氛围,关注"听"的状态,注重策略性的指导。

（3）深度思考方面

基于主题的多梯度的活动设计是思维型听说课的关键。活动设计应体现思维能力培养的指向性。听说课教学活动的设计要紧紧围绕听说教学的目标而展开，包括最后的产出和评价活动，也应针对本课目标语言来进行设置。

（4）实践体验方面

一直以来，我校都提倡与践行基于语境产生的"英语语境实践教学模式"，即：教师可以通过模拟或创设真实的语言环境，营造浓厚的学习氛围，针对学生的个性，提升学生思维水平，鼓励学生积极参与、体验、合作、交流，提高综合语言运用能力的一种教学模式。比如本节课中最后环节的"Let's make an invitation with your partner"的任务设计就是希望达到切合实践目的的"用学"，在同伴互助的情况下实践操练，也具有一定的迁移与创新。

第六章 科学学科案例

声音的产生和传播

一、课例说明

1. 学情分析和教材解读

学情分析:本节内容选自浙教版七下《科学》第二章第 2 节,是初中阶段物理知识学习的起始阶段,也是基础入门阶段,对学生后续学习来说是很重要的一个章节。教学前,教师需要对学生的知识储备、学习兴趣和可能遇到的困难有一个清晰的认识。

(1)知识储备:七年级学生刚接触物理,其物理观念、科学思维基础相对薄弱,教师需要帮助学生经历实验探究过程,促进学生快速理解科学规律。

(2)学习兴趣:声音知识与日常生活紧密相关,教师可通过大量有趣的实验来激发学生的探究积极性。

(3)学习困难:学生在理解声音的产生条件和传播过程中,需通过科学探究运用科学推理的方法得出规律,同时还涉及对多种科学方法的应用。

教材解读:本节课是学生在学习"机械运动"后,由物体的平动到振动再到"声波",学生通过声波的传递初步建立物质观、能量观。本节课内容是后面学习声音的特性、声音的利用以及环保问题中控制噪声方法的基础。

2. 课例目标和重点难点

(1)教学目标

物理观念:

①归纳声音产生的条件,形成初步的运动和相互作用观;

②通过了解声音的传播需要介质,建立初步的物质观;

③了解声波,初步感知能量观。

科学思维:

①运用归纳推理总结声音产生的条件;

②运用类比推理促进学生理解声波概念;

③学会利用"实验＋推理"的研究方法。

科学探究:

①经历探究过程,能基于情境提出物理问题,制定实验方案;

②能通过实践操作获取证据,有证据意识以及对科学探究过程和结果进行交流、评估、反思的能力。

科学态度与责任:

①通过实验探究和合作学习,培养学生的团队合作精神和严谨的科学态度;

②引导学生关注所学知识在社会生活中的应用,增强学生的社会责任感和使命感。

(2)教学重点难点

教学重点:

①声音产生的条件;②声音的传播;③声波模型的建立。

教学难点:

①声音的产生过程中微小振动如何放大;

②推理声音在真空中不能传播;

③建构声波模型。

二、教学设计两次对比以及课堂实录

1. 第一次教学设计

环节一:导入新课

教师出示神秘装置,学生上台演示。

环节二:制造声音,观察声音是怎样产生的

学生以小组为单位进行实验,观察橡皮筋、钢尺、吸管、水的发声过程。

环节三:探究声音传播的过程

教师进行演示实验:敲击桌面;水下敲击钩码;讲话。总结得出,声音可以通过气体、液体或固体进行传播。

教师设问:没有气体,声音还能传播吗?(随后播放视频)

环节四:探究声音的传播形式

教师演示水面波,学生观察,理解声音也是以波的形式进行传播的。

2.第一次教后反思

教学过程中,虽然设计了很多实验,但还是以教师演示为主,学生参与度不高。演示实验和实验视频无法真正激发学生学习动力,学生对核心概念的理解不够深入。

在实验过程中,学生缺乏目标感与新奇感,很多学生对常见的实验不愿动手操作。教师需要加强对实验器材的挑选,选择实验现象明显并能引发学生探究热情的实验材料;同时需设计目标明确的学生任务,使学生不仅能动手完成实验,还能在实验过程中做到观察更清晰,操作更规范,进而提高他们的实验能力。

在教学中,学生主动讨论较少,参与度低。教师需要采用更多的互动方式,如小组讨论、角色扮演等,以激发学生的参与积极性。同时,给予学生更多的时间和耐心,不急于将知识呈现出来,而是将更多的表达和思考机会交还给学生。

3.第二次教学设计的调整

环节一:创设真实情境,激发学习内驱力

环节二:探究声音的产生条件,提高观察分析能力

学生活动:学生利用橡皮筋、钢尺、音叉、桌面等制造声音,仔细观察,完成表 6-1,总结物体发声的共同特点。

表 6-1　物体发声记录表

发声物体	发声方法	发声时	不发声时	发声原因
橡皮筋				
钢尺				
音叉				
桌面				
……				

学生在完成表格时产生生成性问题:如何将微小的现象放大,使其易于观察。

【设计意图】通过任务驱动,引导学生仔细观察,自己比较归纳出声音的产生条件是物体的振动。将音叉和鼓面的振动现象放大,可以加深学生对振动的体验感,同时渗透科学方法——“放大法”。

环节三:探究声音的传播,培养批判质疑能力

(1)学生仔细阅读并找出活动设计中有哪些不足之处?

(2)学生进行独立思考,之后展开小组讨论,最后汇报讨论结果。

(3)利用提前备好的实验器材,将学生提出的改进方法进行现场呈现。

【设计意图】通过对课本活动进行“找茬”,打破教材的权威感,鼓励学生勇敢质疑,激发学生的深度思考。在讨论过程中,学生会将声音的传播过程细化,从而加深学生对“介质”这一概念的理解。

环节四:验证真空传声,提升推理论证能力

(1)演示改进后的“真空”传声实验。

(2)引导学生讨论:如何得出真空不能传声?

(3)思考:现代的双层隔音玻璃,是如何制造的?

【设计意图】现场演示实验,学生兴趣很高,体验到真空中声音无法传播的真实感。学生在观察、分析、得出初步结论、进阶推理的过程中,逐级锻炼了科学思维。真实的“双层玻璃”情境帮助学生将所学应用到实际生活中。

环节五:画出声波活动,提升建构模型能力

(1)展示水面波图片,引导学生认识波向外传播。

(2)展示彩色弹簧,引导学生观察更加明显的波的传播。

(3)演示实验:声波引起蜡烛振动。

(4)阅读课本声波部分内容,画出心目中的声波。

【设计意图】水面波帮学生建立波的概念,彩色弹簧将波向前传播具象化,烛焰的振动仿佛真实看到了声波在向前传播,通过课本图片和对应的阅读内容让学生纠正对声波的各种错误认识。一步步从建立、打破、完善、表达,帮助学生逐步理解抽象的“声波”概念。

4. **课堂实录(师生对话记录)**

师:老师听到了同学们非常响亮的问好声、坐下的声音、翻书的声音,这些声音可以被看到吗? 今天老师带来一个神秘装置,也许能帮助大家打开思路。

(向学生展示)

师:大家想知道这是怎么做到的吗? 该装置可分为三个部分:产生声音、传播声音、"显示"声音。现在就利用你们手里的器材制造声音吧,仔细观察,并完成表格填写。

生:橡皮筋、钢尺是由于振动产生了声音。可是,音叉、桌面发声时却没有观察到振动。可能振动太微小,不明显。

师:非常好,那我们想想办法如何将微小振动放大呢?

生:放入水中、换大的音叉、音叉旁边放乒乓球……

师:太棒了,现在利用手边的器材试试看吧。

师:综合以上所有的观察结果,声音产生的条件是什么呢?

生:振动!

师:不仅固体的振动能够产生声音,液体和气体也可以。试试让液体和气体发声吧。

(学生通过倒水、吹口哨等行为进行展示)

师:我们把这些正在发声的物体称为声源。声音通过什么物体向前传播呢?

生:气体、液体、固体。

师:想法非常好,但为了使结果更严谨,我们还是需要用实验来验证。课本为我们提供了实验方案,请同学们好好找一找,课本的活动设计有哪些不足之处? 如何改进? 同学们先独立思考,然后小组讨论补充。

生:敲击桌面时,空气会对声音的传播造成干扰;其他实验小组同时敲击会造成干扰;改进:一只耳朵紧贴桌面,另一只耳朵紧紧堵住。

生:水下传声时手臂也能传声,会对声音的传播造成干扰;改进:寻找自己能发声的物体,如手机。

生:水下传声也要经过固体和空气才能到达人耳,无法得出液体能传播声音。

生:刚开始要经过水才能将声音传播出来,后面再经过固体和空气,不会对声音可以通过液体传播这一假设造成干扰。

生:但发声物体不能和容器底部接触,否则会对声音的传播造成干扰,最好悬浮。

(教师提供器材,学生上台开展实验,验证想法)

　　师:声音可以在气体、液体和固体中传播,我们将它们统称为介质。那么,没有介质的话,声音还能传播吗?怎么创造没有介质的环境呢?

　　生:抽气,把空气抽走,创造真空环境。

　　师:老师带来了实验装置,不过进行了改良,只要家里有老师手中的收纳衣服的真空袋和配套的抽气机,也可以完成这个实验。

　　(展示电铃在近似真空的环境中声音的变化)

　　师:听听电铃声音的变化。说出这种变化说明了什么?

　　生:真空不能传播声音。

　　师:可是刚刚的实验达到真空的条件了吗?

　　生:没有。但是可以进行推理,我们观察到空气越稀薄,声音就越难传播。那么,达到真空状态时,声音就不能传播了。

　　师:推理得非常合理。这就是咱们物理中推理法的真实应用了。声音在介质中究竟是以何种形式进行传播的呢?

　　(展示水面波)

　　师:仔细观察水面上的乒乓球,它也在上下振动。为什么?

　　生:笔的上下振动带动了水面的振动,水面是连续的,振动向前传播,就带动了乒乓球的振动。

　　(展示烛焰随声波上下振动的实验活动)

　　师:对比水面上的乒乓球,请大家猜猜烛焰为什么会随音乐跳动?

　　生:声音由振动产生,带动周围空气也产生振动,振动向前传播,进而带动烛焰上下跳动。

　　师:这样的传播形式称为声波。课本中阅读声波是怎样的?

　　生:是疏密相间的波。

　　师:类似于这种情况(演示弹簧中的振动传播)。

　　师:回想一下我们课堂刚开始的时候,请大家尝试用今天所学的知识解释一下我们是如何"看到"声音的?

　　生:人体声带的振动产生了声音,声音以波的形式通过空气、橡皮膜等介质进行传播,橡皮膜的振动带动了平面镜,因此我们看到声音像"波"一样被展示在墙面上。

三、评课实录

朱老师:在"声音的产生和传播"这一课中明确指向学科核心素养,关联核心知识和关键能力,如课堂中找出课本活动的不足之处。整节课学生的参与度高,科学思维得到了有效锻炼和提升。

王老师:本节课在细化的任务驱动下,学生学习主动性强,评价反思和创新能力得到了培养。在教学内容的选择上非常恰当,紧扣教材大纲和课程标准。通过丰富的实例和实验,帮助学生更好地理解核心概念,符合学生的认知规律。

专家点评:本节课设计的探究实践过程合理恰当,可以促进学生科学思维水平的提升,科学思维水平又可以在探究实践过程中不断被加深。丰富有趣的任务设置和活动安排,使科学思维水平的提升不再抽象,而在科学探究中具体化、形象化,整节课教学效果良好。

四、课例研究的成效与反思

1.基于"四学"的课例研究反思

(1)两次课堂基于"趣学、探学、悟学、用学"这"四学"方面的反思

①趣学方面反思。激发学习兴趣的策略:例如,通过引入"看见声音"实验、生活实例,使学习内容更具吸引力。维持学生学习兴趣的持续性。如:通过将观察对象细化、引入新的观察对象,维持了学生对声音进行探究的兴趣。

②探学方面反思。探究活动设计:为学生设计了具有挑战性的探究活动,找教材中活动的不足。学生探究能力培养:在探究过程中,有效地培养了学生的科学探究能力,包括提出问题、设计实验、收集和分析数据、得出结论等。

③悟学方面反思。深度思考的机会:如通过组织讨论、质疑或引导性问题,鼓励学生深入地思考声音的相关概念。学生对声音的理解达到了预期的深度。能够运用所学知识来解决复杂问题,并建构声音传播的复杂模型。

④用学方面反思。强调在实际生活中的应用:如双层隔音玻璃,通过实

例、案例研究或实践活动等方式,帮助学生理解声音的产生和传播过程。加强对学生应用能力的培养。学生能够将所学的有关声音的知识应用于实际问题的解决中。

(2)体现新课标方面的反思

①课程目标的达成度。基本达成课标要求,由于时长限制,灵活地运用声音知识解决实际问题的能力还需加强。

②教学方法的有效性。本节课采用了多种教学方法来激发学生的学习兴趣,教学效果较好。

③学生学科素养的培养。本节课的设计非常注重实验和观察活动,培养了学生的科学探究能力和思维能力。

④评价与反馈的及时性。本节课对学生评价的及时性、教师指导的针对性有所提升,但方式较为单一,还需改进。

2.基于"四学"的课例研究改进

(1)知识建构方面

通过实验或实例,让学生了解声音的产生过程,进而引导学生总结归纳出声音是如何产生的。在探究声音的传播形式的过程中,应更注重学生的参与和思考,让学生自主参与到解释说明的过程中来。

(2)主动探究方面

改进教材实验活动:例如对"如果没有介质,声音还能传播吗?"的探索与验证。让学生设计并实施实验来验证他们的假设:如换不同的声源,排除外界干扰等,观察并记录实验结果,交流分享观察结果和结论。

(3)深度思考方面

设计富有挑战性的问题:如找找教材里的不足、实验环境是否完全真空等,激发学生的好奇心,促使他们深入思考和探究。

(4)实践体验方面

直接让学生利用身边的物体或乐器等更丰富的物品,让学生制造声音,从而以更丰富有趣的经验得出声音是由物体振动而产生的;也可以将改进后的"真空中不能传声实验",向家庭实验延伸,让学生获得更多更直观的实践体验。

重力

一、课例说明

1.学情分析和教材解读

（1）学情分析

因杭州市优质课比赛在每年 10 月上旬举办,七年级学生刚接触初中科学知识一月有余,与本节课有关的知识点只学过科学探究,小学五年级学过使用弹簧测力计测量物体的重力,对理解质量的概念、设计实验方案都存在一定程度的困难,需要教师给予适当的示范,并适时运用控制变量法等科学方法的指导,这将对学生未来的学习有较大帮助。

（2）教材解读

本节课选自浙教版七下《科学》第三章第三节,内容涉及《义务教育科学课程标准(2022 年版)》中学科核心概念"物质的运动与相互作用",对应的是"3.1 力是改变物体运动状态的原因"这一学习内容,要求能够"列举生活中常见的力(如重力),并能说明其意义;会测量力的大小,并用力的图示来表示力的三要素"。市优质课确定了"基于实验的探究"这一主题,考查的重点放在与重力的大小相关的探究实验上。

2.课例目标和重点难点

（1）教学目标

①科学观念:通过学习重力的定义、重力与质量的关系,建立正确的重力观念,知道重力的产生原因以及 $g=9.8\text{N/kg}$ 的物理意义。

②科学思维:运用推理论证的方法,排除无关变量,分析重力与质量之间的关系,解释生活中的重力现象,提高学生解决问题的能力。

③探究实践:通过经历提出问题、建立假设、设计方案、实验、观察记录数据、分析得出结论、交流讨论等过程,探究重力与质量之间的关系,练习使用弹簧测力计测量力的大小,培养动手操作、数据处理等实践能力。

④态度责任:培养热爱科学、勇于探究的精神,增强对科学的兴趣,在探究中能够积极思考、主动参与,培养团队合作意识和责任感。

(2)教学重点难点

教学重点:探究重力的大小与质量的关系。

教学难点:实验方案的设计、实验数据的收集及处理、分析论证等多个探究环节。

二、教学设计两次对比以及课堂实录

1. 第一次教学设计

环节一:新课引入

向上抛一块橡皮,它会如何运动?

问:橡皮为什么不会一直向上运动? 而是要返回地面呢?

环节二:学习新知

(1)重力的概念

问:在生活生产实践中,你还看到过哪些由于地球吸引而产生的现象?

追问:这些现象有什么共同的特点?

引出重力的概念:由于地球的吸引而受到的力,用字母 G 表示,单位牛顿(N)。

再问:施力物体和受力物体分别是什么?

(2)重力的作用点

想一想:物体所受重力的作用点如何找? 以课本为例,请学生用一只手指演示将课本支撑住不掉落。

讲述:质地均匀、外形规则物体的重力的作用点在它的几何中心上。此中心称为物体的重心。

(3)重力的方向

活动:第一步,将小球悬挂在铁架台的横杆上,待小球静止时,观察细线的方向;第二步,将铁架台倾斜一个角度,再次观察细线方向。

学生通过对比分析得出:重力的方向总是竖直向下的。(注意与垂直向下的区别)

思考:教材图中"重垂线"的工作原理是什么?

(4)重力的大小

活动:分别托起300mL、500mL两瓶水,感受有何不同?

提出问题:重力的大小与什么因素有关?

建立假设:

①重力的大小可能与物体的体积有关。

②重力的大小可能与物体的质量有关。

设计实验:

提问:用什么器材测量重力?使用时应该注意哪些事项?

设计实验方案并验证:根据提供的器材设计实验来探究重力的大小可能与体积有关。方案用同屏技术进行展示,学生解释自己的设计,其他同学提问、补充、修改、完善。方案通过后进行实验操作。

结论:重力的大小和体积无关。

提问:如何设计实验探究重力的大小与物体的质量的关系。

同上,用提供的器材设计并完成实验。

a.把质量均为50g的3个钩码,逐个增加,挂在弹簧测力计挂钩上,并记下示数。如表6-2所示。

表6-2 "探究重力大小与物体的质量的关系"实验记录表

钩码数量(个)	1	2	3
质量 m(kg)			
重力 G(N)			
重力/质量 G/m(N/kg)			

b.以质量为横坐标、重力为纵坐标来制作横纵坐标图。描点,并连接这些点,问:发现了什么规律?

同屏投影展示2—3组表格数据和绘制的图像。

得出结论:物体所受的重力与质量成正比。

c.重力和质量的定量关系。

活动:计算重力与质量的比例,寻找规律。

得出:重力的大小与物体质量成正比,且比值大约是9.8N/kg。

公式表达:$G=mg$

提问:$g=9.8$N/kg 有什么物理意义?

环节三:知识拓展

提问:是否 1kg 物体在任何地方受到的重力都是 9.8N 呢?

出示资料:不同星球上的重力。

拓展应用:算一算,自己受到的重力有多大?(g 取 10N/kg)

结合材料思考:如果你乘坐航天飞船到月球上,受到的重力会如何改变?质量会如何改变?在月球上行走和地球上行走有什么不同?

环节四:课堂小结

重力:由于地球的吸引而受到的力叫作重力,用字母 G 表示,单位牛顿(N)。

(1)作用点:重心

(2)方向:总是竖直向下

(3)大小:物体受到的重力与质量成正比:$G=mg$($g=9.8$N/kg)

2.第一次教后反思

(1)设计环节不够新颖,不能局限于课本的经典实验,只用钩码进行实验,且 $g=9.8$N/kg 的得出有些仓促,实验客观得出的是接近 10N/kg,无法准确得出 9.8N/kg。因此增加一些生活常见的物品,如大米、白糖、食盐进行探究,既增加了趣味性,又增加了数据量,得出的结论更准确。再借助力学传感器,精确得出 $g=9.8$N/kg,这样更有说服力。

(2)在磨课中发现学生使用托盘天平测量物体的质量速度很慢,严重影响上课的进度,考虑到质量的测量不是本课的重点,且初一才学习一个多月的学生要等到七上第四章才学习,因此将仪器换成电子天平,测出质量既快又准确。

(3)本次市优质课的主题是"基于实验的探究",且学生尚未学习力的三要素,所以重力的作用点和方向这两个内容可以省去,把教学重点放在探究重力的大小上,而方向、作用点可以在最后提一句。

(4)在猜想环节既要给予学生一定的开放空间,比如学生会提到体积、高度、密度、种类等因素与物体的重力有关,又要严谨地通过思考与讨论、简单的实验验证来排除无关因素、教室内无法探究的因素,把探究的重点引导到探究重力的大小与物体的质量这一因素的关系上。

3.第二次教学设计的调整

环节一:新课引入

演示:高举小烧杯将水倒入大烧杯中。

问:为什么会产生这样的现象?答:因为水受到重力的影响。

(设计意图:从生活中熟悉的情境出发,换成更为简单的演示实验,把时间更多地留给探究环节来突破难点。)

环节二:学习新知

(1)重力的概念

问:地球为什么会对水产生重力?由于地球的吸引。

引出重力的概念。

追问:重力的施力物体和受力物体分别是什么?注意一定要提到的是在地球附近的物体。

(2)探究"影响重力大小的因素"

【提出问题】重力的大小跟哪些因素有关?

【作出猜想】重力的大小可能跟_____有关。

问:请同学们根据生活经验做出合理猜想。

预设学生可能会提出体积、质量、密度、高度等因素,提出一个合理的因素就板书一个,不合理的及时通过讨论分析进行排除。

(设计意图:这样的设计更具开放性,让学生尽可能多地提出合理的猜想,通过讨论分析其合理性,并且注意把研究的因素引向质量、体积和海拔高度。)

【设计实验】

以体积这个因素为例,示范如何利用简易图和文字设计实验方案,并让学生参与演示实验(不同体积等质量的物体,测出重力大小却相同),从而说明重力大小与体积无关。

问:运用到哪些科学方法?控制变量法、对照法。

活动:设计实验方案并填写在任务单上。

挑选2—3位学生的实验方案进行同屏投影,并让设计者进行简要讲解,其他同学评价。

当提到重力大小与高度相关这个方案时,让学生现场将物体分别抬高、降低测量重力大小。对比地球和航天飞船上的距离,得出教室内的高度变化可忽略不计。

（设计意图：学生在设计实验方案上有欠缺，通过老师的示范学会利用图文结合的形式简洁明了地写出实验方案，同时通过演示实验排除了体积这一无关因素，忽略教室内的高度变化对实验的影响。）

【收集数据】

进一步探究"重力的大小与<u>质量</u>的关系"。

拿出实验器材：弹簧测力计、小电子秤、钩码、可悬挂的小烧杯、米、白糖、食盐等。

活动：学生小组合作完成实验，并记录数据，如表 6-3 所示。

表 6-3　改进后的"探究重力大小与物体的质量的关系"实验记录表

钩码的数量（个）	钩码的质量（kg）	钩码所受的重力（N）
1	0.05	
2		
3		
4		

（设计意图：最后一列特意先空着，等到分析环节让学生说出是重力与质量的比例，自己计算得出 g 的数值。）

再以质量为横坐标、重力为纵坐标建立横纵坐标图。根据表 6-3 中的数据，在坐标系上描点，并连线。

拓展实验：测量装有大米、白糖、食盐等生活物品的袋子的质量和重力，将数据记录在表 6-4 中。

表 6-4　拓展实验记录表

物体名称	物体的质量（kg）	物体所受的重力（N）

将学生实验数据及时输入到 excel 表格，即时呈现图表。如图 6-1 所示。并讨论数据的可靠性。发现重力与质量的比值是定值，接近 10N/kg。

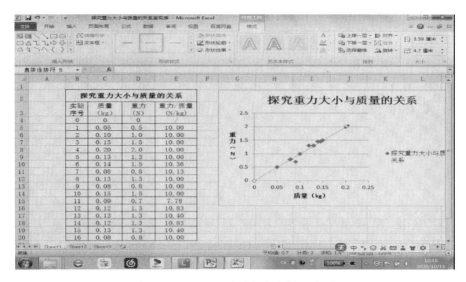

图 6-1　运用 Excel 现场分析实验数据示意图

（设计意图:利用生活中常见的物品来增加实验的趣味性,增加实验的组数,还巧妙地运用信息技术助力数据的分析,通过对大量的数据进行分析,得出的结论更具说服力,随着 Excel 上一个个数据的输入,实时呈现出图形的变化,再用直线画出点之间的关系,直观而又真实。对于偏离直线的数据点,正好借此分析误差和错误。）

【得出结论】重力大小与质量成正比。

实验升级:利用力学传感器精确地得出重力与质量的比值是9.8N/kg。（因时间关系,可提前录制好微视频,播放给学生看。）

（设计意图:利用更为精确的仪器得出 $g = 9.8\text{N/kg}$,让这一定量关系更真实,便于学生理解、记忆。）

【报告交流】重力公式、各物理量符号及单位。

环节三:拓展延伸

问:同一物体在不同纬度、高度、星球上的重力一样吗?

资料呈现:质量为1kg的物体在不同星球上受到的重力。

答:不一样。同一物体从地球到月球上,质量不变,重力变小。说明重力的大小与所在星球也有关系。

（设计意图:运用好教材上提供的素材,拓展到与重力有关的因素还有星球、纬度等,思维不局限于课堂上重点探究的质量因素。）

问:我们还要知道重力哪些知识呢?还有作用点和方向。

教师补充说明这一内容将在七下第三章学习。

环节四:总结梳理

将知识结构化,运用思维导图式板书,如图6-2所示:

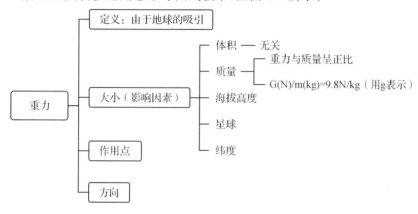

图6-2 思维导图式板书

三、评课实录

赵老师:教师通过示范与学生互动。很好地解决了学生设计实验方案的教学难点,在引导学生探究重力与质量关系时,充分调动其主观能动性,激发思考和探究的欲望。

孙老师:主线清晰,教师通过从定性到定量的探究建立起重力的科学观念,利用较为先进的力学传感器让实验的精确率得到提升,得出 9.8N/kg 的数值更加直观。

王老师:教师利用丰富的图表,生动形象地展示了重力与质量、海拔高度的关系,引导学生从提出问题开始一步步地深入探究活动,利用 Excel 表格的实时数据录入与图像进行呈现,非常有亮点。

专家点评:教师结合实例深入浅出地介绍了重力的基本概念,让学生对重力产生了浓厚的兴趣。通过小组讨论、实验方案分析等方式,培养学生树立良好的科学思维,从定性到定量,从粗略地定量到借助力学传感器准确地定量,学生在完整的探究过程中更好地理解了重力的本质。

四、课例研究的成效与反思

1. 基于"四学"的课例研究反思

（1）两次课堂基于"趣学、探学、悟学、用学"等"四学"方面的反思

趣学：围绕主问题——重力大小与哪些因素有关，教师精心设计任务单，以任务驱动结合问题串，步步深入，适时配合互动式的演示实验，借助学生没有见过的力学传感器来激发学生的兴趣，让学生更加愉快地参与到探究重力的完整过程中。

探学：根据主线探究重力大小与哪些因素有关，让学生全程经历提出问题、建立猜想、设计实验方案、收集事实与数据分析、得出结论、交流讨论的整个探究过程，培养学生的科学探究素养和学科实践能力。

悟学：在建立猜想环节，联系生活实际，让学生提出重力大小可能与体积、密度、质量、海拔高度等因素有关，遵循控制变量法，自己设计实验，把方案用同屏技术分享给同学，相互补充完善，根据现场实验的结果推理论证，从而排除无关变量，把探究重点放在质量这一因素上，学生的思维逻辑能力在这一过程中得以有效提升。

用学：学生在实践中学会用图文结合的形式简单明了地表达自己的实验设计，并勇敢地在课堂中用自己的语言来讲述清楚。在拓展延伸环节，根据资料，学生能够运用知识迁移，分析出重力大小还跟所处星球有关。

（2）体现新课标方面的反思

结合新课标的科学学科四大核心素养——科学观念、科学思维、探究实践、态度责任，教师认为本节课中学生很好地树立了关于重力的科学观念，知道物体受到重力影响是因为地球的吸引。学生运用推理论证的科学思维方法，分析重力与体积无关，与质量成正比，并以此解释生活中的重力现象，提高解决问题的能力。通过经历提出问题、建立假设、设计方案、开展实验、观察记录数据、分析得出结论、交流讨论等过程，探究重力与质量之间的关系，学会使用弹簧测力来计测量力的大小，培养动手操作、观察分析、数据处理等实践能力。在探究过程中学生能够积极思考、主动参与，培养了热爱科学、勇于探究的精神，增强对科学的兴趣和好奇心，培养团队合作意识和责任感。

2.基于"四学"的课例研究改进

（1）知识建构:通过引导学生使用图表、实验数据等资料,帮助他们掌握理解重力的本质,等到七年级下学期,学习了重力相关知识后建立起更为完整的重力三要素知识体系。

（2）主动探究:可以设置开放性的问题,随着学生设计实验能力的提升,鼓励学生自主探究,激发他们的探索欲望,培养批判性思维和解决问题的能力。

（3）深度思考:精练语言,让问题串更加精准到位,引导学生从更深层次去理解重力的作用及本质。

（4）实践体验:学习质量的测量之后,学生能够熟练使用托盘天平,换掉电子秤,增强探究测量的体验感。

压强

一、课例说明

1.学情分析和教材解读

学情分析:学生在学习"压强"一课时,已具备一定的物理基础知识,如重力、运动等。但压强作为一个相对抽象的概念,对于许多学生来说仍然是一个挑战。教师需要对学生的知识储备、学习兴趣和可能遇到的困难有一个清晰的认识。

(1)知识储备:学生已掌握力的基本性质和作用效果,理解力的作用点、大小和方向对物体运动状态的影响。

(2)学习兴趣:压强知识与日常生活紧密相关,通过生活实例激发学生的学习兴趣,引导他们主动探究压强背后的物理原理。

(3)学习困难:在理解压强概念时无法准确区分压力与重力的关系、难以理解压强与受力面积之间关系等。

教材解读:"压强"一课主要介绍了压强概念、计算公式以及应用实例。通过生动的实验,帮助学生建立对压强的直观认识,理解压强与压力、受力面积之间的关系。

2.课例目标和重点难点

(1)教学目标

物理观念:①学生能形成对压强的基本认识,理解压强是描述压力作用效果的物理量,掌握其定义及计算公式;②学生能了解压强与压力及受力面积的关系,认识到压强在日常生活中的作用。

科学思维:①通过实验探究和理论推导,培养学生的科学思维能力,使学生能够运用控制变量法、比值定义法等科学方法去探究压强相关问题;②引导学生运用所学知识解释生活中的压强现象,培养学生知识迁移能力和解决实际问题能力。

科学探究:①能提出与压强相关问题,制订探究计划,进行实验探究,收集并处理数据,得出结论;②培养学生的观察能力、实验能力、分析能力和创新能力。

科学态度与责任:①通过实验探究和合作学习,培养学生团队合作精神和严谨的科学态度;②引导学生关注压强知识在社会生活中的应用,增强学生的社会责任感和使命感。

(2)教学重点难点

教学重点:

①压强概念:理解压强是表示压力作用效果的物理量,掌握压强的定义式,并能进行简单计算;

②影响压强大小的因素:通过实验探究理解压强与压力及受力面积的关系,掌握增大和减小压强的方法。

教学难点:

①压力和重力的区别;②压强的定义。

二、教学设计两次对比以及课堂实录

1.第一次教学设计

环节一:展示生活中实例
如汽车轮胎、滑雪板等,提问学生:"为什么汽车轮胎要设计成宽的?"

环节二:概念讲解与公式推导
讲解压强定义,解释公式中各物理量的含义和单位。

环节三:实验探究
学生分组实验,探究不同物体在不同受力面积下的压强值,记录实验数据。

环节四:总结应用
总结压强概念和计算方法,强调压强的重要性和应用价值,完成相关练习,巩固所学知识。

2.第一次教后反思

以教师讲授为主,没有真正激发学生学习动机,在压强概念的讲解过程中教学形式单一。在实验过程中,以走过场为主,不能激励所有学生参与互动,进而提高他们的自信心和表达能力,不能激发学生主动参与讨论。

3.第二次教学设计的调整

环节一:创设真实情境,激发学习内驱力

(1)用手指压气球,让学生观察发生了什么现象。

(2)用同样大小的力压桌子,桌面发生形变了吗?

【设计意图】(1)说明压力的作用效果是通过物体形变来体现的,用了转化法。(2)压力作用在物体表面,物体都要发生形变,有时候我们肉眼观察不到。通过这些生动有趣的实验,激发学生学习内驱力。

环节二:探究影响因素,提高学习创新力

(1)顺势引导,出示图片,在水平地面上有一位芭蕾舞演员和一头站立的成年大象,问他们对水平地面产生的形变一样吗? 哪个更明显?

(2)学生展开讨论,产生多种答案。(与压力的大小有关、与受力面积大小有关、与地面的材料有关……)

(3)猜想影响压力作用效果的因素。(与压力的大小有关、与受力面积大小有关。)

(4)活动:探究压力作用效果与 F、S 的定性关系。

(5)根据方案,进行实验,并得出相应的实验结论。

【设计意图】围绕在水平地面上一位芭蕾舞演员和一头站立的成年大象为情境展开教学,能对实验数据进行分析,通过对实验过程的探究和实验现象的分析,得出实验结论。

环节三:压强概念引入,增强学习理解力

(1)在水平地面上有一位芭蕾舞演员和一头站立的成年大象,当压力与受力面积都不同时,怎么比较压力的作用效果?

(2)通过回顾密度的定义、公式和单位,学生学会用类比的学习方法来定义压强,以及压强的公式和单位。

【设计意图】通过密度概念类比压强,让学生对核心概念"压强"的定义、公式和单位进行类比学习,通过实验和类比学习,学生在领悟知识点后,得出今天所学的知识点,同时增强学生学习理解力。

环节四:应用概念解决问题,巩固所学新知

一位芭蕾舞演员在表演时脚尖触地面积约 $9.5cm^2$,体重约 $475N$;一头成年大象站在水平地面上时,每只脚掌触地面积约 $600cm^2$,体重约 $60000N$。

通过计算,比较谁对地面的压强更大?

【设计意图】通过信息技术分享学生的当堂反馈,同学们来发现问题并改正问题,使问题一个个被突破和落实。通过一些小练习,同学们对新概念"压强"进行巩固,利用所学知识解决生活实际问题,提升学生学习综合力。

环节五:解决生活问题,提升学习综合力

(1)通过观看视频,分析老人陷入泥坑的时候,怎样做才能够防止下陷?

(2)当你不小心踩入泥潭时,如何寻求帮助和自救?

【设计意图】通过所学内容来解决现实问题,把所学内容运用到实际生活中,提升学生综合运用所学知识解决实际生活问题的能力,让科学真正为生活服务!

4.课堂实录(师生对话记录)

师:压力能使气球发生形变,用到了什么科学方法?

生:转换法。

师:请同学们看图片,在水平地面上有一位芭蕾舞演员和一头站立的成年大象,请问他们对水平地面产生的形变一样吗? 哪个明显?

生:(学生产出多种讨论,产生多种答案,并给出相应的依据)

师:很好,同学们都能给出不同的猜测及相应的依据,我总结同学们的猜测有以下几种:与压力的大小有关、与受力面积大小有关、与地面的材料有关……

师:当地面的材料相同时,请同学们猜想影响压力作用效果的因素。

生:可能与压力的大小有关,与受力面积大小有关。

师:非常好,在研究压力大小时,应该控制受力面积大小相同,这又是什么科学方法?

生:这是控制变量法。

师:同学们太棒了,在研究某一物理量对压力效果的影响时,应该控制其他因素不变,接下来,以小组为单位,进行实验方案设计,探究压力作用效果与 F、S 的定性关系。可以用以下几个方面进行研究讨论。

实验方法:_____;实验器材:一块大海绵垫、你、你周边的物体。实验观察:_____;实验记录:_____。

生:分享小组的实验方案,在大家相互讨论后,再次对实验方案进行优化和改进。

师:同学们通过实验得出了影响压力作用效果的因素,但是在水平地面上有一位芭蕾舞演员和一头站立的成年大象,当压力与受力面积都不同时,怎么比较压力的作用效果?

生:(疑问、相互讨论)

师:回顾七年级上册有关密度的定义、公式和单位。

生:密度定义:单位体积物体的质量,公式:密度=质量/体积,单位:千克/立方米。

师:很好,请同学们通过类比的学习方法来定义压强,以及压强的公式和单位。

生:压强定义:单位面积上受到的压力叫压强;公式:压强=压力/受力面积,即 P=F/S;单位:帕斯卡。

师:通过计算,我们解决了刚开始在纠结的问题,通过观看视频,分析老人陷入泥坑的时候,怎样做才能够防止下陷? 当你不小心踩入泥潭时,如何寻求帮助以及如何自救?

生:应用压强公式,进行讨论,真正把所学知识应用到解决实际生活的问题中去。

三、评课实录

高老师:注重培养学生的物理观念、科学思维和科学探究能力,通过教学活动,学生能理解压强的概念,掌握压强的计算公式,并能运用所学知识解释生活中的压强现象。

孟老师:在教学内容选择上非常恰当,紧扣教材大纲和课程标准,通过丰富的实例和实验,帮助学生理解压强知识,引导学生将所学知识应用到实际生活中去。整个教学内容条理清晰,重点突出,难点讲解到位,符合学生认知规律。

赵老师:在教学方法上采用多种教学手段,如讲授、演示、实验、讨论等,使课堂教学生动有趣,有效激发了学生的学习兴趣和积极性。特别是在实验环节,教师让学生自己动手操作,亲身体验压强的存在和影响因素,加深学生的理解和记忆。

专家点评:教学目标明确,教学内容恰当,方法多样,效果显著。建议教师在后续的教学中可以更加注重学生的个体差异,针对不同层次的学生制定差异化的教学方案,使每个学生都能够得到更好发展。引入更多的现代化教学手段,丰富课堂教学形式和内容,提高学生学习兴趣。

四、课例研究的成效与反思

1.基于"四学"的课例研究反思

(1)两次课堂基于"趣学、探学、悟学、用学"这"四学"方面的反思

需关注激发学生兴趣的策略、探究活动的设计、深度思考的机会、概念理解的深度、学生应用能力的培养等方面。

①趣学方面反思。采取有效的策略来激发学生学习兴趣。引入与压强相关的有趣实验、生活实例或者趣味游戏,使学习内容更具吸引力。在教学过程中,激发了学生对压强的兴趣,使学生保持一定的好奇心。

②探学方面反思。设计具有挑战性的探究活动,鼓励他们通过实验、观察和分析来探索压强的概念和原理。在探究过程中,有效地培养学生提出问题、设计实验、收集和分析数据、得出结论的能力。

③悟学方面反思。通过组织讨论、辩论或提出引导性问题等方式,鼓励学生深入思考压强的相关概念。能运用所学知识解决复杂问题,并理解压强与其他物理概念之间的联系。

④用学方面反思。强调知识在实际生活中的应用,帮助学生理解压强在日常生活中的重要性和应用价值,加强对学生应用能力的培养,将所学的压强知识应用于实际问题的解决中。

(2)体现新课标方面的反思

①课程目标的达成度。强调学生对压强概念的理解、计算和应用。学生能准确理解压强的定义和计算公式,能灵活地运用压强知识解决实际问题。

②教学方法的有效性。注重学生的主动性和探究性。采用多种教学方法激发学生的学习兴趣,设计具有挑战性的问题引导学生深入思考,提供足够的实践机会让学生亲身感受压强的存在。

③学生学科素养的培养。通过实验和观察活动培养了学生的科学探究能力,通过讨论和辩论活动培养了学生的科学思维能力,通过解决实际问题培养了学生的科学态度和责任感。

④评价与反馈的及时性。了解学生的学习情况和掌握程度,以便调整教学策略和帮助学生解决问题。采用多种评价方式全面地了解学生的学习情况,及时反馈学生学习成果和问题,根据学生的反馈进行了有针对性的指导。

2. 基于"四学"的课例研究改进

(1)知识建构方面

通过实验或实例,学生感受到压强的存在,引导学生总结归纳出压强概念,在推导压强公式中,注重学生的参与和思考,让学生理解公式的来源和意义,结合实际问题,让学生运用所学知识进行分析,强化对压强的理解。

(2)主动探究方面

鼓励学生提出关于压强的问题,引导他们根据已有知识做出假设,让学生根据理解做出预测,设计并实施实验来验证他们的假设,用不同的材料和方法来观察并记录实验结果,理解压强与压力、受力面积之间的关系。

(3)深度思考方面

为促进学生进行深度思考,教师需设计一些富有挑战性的问题,问题应能引导学生超越对压强这一概念的浅显理解,深入压强概念的本质,激起学生好奇心,设置一些陷阱或误导信息,让学生进行识别并纠正错误,对一些有争议的观点或现象进行讨论和辩论,在辩论中学会思考和判断。

(4)实践体验方面

直接让学生利用大的垫子、课桌椅、同学等,探究影响压力作用效果的因素,从而得出相应结论,让学生体验用不同力度去按压气球的感觉,感受压力与压强的关系,这样的体验可以让学生更加直观地理解压强在日常生活中的应用。

物质的导电性与电阻

一、课例说明

1.学情分析和教材解读

"物质的导电性和电阻"是初中《科学》(浙教版)第三册第四章"电路探秘"中的第三节。从结构上看,是在经过前面"电路图"和"电流的测量"的学习后编排的,学生通过思考、设计、讨论、修改后得到的检测物质导电性的实验方案,可继续用于本节第二课时"影响导体电阻大小的因素"的实验探究中,为后续教学做好前期准备。综观大局,"物质的导电性与电阻"这节课在本单元教学中起着承上启下的作用。

从内容上看,本课内容上要求学生在探究物质导电性活动中,通过实验、观察、查阅资料,比较导体、半导体、绝缘体的不同。在导体和绝缘体可以相互转化的微观解释中,由于微观的微粒是比较抽象的,这是学生理解的难点。在平时的课堂教学中,给学生动手做实验的机会较少,因此教师应从"趣学、探学、乐学、悟学"这四个角度引导学生深入探究各项细节,确保各学习小组的学生可以在学习过程中体会到科学的魅力。

2.课例目标和重点难点

(1)教学目标
①通过简单实验探究物质导电性,知道常见的导体、绝缘体以及半导体材料及其应用。
②通过猜想和资料阅读,能够解释金属导电的原因是内部存在自由电子。
③通过自主设计实验,学生能根据实验现象得出实验结论,初步锻炼科学探究能力。
(2)教学重点难点
教学重点。
具体内容:通过简单实验探究物质的导电性,知道导体和绝缘体之间并没有绝对界限。

确定依据:教材的编排和学生的思维程度。

教学难点。

具体内容:设计实验方案检测物质的导电性;能对金属导电做出微观解释。

确定依据:学生的前概念和实际认知心理。

二、教学设计两次对比以及课堂实录

1.第一次教学设计

环节一:创设情境,问题引入

人被雷击中时有电流通过人体,你能用实验证明人能导电吗?

教师介绍灵敏电流计,接入 6 节干电池,使用步骤:示数调零后,让同学手持两根鳄鱼夹,观察灵敏电流计的示数变化。

环节二:探究合作,设计实验

生活中有很多物体,那么我们如何设计实验来判断它们是导体还是绝缘体呢?引导学生设计实验,汇报实验设计成果,并进行交流,最后统一最佳方案。如表 6-5 所示。

表 6-5　实验方案表

方案	电路图	评价
一		电流过小时灯泡不亮
二		导电性太好时容易短路
三		最佳方案

教师：请大家看清楚要求，先对物质的导电性进行猜测，实验时做好对结果的记录。

环节三：小组合作，开展实验

请将以下物品接入电路进行检测，同时做好结果记录。如表 6-6 所示。

表 6-6　结果记录表

物质	是否易导电		小灯泡的明暗程度	电流表求数（A）
	预测	结论		
铜片				
铝片				
纱巾				
玻璃				

环节四：教师演示

玻璃是绝缘体，教师演示：两个灯泡接电源时都亮，拧下一个发现另一个不亮了，说明两个灯泡是串联关系，打破后拧回，接入电源灯泡不亮，再加热，灯泡亮了。说明了什么？

环节五：微观解释，分析原理

实验发现金属都有良好的导电性，它们的导电原理是什么呢？你能从微观角度分析为什么导体容易导电，绝缘体不容易导电吗？

2.第一次教后反思

本节课以探究"人触电原因"作为教学问题主线，设置了一系列问题，从引入导体和绝缘体，到如何通过实验判断一个物体是导体还是绝缘体，设计实验方案，收集实验事实与证据，讨论交流，再到得出结论，体现了科学实验探究精神，对学生实验设计能力和操作能力都有极大的提升。后面通过玻璃实验又说明了导体和绝缘体之间并没有明显界限，再次让导体和绝缘体的定义更加标准，最后从微观角度分析导体容易导电而绝缘体不容易导电的实质，同时也指出如果我们在生活中遇到了触电事故，应该采取哪些方式展开救援，增强学生用电安全意识。

3. 第二次教学设计的调整

环节一:创设情境,问题引入

你能隔空点灯吗?

【设计意图】创设情境,鼓励学生积极思考,形成迫切学习新知识的心理期望,引导学生明白生活中处处有科学。

环节二:探究合作,设计实验

新知学习问题:我们如何判断它们是导体还是绝缘体呢? 你能设计一个电路,并判断某物质是导体或绝缘体吗?

学生设计实验,汇报实验设计成果,最后统一最佳方案。

【设计意图】以问题引导学生自主学习,为学生提供帮助(原理),帮助学生分析和解决问题。

环节三:合作学习,开展实验

将下列物质接入电路,验证你的猜想吧。详见表6-7。

表 6-7 实验记录表

物质	是否易导电		小灯泡的明暗程度	电流表示数(A)
	预测	结论		
铜片				
铝片				
纱巾				
玻璃				
……				

【设计意图】培养学生能正确操作实验、学会观察实验、记录现象、归纳得出科学结论;提升学生合作探究能力,促进科学学科素养的提升。

环节四:小组合作,开展实验

演示玻璃实验,玻璃是绝缘体,两个灯泡接电源都发光,按下一个发现另一个不发光了,打破后拧回,接入电源灯泡不发光,再加热,灯泡发光了。灯泡发光了,说明了什么?

【设计意图】考查学生分析、归纳、解决问题的能力;培养学生简洁、清晰的文字表达能力。

环节五：微观解释，分析原理

实验发现金属都有良好的导电性，它们的导电原理是什么呢？你能从微观角度分析为什么导体容易导电，绝缘体不容易导电吗？

【设计意图】培养学生对微观的认知能力。

环节六：举一反三，学以致用

如果我们在生活中遇到了触电事故，你会选择哪些物品来进行救援呢？

【设计意图】培养学生简洁、清晰的表达能力和举一反三的能力。

4.课堂实录

师：你能隔空点灯吗？

生：不能。

师：如果要把电能输送给这个灯泡，需要通过什么呢？

生：铜导线。

师：铜导线为什么能够输送电能？

生：因为铜有导电性。

师：好的，今天我们一起来学习"物质的导电性与电阻"，其实在小学时我们就已经学习过相关的概念，你能说说导体的概念吗？

生：导体是容易导电的物质。

师：那么与导体相对的是？

生：绝缘体。

师：那么它的定义应该是？

生：不容易导电的物质。

师：生活中一定还有很多我们不能确定它究竟是导体还是绝缘体的物质，那么我们应该怎么去判断呢？

生：通过实验。

师：你能设计出判断物质是导体或是绝缘体的电路图吗？

师：请大家以小组为单位，按照PPT上的要求将电路图画在白板上，限时3分钟。

师：需要电流表吗？

生1：如果物质的导电性很差的话，电流就很小，小灯泡的亮度就不够。

师：说得好吗？

生：好。

师:如果电路中实际电流过小,小灯泡不足以发光。如果加上一个电流表,就比观察小灯泡的明暗程度更能反映电路中电流大小。

师:所以哪个方案更好?

生:第十组的。

师:如果这个电路中只有电流表,没有小灯泡可以吗?

生:不可以,会短路。

师:为什么会短路呢?

生1:如果待测物质电阻太小,电流太大就容易短路。

师:那么我们就用第十组同学的设计作为最佳电路。

生:请大家按照这个实验方案,按照要求选择你感兴趣的物质,测它的导电性。

师:有哪个小组完成了,能来汇报结果?

生1:我们测了玻璃,我们预测玻璃是不导电的,小灯泡不发光且电流表示数为零,所以可以判断玻璃是绝缘体;第二组测了丝绸,预测丝绸是导电的,但小灯泡不发光且电流表示数为零,所以可以判断丝绸也是绝缘体;第三组测了铜片,预测铜片是导电的,小灯泡发光,电流表示数为0.3A,所以铜片是导体。

师:说得真好! 既有猜想,还有实验过程、现象以及结论。

师:回顾大家刚刚的结论,玻璃是不导电的。下面老师要给大家做一个实验。打开开关,两个小灯泡都发光,取下其中一个小灯泡,再打开开关,小灯泡不发光,现在我将这个玻璃外壳敲碎,对灯泡里的玻璃柱进行加热,请大家进行观察。

生:小灯泡亮了。

师:为什么加热玻璃柱后,能使另外一个小灯泡发光呢? 谁能解释这个原因?

生1:导体和绝缘体可以相互转化。

生2:绝缘的玻璃加热后变成了导体。

师:说明了什么呢?

生:绝缘体在一定条件下也可以转化成导体。

师:在一定的条件下,导体和绝缘体可以相互转化,也就是说,导体和绝缘体之间没有绝对的界限。

师:你们还能举出生活中的哪些例子,说明导体和绝缘体之间能够相互转化呢?

生1:纯水是绝缘体,但在水里溶解了其他物质后就会变成导体。

生2:干燥的空气是绝缘体,潮湿的空气变成了导体。

师:为了避免这种现象,可以采用什么方式对关键部位进行保护?

生:电镀。

师:我们在实验中发现很多物质容易导电,而有些物质又不容易导电,那么你能从微观的角度尝试解释一下吗?

生1:导体中有大量可自由移动的电子。

师:还有补充的吗?

生2:绝缘体中有较少量的自由电子。

师:究竟是怎样的呢? 大家可能现在还有点不清楚,那么我们通过一段视频一起来了解一下,希望通过这个视频,大家能够用一句话总结出来。

生1:导体中有大量自由移动的电子。

生2:绝缘体中的电子被束缚,而导体中的电荷可以自由移动。

师:导体中有大量可自由移动的电荷。那绝缘体呢?

生:几乎没有可自由移动的电荷。

师:是完全没有吗?

生:不是,只是很少。

师:除了导体和绝缘体,还有一类物质的导电能力介于导体和绝缘体之间。

生:半导体。

师:如果真的不小心触电了你会选择下列哪些物品进行救援呢?

生:扫把、擀面杖。

师:希望大家在面对危险时都能果断地采取措施。

三、评课实录

赵老师:黄老师从三个大任务出发,带领学生一步步探秘导电性的物质及导电性背后的成因。环节紧紧相扣,课堂氛围活跃,呈现了一堂在新课标理念下以学生为主体、教师为引导的课。

叶老师:课堂伊始,黄老师提出问题"能不能隔空点灯",就迅速激起了学生的学习兴趣。在学生活动中,同学们设计电路并测量身边物体的导电能力,学习积极性高涨。在整节课程的开展过程中,师生实现了良好的互动,构建了浸润式课堂教学模式。

专家点评:"物质的导电性与电阻"课堂教学,构建了一个问题式教学情境;让学生自主设计实验、总结实验,提高了学生课堂参与度;让学生结合生活实际对物质的导电性进行猜测,继而开展对绝缘体转化为导体的教师演示实验;通过加热玻璃导电实验将课堂气氛推至巅峰,突破本节课难点;完善本节课知识点,细化导体与绝缘体能相互转化的概念。

四、课例研究的成效与反思

1. 基于"四学"的课例研究反思

(1)两次课堂基于"趣学、探学、悟学、用学"这"四学"方面的反思

①趣学方面反思。科学源于生活,又服务于生活。学生在观看教师演示实验时发现:烧红的玻璃变成了导体。学生很自然地提出了"什么情况下导体和绝缘体能相互转化?"等问题。这样的情境设计既让学生将科学知识与日常的生活经验相联系,也充分调动了学生的各种感官,激发了学生的兴趣。

②探学方面反思。从初中科学入手,按照各项科学知识具体表现和学生思维创设合理实验,可以提升学生对各类科学实验的探究能力,促使学生在不断探究过程中深入了解科学实验知识。在开展"测量物质导电能力"实验时,教师应引导学生利用已掌握的实验流程和各项科学知识进行深入探究,确保学习小组学生可以深入学习各项知识。

③悟学方面反思。小组合作,不仅加强了同学们课堂的参与度,还增强了自信感和成就感,激发了学习的兴趣和积极性,从而使他们能更加主动地参与课堂教学。

④用学方面反思。学生是学习的主体,教师起调控指导作用。课堂上教师的情绪,教师对教材、对学生了解的程度等都直接作用于学生。同时,学生的参与度、疲劳状态、认知差异等也反作用于教师。两者同时存在,相互作用,影响着时间统筹和教学效果。

(2)体现新课标方面的反思

新课标中设置了四个跨学科核心概念,在核心概念中蕴含了物质与能

量思想。在本节课的学习中,仍然围绕"整·搭·精"的方法,探究型学习助推学生解决真实社会问题。在科学学科中做好教育加法,认识学生学习发展的阶段规律,提升学生的好奇心,鼓励学生自主探究。在基础性科学学习中完善落实,可以为培养科学人才呵护助力。

2.基于"四学"的课例研究改进

(1)知识建构方面

为了解决主问题——物质的导电性能大小,教师设计问题链引导学生综合原有证据、情境证据、提供的外部证据,建立问题阶梯,以便于学生通过探究活动以及解释和解决可探究问题、主问题、实际问题。

(2)主动探究方面

学生在以组为单位汇报设计的实验方案之后,可以设计并利用 PTA 评价量表进行自评和互评,生生、师生共同改进实验方案,得到最优实验方案。在此过程中,学生依据量表对他人方案提出疑问,提高批判质疑能力。

(3)深度思考方面

学生获得与预期相符合的实验证据后,需要建立实验生成证据与实验结论、真实问题之间的联系。教师引导学生依据生成的所有证据进行论证推理,得出结论。学生再利用实验结论解决问题,用真实情况验证学生的推理,用论证推理解决真实的问题,构建证据推理教学体系。

(4)实践体验方面

学生完成探究活动后,进行反思和总结,回顾整个过程的经验。他们可以思考实验的成功之处、遇到的困难以及如何改进等。教师还可以记录反思小组合作的情况,从多个角度对学生进行综合评价,提供反思性支架。

金属的化学性质

一、课例说明

1.学情分析和教材解读

学情分析:生活中学生常接触到金、银等由金属元素直接组成的物质,也知道化学性质是指能与其他物质产生反应而有新物质生成的性质,然而当前阶段直接要求学生比较出任意两种金属哪种化学性质更活泼比较困难。

(1)知识储备:学生通过八年级下册第三章的学习掌握了氧气能与铁、铜等金属反应而生锈,通过九上第一章了解到一些酸溶液能与铁、锌等金属反应产生气泡。

(2)学习兴趣:科学研究是以实验为基础的,化学实验往往伴随着发光、放热、产生沉淀、生成气体等现象。

(3)学习困难:对金属与酸溶液的反应速率的判断要综合考虑多种因素,例如金属的形状、金属的表面积、酸溶液的浓度、反应温度等。变量的控制以及结论的表达对于学生来讲还比较困难。

教材解读:本节课是在学生对金属材料有了初步认识的基础上发展起来的,要求学生通过典型反应认识和理解金属的活动性顺序及其判断方法。

(1)金属与氧气的反应:教材通过实验对比可知金属镁容易在空气中燃烧,而金属铜不易在空气中燃烧,说明不同金属与氧气反应的难易程度不同。铁、铝在空气中不能燃烧,但易形成金属氧化物,体现了金属与空气中的氧气反应的过程。

(2)金属与酸的反应:教材通过铝制容器不能盛放酸性或碱性物质,否则会破坏氧化膜来引入,通过活动演示了稀盐酸与铝反应的现象是有气泡产生。

(3)金属活动性顺序:若把教材的置换反应示意图中"金属2"替换成氢离子,规律中的"盐的水溶液"替换成稀盐酸或稀硫酸,即可得出金属活动性顺序在氢之前的金属(活泼金属)能与酸反应,而在氢之后的金属(不活泼金属)不能与酸反应的结论。

2.课例目标和重点难点

(1)教学目标

化学观念:①学生能够形成对金属的化学性质的基本认识,理解不同金属的化学活动性存在差异;②学生能够理解区分金属活动性强弱的两种方法,即比较与氧气反应难易程度或比较与酸溶液反应剧烈程度。

科学思维:①通过实验,引导学生尝试给进行实验的金属活动性排出顺序。在经历发现科学规律的过程后,体验从实践中总结科学规律的成就感;②通过理解置换反应微观过程的卡通图,掌握金属活动性顺序表的用途。

科学探究:①学生能够提出与金属活动性相关的科学问题,并制订探究计划,进行实验探究,收集并处理数据,得出结论;②在探究过程中,培养学生的观察能力、实验能力、分析能力和创新能力。

科学态度与责任:建立起宏观的物质变化与微观运动是有密切联系的思想观念,明确物质的微观结构决定了它的宏观性质这一物质科学研究态度。

(2)教学重点难点

教学重点:理解金属活动性顺序:通过实验,一步一步地引导学生得出两类反应能否发生与金属的活动性顺序有关,一类是金属与氧气的反应,另一类是金属与酸溶液的反应。通过科学规律发现的过程再现,帮助学生理解验证金属活动性顺序的方法。

教学难点:学生建立宏观物质变化与微观结构的联系比较困难,可以根据置换反应的表达式 A＋BC＝B＋AC,结合金属与酸溶液的反应帮助学生理解、解释和预测其他金属与酸溶液的反应。

二、教学设计两次对比以及课堂实录

1.第一次教学设计

环节一:导入

提问或展示实验现象引发学生对金属与氧气反应的兴趣,比如"你们知道金属和氧气会发生什么样的化学反应吗?"或者通过展示实验视频或图片进行引入。

环节二:认识金属与氧气的反应

通过 PPT、教科书或其他多媒体形式,向学生介绍金属与氧气的化学反应原理。学生分组实验。选择不同的金属与氧气进行反应,例如用镁条、铁丝等。

环节三:认识金属与酸溶液的反应

学生分组实验,可以选择不同的金属和酸进行反应实验,例如用镁条与盐酸、铁片与硫酸等。学生观察反应现象,记录下产生的气体、溶液颜色变化等现象,并与理论知识进行对照分析。

2. 第一次教后反思

在化学教学中,需要关注学生的学习兴趣和学习能力,同时保证实验操作的安全性和教学内容的科学性。

第一,要关注学生的学习兴趣,引入生动形象的例子和实验,激发学生对化学的兴趣。第二,要注重对学生的学习能力培养,鼓励学生进行实验设计和数据分析。第三,要注重实验操作的安全性,明确实验操作的规范和注意事项。

3. 第二次教学设计的调整

环节一:情境引入,激发学习兴趣

生活中,我们常见由金、银等金属元素直接组成的物质,同学们知道哪些元素是金属元素,哪些是非金属元素吗? 说出金属单质的共同特征。得出结论:除汞以外,金属单质是由元素周期表中带有金字旁的元素直接组成的物质。

提问:金属有哪些共同的化学性质? 在有关氧气性质的学习中了解到氧气会与铁、铝等金属反应,若从金属的角度进行梳理,能否总结出不同金属与氧气的反应特点?

【设计意图】真实情境,从情境中产生合适的问题,既能够顺畅地连接知识结构,也能逐步地发展高阶思维。学生可以解释情境中的现象,可以完成任务,可以迁移方法,在具体情境中体验从实践中总结科学规律的成就感。

环节二——实验——金属与氧气的反应

观察金属与氧气的反应,描述实验现象并写出化学反应方程式。如表

6-8 所示。

表 6-8　金属与氧气反应记录表

金属	与氧气反应的现象	化学反应方程式
镁		
铁		
铜		

得出结论：金属活动性越强，越易与氧气产生反应。

金属铝的表面极易生成_____，阻止了内部的金属铝被空气氧化，便于在生活中做饮料罐、铝锅、餐具等。

提问：长期使用铝锅，会导致铝元素进入体内，使人智力下降和记忆力衰退。铝锅表面既然有致密的氧化膜，为什么还是不能防止它受损害呢？如何判断铝锅的氧化膜是否被破坏？

猜想：氧化铝易与食物中的酸性物质反应，也会与碱性物质反应，而且要避免清洗过程中使用了酸性、碱性的洗涤剂。

【设计意图】能够帮助学生更清楚、简便地理解金属镁比铜更易与氧气反应。这两种金属具有代表性，镁是典型的活泼金属，铜是典型的不活泼金属，两种材料易得现象都非常明显，具有很好的演示价值。

环节三：实验——金属与酸的反应

描述金属和酸反应的现象，比较反应的剧烈程度，并尝试写出化学反应方程式。如表 6-9 所示。

表 6-9　金属与稀盐酸反应记录表

金属	与稀盐酸反应的现象	化学反应方程式
铝		
镁		
锌		
铜		

资料：氯化亚铁溶液为浅绿色（Fe^{2+} 浅绿色），氯化铁溶液为黄色（Fe^{3+} 黄色）。

得出结论：金属活动性越强，越易与稀盐酸反应，且反应越剧烈。比较

183

镁、锌、铜与稀盐酸反应的剧烈程度,由剧烈到缓慢顺序为:_____。

【设计意图】学生尝试写出实验猜想及化学反应方程式,通过小组实验验证结论并检验方程式的正确书写。通过设计实验,学生能够解释比较铜与银活动性的反应的猜想、现象和结论,举一反三。

2.课堂实录(师生对话记录)

师:同学们知道哪些元素是金属元素,哪些元素是非金属元素吗?

生:除汞以外,金属单质是由元素周期表中带有金字旁的元素直接组成的物质。

师:金属有哪些共同的化学性质? 在氧气性质的学习中了解到氧气会与铁、铝等金属反应,若从金属的角度进行梳理,能否总结出不同金属与氧气的反应特点?

生:观察现象,写出镁、铜与氧气反应的现象,板书,配平。金属活动性越强,越易与氧气反应。

师:长期使用铝锅,会导致铝元素进入体内,使人智力下降和记忆力衰退。铝锅表面既然有致密的氧化膜,为什么还是不能防止它受损害呢? 如何判断铝锅的氧化膜是否被破坏?

生:(阅读,回答)氧化铝易与食物中的酸性物质反应,也会与碱性物质反应,而且要避免在清洗过程中使用酸性、碱性的洗涤剂。

师:如何判断铝锅已暴露出金属铝?

生:可以通过实验验证铝锅是否暴露出了金属铝。

师:请进行金属与酸反应的实验,描述金属和酸反应的现象。

生:(通过实验比较反应的剧烈程度,并尝试写出化学反应方程式。得出结论:金属活动性越强,越易与稀盐酸反应,且反应越剧烈。比较镁、锌、铜与稀盐酸反应的剧烈程度,由剧烈到缓慢的顺序依次为:镁、锌、铜)

师:结合示意图认识置换反应:①定义:由一种单质与一种化合物反应,生成另一种单质和另一种化合物的反应。置换反应是化学基本反应类型之一;②特征:反应物和生成物都是一种单质和一种化合物;③通式:A+BC=B+AC

师:识别、比较4种化学基本反应类型。

生:①置换反应:A+BC=B+AC;②化合反应:A+B=AB;③分解反应:AB=A+B;④复分解反应:AB+CD=AD+CB。

师:结合置换反应示意图和金属活动性顺序表,你能否设计实验来比较金属的活动性顺序? 有多少种方法?

三、评课实录

朱老师:在教学过程中要充分考虑学情,充分利用知识勾连激活学生的已有认知,关注学生学习策略和生活经验,预测学生易错点,设计有梯度的活动,由易到难,帮助学生有效地突破知识重难点,探索"轻悦"课堂。

陈老师:以核心任务统领,通过不断"学、练、赛"中的问题达成目标,从而帮助学生掌握实验技能和知识,培养团队协作能力、创新能力等素养。

叶老师:在新课程理念的指导下,能够批判性地传递新的思想和事实,并将已有的知识迁移到新的情境中,做出决策和解决教学中产生的问题。

专家点评:教师教学过程中深挖教材,注重教学目标的深度、参与过程的深度和学习结果的深度,同时重视知识的联系、整合、生成、建构、迁移和应用。在思维逻辑上,从镁和铜在氧气中燃烧的现象比较得出镁比铜活泼,深挖下去,在空气中易氧化的是铝,在空气中缓慢氧化的是铁,因此铝会比铁活泼,再根据铁在氧气中会燃烧,铁比铜与氧气容易反应,所以铁比铜活泼。这样学生更易"悟学"。

四、课例研究的成效与反思

1. 基于"四学"的课例研究反思

(1)两次课堂基于"趣学、探学、悟学、用学"这"四学"方面的反思
①趣学方面反思。

科学课堂以实验为基础,学生喜欢做实验,也愿意凭借所学知识去设计实验。不妨考虑设计怎样的科学实验才能更好地激发学生的学习兴趣,引导学生在设计实验的过程中将知识深化。

②探学方面反思。

在科学探究活动中发展科学思维,培养学生的科学探究能力。科学探究包含了提出问题、做出假设、设计实验、得出结论、表达与交流的环节,在活动中探究,在探究中反思,在反思中发展思维。

③悟学方面反思。

通过对金属与氧气反应的难易程度、金属与酸反应的剧烈程度进行比较,学生能够比较出镁、铝、铁、铜、锌的化学活动性的强弱,从而更深入地感悟科学家的探索过程,领会金属活动性顺序表的意义。

④用学方面反思。

利用金属活动性顺序表解释:如何比较金属活动性顺序,如何判断金属是否与酸反应,如何判断金属是否与盐溶液反应。在表达与交流的过程中将问题暴露出来,深入理解金属活动性顺序表并能用它去解释现象。

(2)体现新课标方面的反思

①课程目标的达成度。

根据新课标的要求,要从科学观念、科学思维、科学探究、科学态度与责任感等方面去分别体会宏观的物质变化与微观运动是有密切联系的思想。

②教学方法的有效性。

在听、评课环节中,要反思驱动性问题的设计是否合理,关注课堂任务设计是否合理,考量活动的时间安排是否合理,最后结合磨课修订教学设计。

③学生学科素养的培养。

例如,在探究"金属活动性顺序"的实验中设计多样的活动来引导学生自己得出结论,通过经历体会科学家研究过程的严谨。

④评价与反馈的及时性。

新课标强调评价与反馈的重要性,要求教师关注课堂生成。关注"教—学—评"一致性,设计问题时应考虑怎样完成教学评价,怎样让学生有表现的机会,怎样在学生表达的过程中寻找思维的生长点。

2.基于"四学"的课例研究改进

(1)知识建构方面

重视知识的内在联系,关注思维的递进,设计科学、合理的问题以连接课堂内容,让学习自然地发生。可以关注情境连接的合理性,促使知识间的递进更顺畅。

(2)主动探究方面

探究过程要关注培养学生的关键能力:能够根据提出的问题去建立假设,能够利用实验材料去设计实验方案,能够收集、分析实验数据并适当地将其图表转化,能够根据实验得出正确结论。

（3）深度思考方面

教学活动要提供足够的机会来引导学生深入思考，要能够在活动中激发学生的思维发展。趣学、探学、乐学、悟学，最重要的是让学生能够在学习的过程中有所得，不只是知识的习得，更是方法、思维的发展。

（4）实践体验方面

学生喜欢生生互评，勇敢地表达自己，相互之间挑出错误。只有真正地参与、深刻地反思，才能帮助学生提高学习能力。学生们热爱科学，用心观察，投入思考，达成学习目标并不困难。

第七章　道德与法治、历史与社会学科案例

做更好的自己

一、课例说明

1.学情分析和教材解读

(1)学情分析

七年级学生正值青春期,自我意识开始增强,但是受到自身认识发展规律的限制,在自我认识上容易出现偏差,对自己的评价过高或过低,容易形成自负或自卑的不良心理,会给他们的学习生活带来影响。

(2)教材解读

本课是统编《道德与法治》七年级上册教材第一单元第三课的第二框,由"接纳与欣赏自己""我要飞得更高"两目组成。第一目"接纳与欣赏自己"主要表达了三层意思:其一,每个人的生命都是独特的;其二,学会接纳自己;其三,学会欣赏自己。第二目"我要飞得更高"主要指明了做更好的自己的途径:扬长避短、主动改正缺点、不断激发自己的潜能、能在和他人共同生活的过程中不断成长,为他人、为社会带来福祉。

2.课例目标和重点难点

(1)教学目标

①了解正确认识自己的重要性,知道要从多方面认识自己,掌握认识自己的途径,帮助学生树立健全人格的核心素养。

②能够积极、正确地接纳自我、欣赏自我,培养学生的健全人格的核心素养。

③通过材料分析、小组讨论与交流,掌握扬长避短、改正缺点、激发潜能等做更好的自己的途径。

④培养学生做更好的自己、服务他人与社会的主动意识,落实责任意识核心素养。

（2）教学重点难点

教学重点:了解成为更好的自己的途径与要求。

教学难点:如何悦纳自己,接纳全部的自己

二、教学设计两次对比以及课堂实录

1. 第一次教学设计

环节一:视频导入,引发讨论

①播放视频:动画电影《超能陆战队》剪辑视频。

提问:电影中的大白让人印象深刻,他有哪些优秀品质?

②引入课题:我们都想要身边有大白这样温暖善良的人,我们可以通过学习,努力做更好的自己!

环节二:悦纳自己

材料分析:郑涛的经历——《没有双臂,他用速度证明自己》。

提问:郑涛以怎样的态度对待自己的不完美? 有何改变?

环节三:欣赏自己

播放视频:傅园慧赛后采访记录。

提问:傅园慧如何看待自己的表现?

环节四:扬长避短

材料分析:傅园慧微博内容。

提问:傅园慧为何拒绝做网红?

环节五:激发潜能

①教师讲述大灰变大白的故事。

提问:大灰怎么变成大白?

②材料分析:美国心理学家霍华德·加德纳提出多元智能理论展示。

提问:现在你具有哪些方面的优势技能? 你想要开发哪些方面的潜能?

环节六:做更好的自己

总结归纳做更好的自己的途径。

2.第一次教后反思

本课采用当下学生熟悉喜欢的动画人物大白作为导入,贯穿全课,引起学生兴趣。可是,大白属于电影中的虚拟人物,电影情节比较夸张,因而需要更多现实生活的真实人物和事件作为教学素材。

在"环节四:扬长避短"部分,采用了傅园慧的微博内容作为材料,让学生认识到在生活中需要扬长避短。但是扬长避短的方法只停留在学生的意识理论层面,没有将理论运用于实践。

在"环节五:激发潜能"部分,采用了模拟情境大灰变大白的故事,让学生认识到大灰变大白的关键在于激发潜能。但是学生不了解如何激发潜能,这部分内容需要进行拓展延伸。

在"做更好的自己"部分,教师带领学生回顾本课知识点,总结做更好的自己的途径。但是总结形式比较单一,可以采用更好的情境化方法,让学生自己总结梳理。

3.第二次教学设计的调整

环节一:视频导入

①播放视频:介绍三位新朋友的信息(郑涛、傅园慧、大白)。

②思考:你喜欢哪位新朋友? 你喜欢他的哪些特点?

③引入本课:以上三位各有不同,在性格、兴趣等方面都有自己的优点。今天,让我们和他们一起,努力做更好的自己。

【设计意图】以当时学生熟悉的正能量人物与喜爱的动漫人物作为导入,引起学生兴趣,并贯穿本课。

环节二:瑕瑜互见的我

①材料分析:郑涛的经历——《没有双臂,他用速度证明自己》。

提问:郑涛以怎样的态度对待自己的不完美? 有何改变?

②图片分析:里约残奥会中国代表团合影、残奥会奖牌榜。

提问:郑涛是整个中国残奥会代表团的一个缩影,大家仔细观察,他们都是怎样的表情?

【设计意图】通过研读残奥会运动员的经历材料得出,接纳自己就要接纳自己的全部。

环节三:自赏自勉的我

①播放视频:傅园慧赛后采访记录。

提问:傅园慧如何看待自己的表现?

【设计意图】通过傅园慧的赛后视频,展现傅园慧对自身的肯定与欣赏,从而说明要成为更好的自己,首先需要学会欣赏自己。

环节四:发愤图强的我

①材料分析:傅园慧微博内容。

提问:傅园慧为何拒绝做网红?

②活动一:点赞台。

请几位同学到讲台上背对大家站立,写出自己的优点和不完美,其他同学分小组选择一位同学说说该同学的优点,以及为班级做出的贡献。

【设计意图】本环节通过分析傅园慧的故事,说明成为更好的自己需要扬长避短。同时运用点赞台这一形式让学生广泛参与到课堂互动中,能实践运用扬长避短。

环节五:焕然一新的我

①教师讲述大灰变大白的故事。

提问:大灰怎么变成大白?

②活动二:请你说说自己身上的"不完美"。为了成为更好的自己,你打算如何改变?

③材料图片分析:展示大白被改造的故事及大白的造型图片。

提问:大白原来具有哪些技能? 现在具有哪些技能?

④材料分析:美国心理学家霍华德·加德纳提出多元智能理论展示。

提问:现在你具有哪些方面的优势技能? 你想要开发哪些方面的潜能?

⑤活动三:小组讨论。

每组完成一幅画:我心目中的大白。

结合生活实际说说小组成员们需要激发哪些潜能,并说明激发潜能的方法?

【设计意图】本环节首先通过情境模拟材料探究得出,成为更好的自己需要不断地激发自己的潜能。同时通过分析多元智能理论,了解自身的潜能。最后小组合作与探究,总结归纳激发潜能的方法。

环节六:畅想未来

请给未来更好的自己写一句寄语,表达自己对未来的期望。

【设计意图】本环节通过写一封信给未来的自己,表达自己的目标以及将在哪些方面进行努力,让学生能自己主动归纳本课所学,并将所学运用于实践。

4.课堂实录

师:各位同学,今天老师为大家带来了三位新朋友,请看大屏幕!

师:你们更喜欢谁? 喜欢他哪些方面呢?

生:(学生列举)。

师:三位各有不同,在性格、兴趣等方面都有自己的优点,但都在做更好的自己。今天,让我们和他们一起,努力做更好的自己。

(1)瑕瑜互见的我

师:刚刚结束的里约残奥会上,中国代表团表现出色,他们阳光开朗,是赛场上一道亮丽的风景。郑涛就是其中的一位,我们一起来看一下他的经历。

师:郑涛刚开始以怎样的态度对待自己?

生:胆怯、自卑。

师:后来,他以怎样的态度对待自己?

生:自信、乐观地接纳自己。

师:对,由胆怯变为乐观,郑涛在悦纳自己。接纳自己,需要乐观的心态。他以这样的态度来迎接一次次挑战,为祖国争得荣誉,获得奖牌榜的第一!

小结:接纳自己就要接纳自己的全部,既有优点,又有不完美的地方,这就是"瑕瑜互见的我"。

过渡:如何对待自己满意的部分呢? 我们来看看"表情包少女"傅园慧是怎么做的?

(2)自赏自勉的我

师:傅园慧如何看待自己的表现?

生:很满意,很满足。

师:她对自己的哪些表现很满意?

生:取得了很大成绩,从低谷中走出,取得了铜牌,为国家做出了贡献。

师:大家都很欣赏这样的她吧? 她自己呢?

生:欣赏自己。

师:对的,我们要和傅园慧一样,学会欣赏自己。在此基础上,想成为更好的自己,就要不断……

生:努力,付出。

(3)发愤图强的我

师:在里约奥运会上,傅园慧大火,她的采访记录瞬间成了行走的表情包,从此她就成为了新一代网红。可是,傅园慧却不愿意做一个表情包少女,她还专门发了微博来说明原因。

师:傅园慧为何拒绝做网红?

生:因为她更热爱体育事业,她想专心游泳。

师:对,傅园慧更愿意利用自己的优点和长处,而不是从事不擅长的网红事业,这是……

生:扬长避短。

师:每个人都有自己的长处和暂时的短板,我们先来玩一个小游戏了解一下。

活动一:点赞台。

请几位同学到讲台上背对大家站立,写出自己的优点和不完美,其他同学分小组选择一位同学说说该同学的优点,以及为班级做出的贡献。

生:(三组学生为班里的同学点赞,说出优点)

师:总结一下,我们应该怎样利用自己的优点呢?

生:扬长避短。

过渡:优势已经展现了,那应该如何对待自己暂时的短板? 我们一起来看大白的故事。

(4)焕然一新的我

师:原来有一个充气机器人,他有时很懒,很贪玩,没有那么纯白,他叫?

生:小灰。

师:小灰决定改变自己,成为更好的大白,他应该?

生:改变缺点。

师:同学们,你们现在是小灰还是大白?

生:小灰。

活动二:请说说你自己身上的"不完美",为了成为更好的自己你愿意如何改变?

生:(学生列举)

小结:我相信你会改正缺点,变成更好的大白。小灰已经改变旧的形象,有了崭新的样子,是怎样的我?

生:焕然一新的我。

师:主人小宏觉得大白可以做得更好,因此他改造了大白。经过改造以后,大白拥有哪些新的技能?

生:空手道,无敌战神。

师:美国心理学家霍华德·加德纳提出多元智能理论,我们一起来了解一下。现在请小组分工合作完成一幅画:我心目中的大白。结合生活实际说说小组成员需要激发哪些潜能,并说明激发潜能的方法?

生:(学生分享)

师:以上就是我们和三位新朋友共同成长,认识到的一些成为更好的自己的方法。同学们,一起来总结。

生:悦纳自己,欣赏自己。扬长避短,改正缺点,激发潜能。

师:对,大家一起努力,都做到了以上,那就拼成了英文字母中的?

生:"I"。

师:我,不仅是独一无二的我,而且是成为大写的我,成为更好的我。

(5)畅想未来

师:大家有没有想过,未来的自己是什么样子的?我想大家都想遇到更美好的自己吧?现在请大家给未来更好的自己写一句寄语,表达自己对未来的期望。

三、评课实录

丁老师:在本课教学过程中,四个课堂环节的课堂预设基本达成,教学目标全部完成,重难点突出。对于主题"怎样成为更好的自己",学生与教师能积极互动,气氛活跃,学生自己分析得出成为更好的自己的五大途径,同时得出贴近生活实际的方法,让学生可以从本课开始实践。

周老师:本课运用了情境创设与模拟的教学方法,以三位新朋友的故事为线索贯穿课堂,课堂有系统有逻辑。本课通过四个环节的有效落实,让学生掌握本课重难点内容——"如何做更好的自己"的方法,知识点循序渐进,课堂有层次有实效。

杨老师:本课的课堂形式新颖多样,既有视频、图片的呈现,又有材料的研读与探究,内容丰富而充实。同时,本课的实践教学中,教师引导学生参与点赞台、"我心目中的大白"等一系列探究实践活动,让学生能主动探究总结,落实了健全人格核心素养。

四、课例研究的成效与反思

1. 基于"四学"的课例研究反思

(1)两次课堂基于"趣学、探学、悟学、用学"这"四学"方面的反思

趣学:课堂引入部分,引用三个人物的视频故事,让学生投票选取最喜欢的人物,引起学生探索课堂的兴趣。

探学:环节二展现了残奥会运动员郑涛的真实经历、环节四展现了傅园慧微博内容、环节五展现了大白努力改造自我的事迹,学生通过自主探究分析材料,对如何成为更好的自己有了初步认识。

悟学:环节五在学生初步了解做更好的自己的方法的基础上,画出心目中的完美大白,帮自己和朋友找到目标与方法,不仅成就了更好的自己,还进一步感悟成为更好的"我们"。

用学:环节四的点赞台,让学生说出自己与他人的长处、短处,具体实践了扬长避短。在畅想未来部分,通过给未来的自己写目标与方法的形式,学生通过实践找到做更好的自己的方法。

(2)体现新课标方面的反思

本课以核心素养为导向进行课堂教学设计,在教学过程中紧紧围绕健全人格与责任意识两个核心素养,培养学生全面认识自我的意识,通过学生自主探究与小组合作探究活动了解完善自我的方法,最后思考个体的改进对于朋友和集体的作用,培养学生的责任意识。通过以上课堂实践,让核心素养落地生根。

2. 基于"四学"的课例研究改进

(1)知识建构方面

本课以三个人物的故事为线索展开,相对独立、碎片化,因而本课可以

选取一个更合适的人物或主题情境进行串联,也可以运用思维导图的绘制,引导学生认识各方法之间的联系,形成逻辑更为严密的课堂。

(2)主动探究方面

本课选取了视频、文字材料,并设计问题串来引导学生进行自主和小组合作探究,可是学生被固定在教师所设计的问题串中,缺乏主观能动性。因而本课可以在引入主题后将学生分成四个项目组,教师适时进行引导,小组成员根据材料进行讨论探究。

(3)深度思考方面

对于主题的解读停留在方法和本课的教材内容上,视野比较狭窄。因而本课可以从心理学层面、对自己与他人的责任意识层面进行教学设计,加深学生对主题的理解。

(4)实践体验方面

课堂中的"点赞台""画出心目中完美的大白""畅想未来"三个活动让学生初步将理论知识运用于实践,可是学生缺乏对自身具体某项目标的认知与方法的规划。因而本课可以设计初中学习生涯规划的主题,让学生切实运用理论知识来实现目标,将知识真正用于生活。

中国特色社会主义道路

一、课例说明

1. 学情分析和教材解读

（1）学情分析

本课授课对象为八年级学生。

在认知水平上，八年级学生认知能力和思维水平已有一定的基础，然而，面对"中国特色社会主义道路"这一宏观且复杂的主题，学生理解起来可能会存在一定的难度，需要教师创设情境，激发学生的学习兴趣。

在学习能力上，学生已经初步具备提取有效信息、自主学习、合作学习的能力，掌握了历史学习的基本方法，但历史学科核心素养还有待提高。

在心理特征上，学生思维活跃，情感丰富，但受到年龄与认知水平的限制，学生的历史思维能力不足，也没有形成系统的认识，因此需要教师设置驱动性问题，引导学生真实实践，探究学习。

（2）教材解读

本课内容是统编版《中国历史》八年级下册的第三单元。教材中，第三单元深入剖析了中国特色社会主义道路从孕育、形成到发展壮大的全过程。从历史线索来看，第7、8、9课可以归为一个学习板块，即"改革开放"学习主题，第10、11课可以归结为"中国特色社会主义道路"学习主题。本节课的内容在"改革开放"的学习主题基础上，主要围绕"中国特色社会主义道路"的学习主题展开。

2. 课例目标和重点难点

（1）教学目标

①通过绘制年代尺，学生了解"两个一百年"奋斗目标，认识社会主义现代化建设是一个漫长而曲折的过程。

②通过史实的分析与解读，学生知道邓小平理论的形成过程，并认识邓

小平对改革开放所起的重要作用。

③通过对图片和材料的分析,学生知道中国特色社会主义理论体系的形成过程,认识其对社会主义现代化建设的重要指导意义。

④通过学习研究和历史学习,进一步从社会的不断进步和发展中体会到必须坚持中国共产党的领导,坚定建设中国特色社会主义的信念,从而培养家国情怀。

（2）教学重点难点

教学重点:了解中国特色社会主义道路的形成背景、形成过程;理解中国特色社会主义道路在推动国家经济社会发展、改善人民生活等方面的显著作用。

教学难点:史论结合,理解和领悟中国特色社会主义道路的内在规律和深远意义;树立道路自信、社会责任感和主人翁意识。

二、教学设计两次对比以及课堂实录

1. 第一次教学设计

环节一:情境创设,问题驱动

（出示图片:杭钢老照片）

有一天,一位满头白发的长者从睡梦中醒来,看着窗前林立的高楼,车水马龙,有些疑惑,记忆中的样子好像并不是这样的。

在老人的记忆里,他是杭钢的一位炼钢工人,天天泡在炼钢炉、生产车间里。老人抬头一看,中国特色社会主义? 这是一个怎样的时代? 老人拼命回想,却想不起来,于是,他向我们班全体同学求助,希望大家帮他找回丢失的记忆。

环节二:拆解问题,分项探究

分项一:杭钢记忆因何起

梳理记忆碎片1,搞清楚"三步走""两个一百年"战略目标,以及"两个阶段"的战略规划。

通过记忆碎片2和3,学生初步了解了老人与杭钢之间的情感关系,知道了杭钢的历史沿革和历史定位。

分项二:杭钢历史如何寻

记忆碎片 4,通过 4 张邓小平登上《时代》杂志的封面照片,梳理邓小平理论的形成过程。

记忆碎片 5 和 6,通过三则日记,学生从中了解杭钢在进入 21 世纪后的变化与发展。

记忆碎片 7,通过几则新闻报道,梳理党的十六大到十九大的会议内容。

分项三:杭钢发展向何去

学生在按要求完善目录的同时,完整梳理自改革开放以来,中国特色社会主义理论体系的形成过程。结合杭钢今后发展趋势,对老人的这本《杭钢记忆》最后一个章节进行续写,进一步体现中国特色社会主义道路的正确性。

环节三:合作汇报,展示成果

学生展示《杭钢记忆》的目录,以及最后一章节的续写,感悟中国特色社会主义道路的正确性。

2. 第一次教后反思

(1)个性化与差异化的协调:每个学生的学习能力和兴趣点有所不同。因此,问题和任务的设置很关键,让所有学生都能在自己的能力水平的基础上有所提升,是后期改进的一个重要方向。

(2)深度与广度的平衡:课程内容涉及了从国家战略目标到杭钢企业改革的历史进程,覆盖面较广。然而,在有限的教学时间内,如何保证学生既能掌握知识,又能充分探讨杭钢这一具体案例所蕴含的历史意义,是一个挑战。可考虑适当调整任务难度及重点,以提供更多思考与讨论的时间。

(3)情感与价值的引导:在培养学生对中国特色社会主义道路正确性理解的同时,除了理论层面的认知,还应注重情感共鸣和价值观塑造,可通过分享真实的工人故事、组织参观实践活动等方式,让学生在感同身受的情境中加深对中国特色社会主义道路的情感认同和信念坚守。

3. 第二次教学设计的调整

环节一:情境创设,"趣学"驱动

老人拼命回想,却想不起来,于是,他向我们班全体同学求助,希望大家帮他找回丢失的记忆。如果成功,必有重谢!

【设计意图】以老人失忆、穿越时空创设情境,设疑激趣,通过老人的所思、所看,点明本课主题:中国特色社会主义道路,让学生建立正确的时空观念,落实核心素养。

环节二:拆解问题,分项"探学"

分项一:杭钢记忆之"缘起"

引导学生对记忆碎片 1 进行梳理,明确战略规划。

组织学生畅想关于记忆碎片 2 和 3 背后的故事,初步了解了老人与杭钢之间的情感关系,知道杭钢的历史沿革和历史定位。

【设计意图】通过将 2035 年这一时间设定带入战略规划图中,通过对历史资料的研读和分析,培养学生从材料中提取关键信息的能力,并引出下一任务。

分项二:杭钢历史之"寻忆"

通过记忆碎片 4、5,学生直观地感受到,改革开放后杭钢发展面貌的焕然一新,引导学生探寻其背后的原因,认识到改革开放对中国社会发展的重大意义。通过小组合作,理解邓小平对我国改革开放和社会主义现代建设的重要作用。

【设计意图】分项二是本节课的重点探究内容,主要围绕杭钢在改革开放时期的发展,通过阅读大量的材料,带领学生从中提取有效信息,梳理并完成表格,从而生成自己的知识建构。

通过记忆碎片 6、7,学生从中了解杭钢在进入 21 世纪后的发展历程,知道杭钢在进入新时代后,为创新发展,落实企业全面转型升级。

进一步根据记忆碎片 8 的几则新闻报道,梳理党的十六大到十九大的会议内容,并思考如何看待杭钢基地的关停。

【设计意图】通过引导学生史论结合,突出中国特色社会主义理论体系形成这一重点内容,明确 21 世纪以来的理论成果的影响和意义,从而突破重难点。

环节三:自主探究,"乐学"深入

分项三:杭钢发展之"赓续"

根据前四个任务所得,结合杭钢今后发展趋势,对老人的这本《杭钢记忆》最后一个章节进行续写,进一步体现中国特色社会主义道路的正确性。

【设计意图】学生从杭钢的六十年发展历程中,感悟到中国特色社会主义道路的正确性,从而坚定建设中国特色社会主义的信念,树立道路自信。

环节四：合作汇报，"悟学"实践

基于以上子任务所生成的学生成果，学生分小组进行展示。详见表 7-1。

表 7-1　学生成果表

分项一：杭钢记忆之"缘起"	任务一：根据记忆碎片，确定老人的真实身份。
分项二：杭钢历史之"寻忆"	任务二：根据记忆碎片，分析改革开放给杭钢带来了什么？
	任务三：根据记忆碎片，探究进入 21 世纪的杭钢为什么会经历如此巨变？
分项三：杭钢发展之"赓续"	任务四：根据记忆碎片，帮助老人找回所有记忆。
	任务五：根据以上任务所得，续写最后一章节，制作视频。
本质问题：理解中国特色社会主义的正确性、驱动性问题，如何帮助老人找回记忆？	

4. 课堂实录

（1）引入

师：同学们，今天故事的主角是一位失忆的老人，我们要一起帮他找回记忆，大家准备好了吗？

生：准备好了！

师：我们先为这次寻忆之旅确定一个主要目标，你们觉得应该是什么呢？

生：帮助老人找回失去的记忆！

师：那么现在，我们确定了本次项目化学习的驱动性问题，大家抓紧时间开始吧！

（2）师生互动

师：小组 1，请分享你们在记忆碎片 1 中找到的关键信息。

生：（学生分享合作成果）

师：那么，这些战略对我国社会发展有何重要意义呢？

生：说明了这几个时间点是国家发展的关键节点。

（3）学生练习

师：谁能根据记忆碎片 4 的三则笔记，描述一下改革开放后杭钢发生了哪些显著改变？

生：（以小组为单位进行探究，并展示成果）

师:那么,你能说说其中的原因吗?

生:这说明改革开放政策对我国工业化进程和人民生活质量提升起到了关键作用。

(4)小结反思

师:最后,关于记忆碎片8中的新闻报道,大家能否基于党的十六大至十九大的会议内容,说说你们是如何看待杭钢基地的关停的。

生1:杭钢基地的关停虽然看似是一个艰难的抉择,但实际上反映了我国经济发展方式的转变。

生2:看起来是关停,是结束,但也是另一个开始!

师:总结得十分到位!同学们,在今天的学习中,我们通过对老人的"记忆碎片"的分析,成功帮助老人找回了记忆!

三、评课实录

高老师:教师在设计教学过程中巧妙地运用了"四学"的理念,以学生为中心,营造积极互动、深度参与的学习氛围。在"探学"环节中,教师引导学生查阅资料,分组探究,鼓励他们发现问题、分析问题,并尝试解决问题,这种主动探究的方式有助于培养学生史料实证能力和独立思考能力。

周老师:教师在讲解过程中强调了历史事件与当今社会现实的联系,这有利于激发学生对中国特色社会主义道路现实意义的认识,增强社会责任感和民族自豪感。同时,教师关注到知识建构的层次性和逻辑性,既照顾到了学生的认知水平,又促进了他们对历史脉络的整体把握。

朱老师:课堂在实施过程中,通过多次反思与调整,不断优化"四学"策略的应用。在第二次教学设计中,进行了有针对性的教学环节设计。例如,增设了小组研讨环节,鼓励学生就某一具体问题进行深入探讨,提高了课堂的互动性和思维碰撞的激烈程度,这正是主动探究精神的体现。

专家点评:该课的亮点在于有效地将项目化学习模式融入初中历史教学,使得原本抽象深奥的中国特色社会主义道路的教学变得生动立体,易于学生理解和接受。此外,通过对"四学"理念的深度挖掘和灵活应用,不仅推动了学生知识结构的完善和历史观念的更新,也极大地提升了他们的核心素养,如信息素养、批判性思维、创新精神和社会责任感等。

四、课例研究的成效与反思

1.基于"四学"的课例研究反思

(1)两次课堂基于"四学"方面的反思

在两次的教学实践中,"趣学、探学、悟学、用学"这"四学"策略的有效性得到显著提升。在"趣学"环节,教师创设具体情境,引起学生兴趣。在"探学"环节,学生主动参与到知识建构的过程中,培养了独立思考和解决问题的能力。"悟学"通过寻找与现实生活紧密联系的实例和情境,让学生能在实践中理解和感悟中国特色社会主义道路的实践价值。在"用学"环节,如何引导学生深入理解中国特色社会主义道路背后的历史意义,引发学生深度思考,这是需要不断改进的重点。

(2)体现新课标方面的反思

本课例积极落实了新课标的要求,强调对核心素养的培养,注重知识传授与实践应用相结合。通过案例教学,实现了历史教育从传统的记忆型向理解和应用型的转变,符合新课标倡导的综合性、实践性和创新性原则。当然,在具体实施过程中,还需针对新课标提出的解决问题能力、社会责任感等方面做出更多努力。

2.基于"四学"的课例研究改进

(1)知识建构方面

在现有项目化学习基础上,进一步细化教学内容,将中国特色社会主义道路的形成和发展过程划分为具体的几个历史阶段。例如,可以设置专题研究单元,在每个模块中融入更多元化的史料资源,如文献档案、影像资料、实物证据等,引导学生通过对比分析、归纳总结等方式构建起立体、多元的知识体系,让学生自主参与知识建构的过程,从而加深对知识点的理解和记忆。

(2)主动探究方面

针对学生在探究过程中可能遇到的问题,教师应提供有效的方法进行指导。比如,在设定探究课题时,鼓励学生从个人兴趣出发,但同时确保课题具有一定的深度和广度,能够涵盖学科核心素养的要求。在研究进展汇报环节,引导学生开展充分的交流思考、观点分享,达到互相借鉴与启发,形成良好的学术研讨氛围。

（3）深度思考方面

在课堂讨论环节,引入批判性思考任务,如辩论赛、案例分析等,要求学生从多角度去审视历史事件,培养其独立判断和辩证分析的能力。另外,加强跨学科融合,引导学生更全面地解读中国特色社会主义道路的发展历程,促使他们在更高的逻辑层次上理解历史现象。

（4）实践体验方面

历史学习是培养批判性思维、分析能力和历史素养的教育过程。在初中阶段的历史教学中,体验式教学能够帮助学生跳出传统课本知识的框架,通过更加生动和情境化的方式去接触历史。因此,在基于"四学"的课堂中,需要给学生提供"可探究的高台""可实践的平台""可展示的舞台",让学生运用所学知识,在实践体验中进一步思考和"再生",使他们了解理论知识如何转化为解决实际问题的方法,从而提升社会责任感和公民意识。

金与南宋的对峙

一、课例说明

1.学情分析和教材解读

七年级学生经过半年的历史学习,已经具备一定的历史基础知识和分析问题的能力,但缺乏运用辩证唯物主义的一分为二的观点看待问题的能力。政权并立和民族关系,对学生来说是一个难点,上册学习了魏晋南北朝时期民族政权并立与民族融合,学生对民族关系已有一定的认识,本册第七课《辽、西夏与北宋的并立》也为学习本课奠定了基础。但在民族关系的认识上,学生的感性认识大于理性认识,对古代各民族之间的和战及其影响认识相对浅显,需要加以正确的引导,形成正确的情感态度和价值判断。

2.课例目标和重点难点

（1）教学目标
本课旨在通过学习金、辽、两宋政权并立时期,民族关系、经济、文化等都得到更大范围交流与发展的史实,认识民族之间相互交往对于社会经济和文化发展的重要性,从而培养辩证分析历史事件的能力,学习女真族善于学习的精神和岳飞抗金所表现出的民族气节与顽强不屈的精神。
（2）教学重点难点
教学重点:女真的崛起、金灭辽及北宋。
教学难点:南宋的偏安。

二、教学设计两次对比以及课堂实录

1.第一次教学设计

环节一:兴于白山黑水间
（1）概况
阅读材料,思考女真是一个怎样的民族,过着什么生活?

想一想:这一时期的女真人受到了哪一政权的压迫?

(2)女真建国过程

①11世纪末,完颜部的首领阿骨打完成了对女真各部的统一;

②12世纪初,阿骨打起兵抗辽,1115年金太祖阿骨打建立政权,国号大金。他就是金太祖。

(3)发展措施

政治:模仿中原王朝制度,改革女真部落军政体制。

经济:发展生产。

文化:颁行女真文字。

环节二:金灭辽及北宋

"天祚皇帝,耽酒嗜音,禽色俱荒。斥逐忠良,任用群小。远近生灵,悉被苛政。"

——《全辽文》

统治腐败无能,社会动荡。

阅读材料,思考金朝相继灭辽、宋的背景。

材料一 北宋的腐败

材料二 辽国的腐败

(1)宋金联盟

北宋与金军在灭辽过程中分别表现如何?

北宋:出兵伐辽,被辽军打得大败。

金军:势如破竹,相继攻占辽的都城和许多地区。

(2)宋金破裂

北宋灭亡。

"徽宗诸事皆能,独不能为君尔!"

——《宋史》

阅读材料,思考发生靖康之耻的原因有哪些?

①北宋在政治上腐败无能,长期实行重文轻武的政策导致军队战斗力弱;

②连年征战、送岁币,导致内部空虚。

(播放视频:北宋灭亡与南宋建立)

环节三:南宋的偏安

南宋建立

南宋建立的时间:1127年。

建立者:赵构(宋高宗)。

都城：应天府。

国号：南宋。

岳飞抗金

民众为什么尊崇和怀念岳飞？

①岳飞廉洁正直、作战勇敢、尽忠报国；

②岳家军纪律严明；

③岳飞和岳家军抗击金兵南下，为南方地区创造了相对安宁的生产生活环境，让南方人民免遭战争荼毒，保护了人民的生命财产，维护了南宋人民的利益。

宋金对峙

宋金议和的主要内容是什么？有什么影响？

内容：

①南宋向金称臣；

②南宋给金岁币；

③双方以淮水至大散关一线划定分界线，宋金对峙局面形成。

影响：

①客观上获得较长的和平局面；

②有利于南北经济恢复发展和各族人民友好交往；

③促进了民族交融；

④确立南宋与金的对峙局面。

2.第一次教后反思

通过本次教学设计，学生了解了金国的建立以及北宋灭亡的史实；了解南宋的建立、岳飞抗金的史实以及宋金议和及对峙局面的形成；学习岳飞崇高的爱国精神并分析把握宋金和议内容及影响，通过三个教学环节落实了本课的重难点。

但是在课程设计的过程中，本人想结合情境创设法，利用"靖康文物"——大晟编钟作为本课的"暗线"，和"金与南宋的对峙"（民族交融）这一明线交相呼应，从而落实本课的核心素养。但是，由于本人的教学经验还比较有限，在设计的过程中，"明线"与"暗线"的粘连程度还不太够，对于情境的利用仍不够深入，在以后的教学过程中，本人会继续深入探究、努力取得进步。

3.第二次教学设计的调整

环节一:导入新课

放映图片及音乐:(北宋)上京款大晟南吕编钟及开封市博物馆所作乐曲,结合论文资料介绍该文物的相关考证事迹。

【设计意图】文物是反映历史变迁的重要工具。通过文物引入课题,并通过音乐增强感染力,提出问题激发学生学习兴趣,引导学生带着问题进行本课内容的学习。

环节二:白山黑水女真始

活动区域

史料及图片分析:放映《金史》卷一史料及《唐朝前期疆域与边疆各族的分布图(669年)》。引导学生找出女真族的活动区域。

生活特点

史料及图片分析:放映《女真人像》图片及史料宇文懋昭《大金国志》。引导学生思考。

过渡:引导学生回忆上节课所学。

史料及图片分析:放映《喇嘛沟辽墓壁画》及《契丹国志·天祚皇帝上》,引导学生观察图片中间的动物,并分析史料所表达的内容。

发展壮大

绘制年代尺:教师讲解女真发展壮大的过程,分步引导学生绘制年代尺。

图片分析及课文内容梳理:放映《山西汾阳壁画》,引导学生思考。

放映课本第38页图片《大金得胜陀颂碑》,并引导学生梳理课本注释及课文内容,总结金太祖采取的巩固统治的措施。

提出问题:引导学生结合金太祖巩固统治的相关措施,思考问题。

环节三:金毁盟约靖康耻

宋金盟约

史料分析:引导学生联系以上所学,结合辽的统治,明确金为何能够攻占辽的一些地区。

绘制年代尺:引导学生回顾上节课知识点,并绘制年代尺。

金灭辽

绘制年代尺:教师讲解,引导学生绘制年代尺。

史料分析:通过范文澜《中国通史》及李光《庄简集》节选,引导学生分析问题。

金灭北宋

史料分析:通过朱熹所著《朱子语类》中提到的靖康之役及脱脱等所著《宋史·钦宗本纪》,明确金灭北宋的史实。

绘制年代尺:引导学生将本环节年代尺补充完整。

观察历史地图:引导学生观察《中国历史图册》第 29 页上的插图《金灭辽、北宋》。

【设计意图】通过观察历史地图,更加直观地把握金灭辽及北宋的战争形势及整体状况。

环节四:大捷和议对峙成

南宋的建立

暗线引导:通过本节课的"暗线"大晟编钟,引出北宋灭亡、南宋建立这一史实。

历史要素梳理:引导学生阅读课文第39页相关内容,列表梳理南宋建立的重要历史要素,如表 7-2 所示。

表 7-2　南宋建立历史要素梳理表

时间	
建立者	
都城	

观察地图:引导学生观察历史地图。

岳飞抗金

文物识历史:放映现藏于中国国家博物馆的《中兴四将图》。引导学生思考问题。

史料分析:通过岳珂所著《金佗稡编》及脱脱等所著《宋史》,引导学生分析岳飞这一人物。

事件讲述:讲述"郾城大捷"这一历史事件,如表 7-3 所示,引导学生观察《中国历史图册》第 29 页上的两幅插图。

表7-3 "郾城大捷"历史事件表

将领	
作战双方	
特点	
结果	

提出问题:通过以上学习,请同学们思考一个问题,人们为什么尊崇和怀念岳飞?

史料分析:放映岳珂《金佗粹编》卷九及李心传《建炎以来系年要录》相关史料,引导学生分析问题。

回归课本:教师引导学生查看课文内容。

宋金对峙

事件介绍及梳理:讲述"绍兴和议"这一历史事件,引导学生梳理重要历史要素,并关注课文相关内容。

教师补充:结合以上内容,教师补充"对峙"含义。

回顾"暗线":通过再度引出"大晟编钟"这一"暗线",设疑引导学生思考。

分析诗句:放映(南宋)林升所写的《题临安邸》一诗,引导学生分析诗句隐含的历史要素。

小组讨论:放映图片,引导学生结合本课及上节课的相关内容,包括"澶渊之盟"及南宋与金的和议等,讨论问题。

【设计意图】通过小组讨论的形式,不仅能提升学生的组织协作能力,还能够提升学生分析及解决问题的能力。

环节五:课堂小结(板书设计)

教师设疑:针对本课所学,教师设疑,引导学生梳理本课内容,构建思维导图。

【设计意图】通过教师设疑、学生答疑的师生互动方式,以及学生绘制思维导图的形式,对本课知识进行灵活完整的把握。

4.课堂实录

师:(放映背景音乐:开封市博物馆作《清明上河图》编钟国乐版)

文物是反映历史变迁的重要工具……其中有一件名为上京款大晟南吕

编钟,上京是少数民族政权——大金的都城,在今天的黑龙江阿城,为何北宋的宫廷乐器会流入至金的上京地区? 后来,它是否重归故土?

生:结合教师介绍,思考为何北宋的宫廷乐器会流入至金的上京地区? 后来,它是否重归故土?

师:今天,就让我们循着颠沛流离的大晟钟足迹,从 3 个方面一起去探寻金与南宋的对峙。说起金,就要从我国一个古老的少数民族——女真族开始讲起,其实女真是我们之前学习过的隋唐时的哪个民族呢?

生:靺鞨,也就是满族的祖先。

师:根据《金史》卷一这则史料以及《唐朝前期疆域与边疆各族的分布图(669 年)》,请同学们说一说女真族的活动区域主要在哪里,并试着自己在课本第 39 页的地图上圈画出来?

生:女真族的活动区域,所谓白山、黑水,也就是黑龙江流域和长白山一带。

师:结合以上所写,请同学们思考一个问题:人们为什么尊崇和怀念岳飞? 给大家 2 分钟时间。

生:通过学习会发现岳飞是一位伟大的英雄人物……保护了人民的生命财产安全,维护了南宋人民的利益。

三、评课实录

周老师:教师从整体单元立意出发,围绕本课涉及的核心素养,在深入研读课文内容的基础上,搜集各类历史资料、图片及多篇相关文献资料,并带领学生观看《国宝档案:塞北风云》《国宝档案:南宋烟云》等纪录片,从而进行教学设计,由此可见,教师很重视知识的构建和实践体验。

杨老师:在新课标的背景之下,跨学科融合情境教学势在必行。跨学科融合是在承认差异的基础上,以相同的知识点为线索打破学科边界,又在保留各学科特色的基础上重新融合知识体系。

朱老师:本课以"靖康文物"之一——大晟编钟作为本课的"暗线",通过这一编钟颠沛流离的故事线索,和"金与南宋的对峙"(民族交融)这一"明线"交相呼应,创造历史情境贯穿整课,从而提升课堂的生动性和趣味性,激发学生的学习兴趣。

四、课例研究的成效与反思

1. 基于"四学"的课例研究反思

(1)两次课堂基于"趣学、探学、悟学、用学"这"四学"方面的反思

趣学:学生产生兴趣的关键在于教师在尊重史料的基础上,增加史料的趣味性和灵活性。史料是认识历史的主要依据。要形成对历史正确的、客观的认识,必须重视对史料的搜集和解读,并在学习和探究活动中加以运用。

探学:新课标中提到学生应初步学会依靠可信史料了解和认识历史。通过学习和思考各民族政权的并立与和、战关系,正确认识宋金议和对民族和平与发展所起的作用,培养学生认知能力和思考问题的能力。

悟学:在本课程的最后,作为提升环节,在放映图片及相应材料的基础上,播放大晟编钟相关音乐,结合历史与音乐情境,特别设计了"如何正确看待宋和其他少数民族政权的关系"这一小组讨论问题,引发了学生的思考,升华了本课的主题。

用学:新课标中提到历史课程资源的开发与利用,应有助于学生核心素养的培养。在课程结尾,本课结合发掘的各类课程资源,设计了课后探究,以推荐电视台节目、纪录片、专家讲座及博物馆网站等学习资源的形式,促进教学目标的实现及教学效益最大化的达成。

(2)体现新课标方面的反思

新课标中特别指出,教师应设计有助于学生核心素养形成和发展的教学过程,积极地开展创设历史情境教学活动,"跨学科学习"也首次进入新课标。结合具体教学实际,通过将"大晟编钟"这一音乐文物史料作为历史情境,深入思考新课标下初中历史教师如何创设及应用情境教学法,有效地解决了历史教学难题、促进历史教学高效化。

2. 基于"四学"的课例研究改进

(1)知识建构方面

以大晟编钟为具体情境载体,结合与学生的课后交流,在跨学科情境教学的过程中,有助于学生核心素养的培养。学生积极思考、主动探索,在潜

移默化中提高了自主学习能力,其主体性作用得到了充分发挥,成为学习的主人。

(2)主动探究方面

具体文字史料的佐证是历史情境创设中不可或缺的一环。历史的发展是不可逆的,史料就是对不可逆发展的记述,是我们在历史研究与教学中最有力、最可靠的助手。要形成对历史正确的、客观的认识,必须重视对史料的搜集、整理和辨析,做到去伪存真,去粗取精。

(3)深度思考方面

新课标中提到学生要形成对国家和中华民族的认同感,要做到有理想、有担当。通过对大晟编钟"暗线"下映射的宋与辽、金时期的历史,引导学生正确认识民族关系、培养学生的家国情怀,帮助学生通过学习岳飞等人的事迹,加深对岳飞的崇敬之情。

(4)实践体验方面

在课程结尾,结合发掘的各类课程资源,设计了课后探究活动,以推荐电视台节目、纪录片、专家讲座及博物馆网站等学习资源的形式,引导学生对课程内容做进一步探究,并完成一份简单的探究报告,从而更好地还原跨学科情境。

沟通中外文明的"丝绸之路"

一、课例说明

1.学情分析和教材解读

（1）学情分析

本节课教学的对象是七年级学生,他们形象思维能力比较突出,兴趣广泛,具有一定获取信息和分析问题的能力。但他们理解抽象问题的能力还比较弱,特别是辩证思维能力欠缺。对此,教师设计了富有趣味的教学环节,以调动学生的积极性。

七年级学生具备了一定的历史基础知识和综合分析能力,已学习过两汉时期的相关知识,为进一步了解丝绸之路奠定了基础。七年级新生好奇心强,所以在教学中要注意活跃课堂气氛,激发学生的好奇心,从而使学生对学习内容产生兴趣。

（2）教材解读

本课由"张骞通西域""丝绸之路""对西域的管理"三个子目组成,此三个子目有其内在逻辑关系,丝绸之路和对西域的管理是张骞通西域的结果。本课是统编版历史教材七年级上册第三单元中的第14课,上承第12、13课,下启第15课,在本单元占据着重要地位。

2.课例目标和重点难点

（1）教学目标

①能读材料,分析张骞通西域的背景。

②能从多方面分析张骞通西域对后世产生的影响;认识到丝绸之路的开通是汉朝大一统局面下各个方面因素相互作用的产物。

③能运用可信史料说明在丝绸之路上,东西方输出的物品,并分析丝绸之路开通的意义。

④能从历史故事中学习张骞、班超的精神。

（2）教学重点难点

教学重点：

①张骞通西域的背景、经过和意义；

②丝绸之路的路线和意义。

教学难点：

丝绸之路在中外交流中的作用。

二、教学设计两次对比以及课堂实录

1. 第一次教学设计

导入：展示图片，提问：你知道这是什么吗？

思考：它的创作灵感是什么？在哪里出土的？

学生回答，教师引导（小组合作）。

（1）丝路何其遥远

读图找出丝绸之路经过的国家、地形区有哪些？

（2）丝路古镇的魅力

走进龟兹：播放视频。

思考：在视频中你看到了哪些信息？

自然风光、政治：西汉时期西域都护府、唐安西都护府。

教师引导：结合补充资料，你还发现了什么？

经济、文化：文物古迹能够见证历史，现在，让我们一起走进古迹，走进当年的那一段历史。

（3）丝路壁画的魅力（小组合作学习）

活动：仔细观察 4 张图，你能获得哪些信息？

思考：扬场图、犁耕图属于农业还是畜牧业？

探究：采桑图中的桑用来做什么？

提问：①观察地形，猜测丝路开通前河西地区以什么产业为主？

②中原地区的农耕文化为什么能影响河西地区？

我们在感受丝绸之路繁华的同时，不禁要问，到底是什么力量保证了丝绸之路的畅通，为此，当时的政府做出了怎样的努力？又起到了怎样的作用？

阅读材料,分析丝绸之路得以畅通的原因;并说明畅通了的丝绸之路又给国家间的交流带来了什么作用。

学生回答:①原因;②作用。

2.第一次教后反思

本课的设计是围绕教学主题"了解中华民族生活的家园,认识中华文明的历史价值和现实意义,逐步形成对中国、中华民族、中华文化的认同感、归属感、自豪感"而展开的。

教学内容选择了《历史》(七年级上册)丝绸之路的相关课题,因为这条文明之路,连接亚欧,贯通古今,体现了中华文明的历史价值和现实意义。同时,共建"一带一路"的提出,可以让学生理解中华文化的源远流长,对中国、中华民族、中华文化产生认同感、归属感、自豪感。

本课教学从《驿使图》入手,引出其出土地——嘉峪关。嘉峪关作为丝路明珠,见证了丝绸之路的开辟。整节课的设计分三部分,第一部分"丝路何其遥远",通过展示古丝绸之路的地图,让学生了解丝绸之路经过的国家、地形区等。第二部分"丝路古镇的魅力",带领学生走进龟兹古镇,了解汉唐时期政治、经济、文化发展状况。第三部分通过壁画等文献资料,在向学生展示史实的同时,引导学生理解丝绸之路畅通的原因及其价值。

本次教学虽环节设计完整,但学生的学习还处在比较浅的层次,只是对书本内容的阅读,没有形成自己的思路,也不会对课本知识做总结和梳理,甚至有的同学对书本内容掌握不完整。整节课的学习是在老师的主导下完成的,没有充分体现学生的主体地位,学生的能力素养没有得到提升。

3.第二次教学设计的调整

导入:设置悬念,引人入胜。

水果导入。桌面摆水果,图片展示电视剧《秦始皇》,提问:这一幕是真是假? 中原人何时可以吃到这些美食?

【设计意图】学生判断电视剧的真假,并给出理由。在真实的情境下,学习兴趣得到激发,与此同时,自然地引入本课课题。

环节一:凿通西域第一人

出示问题链:西域的地理位置、出使西域第一人、任务、成果。

阅读史料,分析西汉政府在西域设置了什么机构及其机构的作用,张骞

"凿空"的意义。

【设计意图】通过资料阅读,学生能了解张骞出使西域的意义,掌握西汉政府对西域的管辖,认识到西域(今新疆)自古以来就是中国领土不可分割的一部分。

环节二:遥遥丝路通亚欧

这条贯通欧亚的道路,为什么叫"丝绸之路"?

阅读材料,从中得出哪些历史结论?

【设计意图】寻找丝绸之路经过的地区、地形区、国家等,培养学生对历史地图的阅读能力;配合诗句描述,让学生领悟跋涉丝绸之路的艰险,结合语文课程,体现跨学科的新教育理念,让学生通过诗词感受丝路之艰难。

环节三:丝路文明贯古今

展示视频并提问:这条古老的文明之路,贯穿古今,衍生出一项新的战略是什么呢?

【设计意图】自己制作视频,更接近学生观看习惯。彩色画面带给学生冲击力,录制的配音是对本课内容的简要总结,起到承上启下的作用,自然地过渡到丝绸之路贯古今的话题,引出共建"一带一路",响应本课设计主题。

4. 课堂实录(师生对话记录)

(1)导入新课(每组放一份果盘)

师:某剧组正在拍摄电视剧《秦始皇》,嬴政与大臣李斯一边讨论国事,一边吃着和你们桌上一样的水果,请问这一幕是真是假?

生:假的! 因为秦始皇时期,这些东西还没有从西域传入……

环节一:凿通西域第一人

师:张骞被称赞为凿通西域第一人,西域在哪儿?

(生回答)

师:玉门关、阳关自古以来就是文人墨客的咏叹之地,你们读过描写它们的诗句吗? 请用一个词形容你印象中的西域?

生:远、荒凉、危险……

师:你们眼中的荒凉之地,但汉武帝认为是十分重要的,于是张贴皇榜,招募使者。假如你生活在汉武帝时期,你会做这个勇士,揭下皇榜吗? 为什么?

师:请同学们根据史料分析,张骞第一次出使西域,是否完成了汉武帝交给他的任务?为什么?有何成果?

师:公元前119年张骞再次出使西域。如果你们分别是张骞使团成员和西域使节,会带什么礼物呢?概括张骞两次出使西域对两地的影响?

生:促进汉朝和西域的经济文化交流。

师:读史料,回答"宣帝改曰都护"是哪一年发生的?有何意义?

生:公元前60年,西汉政府设置西域都护府,总管西域事务,保护往来商旅。标志着西域正式归属中央政权。

师:结合材料,分析张骞出使西域为何称为"凿空"?有何重大历史意义?

环节二:遥遥丝路通亚欧

师:这条贯通欧亚的道路,为什么叫"丝绸之路"?

生:主要运输的是丝绸。

师:读图,丝绸之路途经的地方?最远至哪个洲?用一个词来形容这条路线?经过了哪种地形区?

师:丝路虽然遥远艰险,但也繁荣多元。请仔细阅读课本,结合材料五、六分析:在你们眼中,丝绸之路是一条怎样的路线?

生:(小组讨论,并回答)

环节三:丝路文明贯古今

师:播放视频,从悠悠驼铃到高铁飞机,这条古老的文明之路,贯穿古今。丝绸之路演变至今,衍生出了什么呢?

生:共建"一带一路"。

环节四:课堂小结

师:千年丝路,跨越古今,回望丝绸之路,它记载着人类文明的进程,不同种族、不同信仰、不同文化往来在这条道路上,创造并传递着财富、智慧、文化。丝绸之路就是人类文明最耀眼的舞台。

三、评课实录

张老师:从课堂上学生的表现来看,本课的教学目标基本达成。教师从水果引入课题,既吸引了学生的兴趣,又让整节课轻松愉快,顺利地进入话题。三个环节的设计环环相扣,逻辑清晰,学生好奇心被激发,积极性得到提升,思维一直处于活跃状态,生成效果较好。

杨老师:本课结构完整,老师讲解重难点清晰,课堂氛围活跃。以学生为主,学生在课堂上获得了更多的自主学习体验。教学方式多样,能结合语文课程,体现出跨学科融合的教学模式,师生之间互动积极,学生多自主探究,培养了学生善于思考的能力。

专家点评:一堂好课,离不开老师的精心打磨。本节课思路清晰,知识由浅入深,谆谆诱导,创设情境,教学重难点突出,教学步骤循序渐进,设计合理。课堂中诗句的引入和视频的展示是亮点,诗句可以从古人的文学作品中体现出丝绸之路的特点以及张骞"凿空"西域的价值,学生能结合历史地图,理解丝绸之路的艰难。视频是老师自己剪辑、配音的,符合本课的教学设计,并能承上启下,引出当代丝绸之路和国家共建"一带一路"的提出,视频的使用有新意,学生学习状态好,过渡自然,最后有提升和升华,课堂目标顺利达成。课堂中的教师提问也比较清晰明确,指向性强,如果课件中不出示标准答案,而是以学生的回答为基础进行板书总结,效果可能会更好。

四、课例研究的成效与反思

1.基于"四学"的课例研究反思

(1)两次课堂基于"趣学、探学、悟学、用学""四学"方面的反思

本课是基于"四学·轻悦"的课堂学习设计,"四学"即"趣学、探学、悟学、用学"。在导入环节,教师以水果和电视剧剧照为切入点,借助"趣学"中的情境场为实施载体,让学生在真实的情境中进行教学内容的阅读、小组合作交流等,引导学生明确学习目标,引出课堂关键问题。

在"探学"环节,教师引导学生开展一系列学习活动,通过有效的奖励评价机制,鼓励学生在任务链中不断突破、超越自我。例如环节一,通过揭皇榜这一挑战任务,使得学习情境更真实,鼓励学生大胆探究,超越自我。环节二中,问题连贯,难度层层递进,诗句的加入将历史与已有的语文知识联结起来,让学生体会到跨学科学习的趣味性。

在"悟学"环节,教师通过设置情境域,鼓励学生将自己的所学、所思、所想积极地表达出来,并记录在导学案上,学生通过丰富的情境,将学习成果

制成文字、表格、图画等,并能进行简要讲述。环节三,视频的引入更是让学生在耳濡目染、潜移默化中获得体验,在趣味的情境中深化学科知识。

在"用学"环节,学生充分地获得自主表达的机会,在环节二"丝绸之路是一条怎样的路线"这一问题中,学生通过交流与合作,不断积累自信,完善自己的思考,碰撞出新的思维火花,同时,在限定时间内,通过小组合作撰写自己理解的丝绸之路,并讲明原因,同学们通过文字呈现,创造性地提出自己的见解,比如丝绸之路还是一条贸易之路、文化之路等。在对这条路的探究中,学生坚定了文化自信,理解了中华文明的历史价值和现实意义。

(2)体现新课标方面的反思

新课标指出,马克思主义指导下的历史学,以探寻历史真相、总结历史经验、认识历史规律、认清历史发展趋势为其重要功能。历史课程作为落实立德树人根本任务的重要课程,注重培育学生核心素养,使学生树立正确的历史观、民族观、国家观、文化观,增强学生责任意识和社会担当。本课在教学设计时,注重在教学过程中对学生的唯物史观、时空观念、史料、历史解释、家国情怀等核心素养的落实。

2.基于"四学"的课例研究改进

(1)知识建构方面

在历史教学中,培养学生初步学会在唯物史观的指导下看待历史,在具体的时空条件下考察历史,依靠可信史料了解和认识历史,并初步学会有理有据地表达自己对历史的看法,不仅有利于学生对学科知识的理解,更有助于学生不断提高学习能力,发展思维品质,培育核心素养。

(2)主动探究方面

教师如果能在学生学习概念和原理时,通过事例和问题,引导学生通过阅读、观察、实验、思考、讨论、听讲等途径去主动探究,在做中学,自行发现并掌握相应的原理和方法,建立自己的认知模型和学习方法架构,那学生的主体地位、主观能动性都能得到发挥。在本课教学中,对丝绸之路现实价值的解读,若能通过提供阅读材料,让学生自己总结,对他们主动探究,从中找出规律,形成概念可能更为有利。

(3)深度思考方面

新时代的学校教育需要培养出有好奇心、能够独立思考、有自主判断能力、善于解决问题的青少年。在本课教学中,第二部分历史地图的展示环节,可以删去每张图所配的文字,让学生自己阅读,总结地图中所得信息,培养学生的独立思考能力,促进学生深度学习。

(4)实践体验方面

课堂的真体验才能实现学科学习的真生长。首先,学生在学校的学习是由社会知识向个人知识转化的过程,所以教师在教学中,需要运用真实情境,有意识地将教学内容和现实生活联系起来,这样便于学生理解,从而与原有知识结构产生实质性的联结。所以在课堂设计中,可以联系生活,创设体验式问题情境。其次,教师在教学中,要充分发挥好引导者的作用,创设条件让学生自主探究,通过体验式学习帮助学生理解知识,发散思维,开展体验式探究活动。最后,学生的学习来源于生活,知识也是运用于生活的。在巩固基础学科知识之后,需要进行体验式的拓展活动,这样能大大提升学生的学习热情,拓宽学生的眼界,在本课设计中,教师综合了语文学科知识,强化了学生所学知识之间的内在联系,但学生如果能将学到的知识用起来,从课本中走出去,在体验中加深对知识的理解与掌握,更能彰显知识的应用价值,因此,教师需要在设计课程时,考虑学用结合,做实体验式拓展延伸。

第八章　综合学科案例研究

一二三四歌

一、课例说明

1.学情分析和教材解读

(1)学情分析

七年级的学生,已经初步具备音乐感知能力与鉴赏能力,同时参与意识与交往的愿望逐渐增强,喜爱参与一些有律动、需要合作的活动,但是低年级段学生缺乏音乐理解能力,需要教师的引导,从而不断加强音乐思维。教师将采用本节教材内容结合情境来抓住学生的注意力,同时,教师需要讲解相关的音乐理论知识,为培养学生的音乐审美能力奠定理论基础。

(2)教材解读

《一二三四歌》选自人音版七年级下册第一单元第一课的学唱歌曲内容。这是一首宫调式、4/4拍、进行曲风格的歌曲,适于以齐唱或轮唱形式演唱。此歌情绪乐观、精神振奋,有高昂的军旅热情,学生通过学习此歌曲来加深对人民军队钢铁长城的深刻理解。

在学习过程中,学生通过学习进行曲演唱风格,以及相关乐理知识和歌曲的创作背景,感情饱满地演唱这首歌曲。教师不仅要培养学生对音乐的审美能力,更重要的是培养学生爱国主义精神。

2.课例目标和重点难点

(1)教学目标

①用饱满、有力、较有弹性的声音演唱《一二三四歌》并背诵,学习这首

歌的进行曲音乐体裁。

②精准把握四拍子的行进感,歌曲中附点、后十六等节奏,各声部能整齐、积极地用轮唱的方法进行演唱,并做到声部音量整体均匀。

③学生热爱人民军队,崇敬子弟兵,对军旅歌曲风格有所体验,感受解放军战士团结、紧张、严肃、活泼的精神风貌和乐观态度。

(2)教学重点难点

①能背唱《一二三四歌》,在演唱中做到正确的呼吸。

②学习、练习"轮唱"这一合唱形式,做到声部间速度、力度的均衡。

二、教学设计两次对比以及课堂实录

1.第一次教学设计

环节一:情境创设,队列表演

(1)播放《欢迎进行曲》,放映幻灯片看陆海空三军仪仗队各种军姿表演,感受军人英姿。

(2)鼓励学生结合自己的理解列队模仿各种动作,展现军人风采。

环节二:新课学习,感受律动

(1)完整播放一遍歌曲让学生聆听,并思考几个问题。

①这首歌曲是什么拍子的歌曲? 速度快慢如何?

②听完这首歌曲,给你一种什么样的情感体验?

(2)随歌曲打节拍,感知强弱规律,学习四拍子指挥图示。

(3)有节奏地跟读歌词,体会进行曲的节奏特点并找出难点节奏。

环节三:感受旋律,学习轮唱

(1)以小组为单位讨论:"一二三四"在歌词中共出现多少次? 运用了几种不同的节奏? 反映出军人怎样的艺术形象?

(2)学生学唱,理解歌词内容,把握正确的演唱情绪。

(3)学习轮唱以丰富歌曲的表现力。

环节四:情境再现,多次演绎

(1)分组合作展示,一组随音乐打节拍,一组随音乐完整地演绎歌曲。

(2)由学生为本课的学习做小结,说说通过本节课的学习,作为中学生,我们应该学到什么?

（3）教师升华主旨:在和平年代,我们应该热爱人民军队,崇敬子弟兵,学习解放军为祖国、为人民的无私奉献精神!

2.第一次教后反思

本节课以《欢迎进行曲》为导入,将学生引入振奋、乐观的氛围,对进行曲这一音乐体裁进行学习。该曲节奏鲜明,有强烈的号召性,容易引起学生的共鸣,学生学习效果较好。但仍然存在一些可以优化的地方。

在教学中,有些内容对于学生来说可能难度较大,导致学生理解和掌握起来较为困难。在今后的教学中,教师应更加注重教学内容的难易程度,确保学生能够更好地理解和吸收。

在教学方法方面,教师尝试了多种教学方法,如示范演奏、小组合作、多媒体教学等,以此来提高学生的学习兴趣和参与度。在此基础上,还可以更加深入地了解每个学生的学习特点,灵活地运用不同的教学方法,以满足学生的个体差异。

在学生表现方面,有一些学生较为害羞或者缺乏自信。针对这一情况,教师应该更加注重培养学生的自信心,通过鼓励和表扬激发他们的潜力。

在评价与反馈上,教师意识到及时给予学生评价和反馈的重要性。通过评价,学生能够了解自己的学习成果和不足之处,从而调整学习方法和态度。

3.第二次教学设计的调整

环节一:情境表演,"趣学"玩转

如果你是一名军人,在听到《欢迎进行曲》时,会如何通过动作展示来表现你的身份?播放《欢迎进行曲》,放映幻灯片看陆海空三军仪仗队各种军姿表演,感受军人飒爽的英姿。

用律动展示乐曲二拍子的强弱规律特点,引导学生跟随律动进行学习。鼓励学生结合自己的理解列队模仿各种动作,如:正步、敬礼、持枪等。展现军人的风采。

【设计意图】通过情境创设、视听感受、激趣联想,点明本课所学歌曲体裁:进行曲。学生通过动作模仿、律动跟随感受进行曲热情激昂、节奏铿锵的特点,在轻松活跃的氛围中进入课堂。

环节二:走进歌曲,分点"探学"

(1)学生完整聆听歌曲,并思考几个问题。

①这首歌曲是什么拍子的歌曲? 速度快慢如何?

②听完这首歌曲,你有什么样的情感体验?

(2)随歌曲打节拍,感知歌曲强弱规律,学习四拍子指挥图示,并随乐曲感知歌曲情绪。

(3)有节奏地跟读歌词,体会进行曲的节奏特点并找出难点节奏,用律动,以击掌、拍腿等方式拍击难点节奏。

$$ \times. \ \underline{\times \times} \ \underline{\times \times}. \ \underline{\times \times \times} \ | \ \times. \ \underline{\times \times} \ - \ | $$

(4)组内成员生与生互学、互帮、互查,再次感受附点节奏等难点节奏。

【设计意图】让学生带着课前问题进入音乐,养成勤于动脑、融入课堂的好习惯。学生在师生合作、生生合作中近距离地感受歌曲之后,带着答案去验证回答,从而突破本课重难点。

环节三:形式多样,"乐学"轮唱

(1)以小组为单位讨论:"一二三四"在歌词中共出现多少次? 运用了几种不同的节奏? 反映出军人怎样的艺术形象?

(2)教师弹琴,学生哼唱,理解歌词内容,把握正确的演唱情绪。

(3)以小组为单位进行轮唱或领唱练习,熟练后进行二部轮唱练习,以丰富歌曲的表现力。

【设计意图】通过对不同节奏的分析来理解军人的不同形象,从而感受、学会用精神饱满、刚健有力的声音来表现军人果断刚强的豪迈气概。学生学习轮唱后,再加入领唱,丰富歌曲表现形式。

环节四:合作展示,"悟学"汇报

(1)分组合作展示,一组随音乐打节拍,一组随音乐完整地演绎歌曲。

(2)从自评、互评和他评多个角度,如表 8-1 所示,对学生的歌曲展示进行多维评价,并邀请小组上台展示。

(3)以学生为本课的学习做小结,说说通过本节课的学习,作为中学生,我们应该学到什么? 并让其他学生给予评价。

(4)教师升华主旨:在和平年代,我们应该热爱人民军队,崇敬子弟兵,学习解放军为祖国、为人民的无私奉献精神;我们更应该发愤图强,用知识武装自己,用运动武装自己,迎接未来的挑战!

表 8-1　歌曲展示多维评价表

评价维度	具体评价内容	评价方式		
		学生自评	组内互评	他人评价
精神面貌	面带微笑,能展示出军人的豪迈士气			
歌唱能力	声音洪亮,能准确表现附点等难点节奏			
小组展示	搭配默契,有多样的展示形式			
领悟感想	能体会解放军无私奉献的精神,说出发愤图强、报效祖国等话语			
点亮行进之路	用"★"表示			

【设计意图】分组合作展示,领略多元化创作的趣味性。通过量表的形式,学生进行自评、互评、他评,精准地对某一维度进行改进或提升,也能更好地帮助学生全面发展。

4.课堂实录

(1)引入

师:如果你是一名军人,在听到《欢迎进行曲》时,会如何通过动作展示来表现你的身份?

生:站军姿、走军姿、敬礼……

师:欣赏《欢迎进行曲》,观看陆海空三军仪仗队各种军姿表演,你认为军人应该具备什么样的风姿?

生:豪爽、矫健、威武……

(2)师生互动

师:完整聆听歌曲,并思考几个问题:

①这首歌曲是什么拍子的歌曲? 速度快慢如何?

②听完这首歌曲,你有什么样的情感体验?

生:这是一首4/4拍的歌曲。这首曲子听起来激昂、有气势,能展现我们军人豪爽、坚毅、勇敢的形象。

（3）学生练习

师：以小组为单位讨论："一二三四"在歌词中共出现多少次？运用了几种不同的节奏？反映出军人怎样的艺术形象？

生：出现了三次，第一次以歌唱的形式出现，有附点节奏；第二次以拆分的形式出现，有后十六也有附点；第三次以口号的形式出现，有休止符……

师：这首歌是一首以"一二三四"口令形式展开的歌曲，在部队里，在军营里，"一二三四"是司空见惯的口号，作曲家臧云飞发现了这一日常，便把它编创成了一首口号歌，朗朗上口。

（4）小结反思

师：有请同学们分组进行展示，可以加入任意符合该首歌曲的节奏、律动等。你们觉得这组有什么值得学习或者改进的地方？

生：他们的声音很响亮，而且气氛很活跃，但是轮唱部分有点不整齐，可能是因为练习的时间不够。

师：这位同学说得非常详细。通过本节课的学习，作为中学生，我们应该怎么做？

生：我们要学习军人身上坚毅勇敢的精神，好好学习，天天向上！

三、评课实录

陈老师：教师在课上激情澎湃，语言语调富有节奏。教师在设计教学过程中，巧妙地运用了"趣学""探学""悟学"与"用学"的理念，以学生为中心，营造出积极互动、深度参与的学习氛围。通过创设贴近学生生活实际的现实情境，学生能够生动形象地理解军人的英姿和形象，大大提升了学生的课堂兴趣和参与度。

王老师：教师在课上有激情，教学环节紧凑，能合理把握重点，突破教学难点，通过有效的合作交流和自主探索，把课上得很精彩。课堂中，教师在语言行为上体现人文情怀、体现音乐审美性，激发了学生对音乐的探究、感受、表现与创造兴趣。

张老师：在这堂课的教学，尤其是在"悟学"这一环节中，教师给予学生充分的轮唱学唱、小组练习、合作展现的时间和空间，使学生能自主探索，亲身实践，利用合作交流解除困惑，在体验和探索中解决难点节奏和轮唱演唱，理解和掌握基本的知识，具有一定的开放性。

专家点评:郑老师在课堂中能够扮演好组织者、引导者和合作者的角色,不只是传授学习的方法,更教给学生解决问题的策略。课堂中能充分利用青少年的心理特点,创设学生喜爱的教学情境,为学生对新知的探究和整节课教学任务的完成起到了举足轻重的作用。对"四学"模式的探究与运用,也极大地激发了学生的学习热情,促进了其音乐素养的落地。

四、课例研究的成效与反思

1. 基于"四学"的课例研究反思

(1)两次课堂基于"趣学、探学、悟学、用学"这"四学"方面的反思

在两次教学实践中,教师将重点放在"趣学"和"探学"策略的提升上,学生在互动探索中加深了对中国军人形象的理解,也对进行曲这种音乐体裁有了新的认识。在"探学"环节,学生主动参与到歌曲结构、节奏分析的过程中,培养了独立思考和解决问题的能力。通过两次课堂的调整,在"用学"环节,即深度思考和轮唱合作方面,如何更好地引导学生多维表现,还需要教师加强引导和深化。至于"悟学",则需寻找更多与现实生活紧密联系的实例和情境,让学生能在实际演绎和体验中进一步理解和感悟歌曲内涵。

(2)体现新课标方面的反思

本课例遵循新课标所提出的适应学生发展,分段设计课程;聚焦核心素养,组织课程内容;体现艺术学习特点,优化评价机制三方面的设计思路,结合"四学"模式,进行教育教学的设计。在设计学生活动时,充分遵循艺术学习规律,体现学生身心发展阶段性、连续性的特点。聚焦审美感知、艺术表现、创意实践、文化理解等核心素养,展开艺术实践活动。围绕学生艺术实践性、体验性、创造性等特点,将学生的课程学习与实践活动情况纳入评价。尊重学生艺术学习的选择性,以学定考,根据学生的选择进行专项考核,体现教、学、评一致性。

2. 基于"四学"的课例研究改进

(1)知识建构方面

在传统的音乐教学中,课堂气氛比较低迷,学生热情较低,缺乏"趣学"与"探学"。在歌唱学习中,情绪的把握是最难以描述的抽象概念,节奏的感

知也需要设置多样的学习形式来避免枯燥重复。另外,还应利用信息技术手段,如数字化教学平台,创建互动式旋律图谱或节奏图示,让学生自主参与知识建构的过程,从而加深对节奏难点的理解和记忆。

（2）主动探究方面

在探究学习前,学生应知道自己的任务是什么,该怎么合作。在乐曲学习前,教师需要先理清本课的重难点,让学生带着问题去乐曲中寻找答案。在学习过程中,可以设立定期的汇报环节,让小组之间进行充分的交流思考、观点分享,互相借鉴与启发,形成良好的学术研讨氛围。另外,针对学生的展示设置自评、互评、他评的评价机制,可以有效地激发学生从各个维度进行思考探究,以便做到更细致、多维度地提升。

（3）深度思考方面

问题是师生有效互动交流的重要媒介,是提高学生探究能力、激发学生学习动机、发展学生思维能力的重要手段,在构建深度思考方面的价值也非常重要。在小组展示阶段,教师可以通过设问的形式来激发学生的编创能力。情绪的渲染可以借助多种手段,来解读中国为什么如此强调对军旅歌曲的宣传,并以此来激励学生了解背景,回望历史,展望未来。

（4）实践体验方面

所有的音乐学习都离不开艺术实践,应灵活运用律动、歌曲表演等形式,帮助学生感知歌曲旋律、表现音乐形象、塑造音乐意境等。音乐虽然是一门富有创造性的学科,很多内容没有标准答案,但教学不能无序地开展,比如在轮唱这一教学环节中,教师需要谨慎思考如何设计音乐的表现形式,从最初的基本情绪情感体验,到感受音乐中的各种变化及基本结构,都需要教师随时、适时地去激发学生即兴生成对音乐语言的肢体表达。

行进间高低运球技术方法:行进间高低运球

一、课例说明

1.学情分析和教材解读

学情分析:结合小学阶段及平时的篮球学习和参与,七年级的学生对篮球运动有一定的接触和了解。但无法很好地掌握运球的基本技术动作及节奏,在平常实际的篮球运动及比赛中,所掌握的运球技术难以维持一场正式的篮球比赛,因此,学生迫切需要提高篮球的多种运球技术。在体能方面,七年级的学生有一定的身体基础和体能储备,能进行一定程度的身体对抗练习。在学龄特点方面,七年级学生好动、好学,好奇心比较强,模仿能力强,有较强的体育运动参与意识,不足之处在于缺乏稳定的、持久的学习,专注度还需要提高。

教材解读:篮球运球是"水平四:篮球教学"重要的组成部分,是持球队员在原地或移动中用单手连续按拍球推进的一种动作技术。它不仅是个人摆脱防守,创造传球、突破、投篮得分的重要进攻手段,也是进攻队员发动快攻、组织全队战术配合的纽带。是篮球比赛中运用最多的技术之一,按动作位置变化可分为两大类:原地运球和行进间运球。

2.课例目标和重点难点

(1)教学目标

认知目标:能用自己的语言说出行进间高低运球的动作要领及运用价值。

技能目标:在行进间高低运球练习中,能做出行进间高低运球的技术动作且动作连贯(有重心的起伏)。

情感目标:在小组合作过程中提高学生的团队意识,增强学生的自信心。

(2)教学重点难点

手触球的部位、眼看前方、低运球时降重心。

二、教学设计两次对比以及课堂实录

1. 第一次教学设计

环节一：准备部分

课堂常规：集合、整队、四面转法。

准备活动：慢跑＋滑步，球操，原地高、低运球。

问题：在原地运球过程中如何合理利用身体来更好地护球？

环节二：基本部分

（1）单一练习：行进间高、低运球——行进间高运球到指定位置低运球回（等待的学生原地运球）、行进间运球推桩（等待的学生原地左右手换手运球）。

问题：行进间高运球和行进间低运球有什么特点？

（2）组合练习：行进间高、低运球＋体前变向换手运球过障碍（等待的学生原地左右手换手运球）。

问题：在体前变向的过程中如何合理地利用身体来护住球？

（3）比赛：行进间高、低运球＋体前变向＋传接球（或投篮）。

（4）提出问题：在篮球实战中什么时候用高运球，什么时候用低运球？

（5）体能：核心素质练习，俯卧支撑滚球、俄罗斯转体。

环节三：结束部分

（1）放松操：静态拉伸。

（2）小结。

2. 第一次教后反思

本堂课以讲授为主，学生自主思考的时间不多，组合练习的方法有一定的难度，只针对学生的技能进行评价，忽视了学习行为、学习过程及体育品德等方面评价。

在今后的教学中要注意男女生生理和心理差异，对教学方法进行差异化调整。课前全面考虑学生的身体素养差异及运动认知和能力，制订更为细致的教学计划。课后及时收集学生反馈，调整教学策略，让学生的学习行为真正发生，确保教学效果。

3.第二次教学设计的调整

环节一:创设真实情境,激发学习内驱力

(1)课堂常规:集合整队,检查学生人数及服装,安排见习生。

(2)观看篮球比赛片段并提问:在篮球比赛当中快攻及遇到防守队员突破时,持球队员应采用什么样的运球方式?

(3)专项准备活动:慢跑+滑步,球操。

(4)原地高低运球。

【设计意图】①做好运动前的准备,培养学生的规则意识。②通过真实的比赛情境和问题,培养学生的观察和自主思考的能力,引出本堂课的学习内容,提高学生的学习兴趣。③复习篮球基本步伐,提高球感,达到热身目的。④复习原地高低运球技术。

环节二:行进间高低运球、行进间高运球(回形针绕桶)、行进间低运球推桩(回形针)

(1)根据任务单内容尝试开始练习。

(2)播放录制的练习视频。

(3)在音乐的氛围中继续练习,教师巡回指导并纠错。

(4)各小组进行展示。

(5)对照标准进行自我评价。

【设计意图】①明确本环节的练习内容及要求,进行小组学习和尝试练习,探究行进间运球按拍球的位置(后上方)和行进间低运球降重心是弯腰还是屈膝(屈膝),提高学生团结协作的能力。②提高学生发现问题和解决问题的能力,根据教师录制的练习视频,进行小组讨论和交流,改进和提高运球技术。③创设轻松愉悦的环境让学生进行练习,提高学生的练习兴趣。④创设情境使学生互帮互助,提高学生的集体荣誉感。⑤让学生学会自主反思。

环节三:行进间高低运球+急停急起

(1)以小组为单位,根据任务单尝试练习。

(2)播放录制的练习视频。

(3)在音乐的氛围中继续开始练习,教师巡回指导纠错。

(4)以小组为单位进行展示。

(5)对照标准进行自我评价。

【设计意图】

(1)体验技术之间的有机联系,提高体能。

(2)对照视频,提高学生对运球技术组合的理解,明确自身的问题并加以改进。

(3)激发学生学练的兴趣,提高运球技术。

(4)培养学生的合作意识和团队精神。

(5)学会自我思考和反思。

环节四:小组挑战赛——根据环节三的练习要求,小组设计不同的数字路线进行练习

(1)小组根据任务单上的规则和要求设置数字路线。

(2)在组长的带领下进行比赛。

【设计意图】提高学生的学习兴趣,让学生学会自主思考和探究,使所学技术能运用到实际当中,培养学生的团队精神及正确的胜负观。

环节五:体能练习

(1)俯卧两手交替拨球。

(2)俄罗斯转体。

【设计意图】发展学生的核心力量,培养学生吃苦耐劳、坚持不懈的意志和品质。

环节六:结束部分

(1)放松练习。

(2)本课小结。

(3)回收器材。

【设计意图】让学生放松身心,了解本堂课的学习情况。

4.课堂实录(师生对话记录)

师:同学们,大家看到场上的布置知道我们今天要学习什么内容吗?

生:篮球。

师:对,非常好,我们今天学习的内容是篮球:行进间高低运球。我们先看一段比赛的短视频,同学们观察一下在比赛中快攻时持球队员在无防守和有防守时是如何推进的?

生:无防守时高运球全速推进,有防守时低运球突破后高运球推进。

师:同学们观察得很仔细,非常棒,这就是我们这节课学习的重点,接下来跟着老师一起进行热身活动……

师:根据音乐的节奏进行高低运球的转换并报出老师手上的数字:1、5、6、8、2……

师:现在根据同学们所在的位置区域分为四组:1、2、3、4,在接下来的练习当中每个小组根据展板上的任务单进行小组合作学习和练习,接下来进行任务一的学习。

师:(哨声)同学们请看大屏幕,看看老师是如何完成任务一的练习的。

生:哇,速度好快。

师:行进间高低运球是按拍球的什么位置?

生:异口同声,后上方。

师:非常正确,继续开始练习。(放音乐,进行巡回指导纠错)

生:(优生帮助小组里的同学)

师:现在每个小组开始依次展示。

师:大家都非常棒,按拍球9次和按拍球12次的哪个速度快?

生:9次。

师:对,在不违例的前提下按拍球的次数越少速度就越快,同学们在日常练习中需要注意一下。

师:请同学们根据自己在本环节的表现进行评价。

师:接下来完成任务二的学习。

生:应该是这样……

师:(哨声)同学们请看大屏幕,看看老师做的和你们练的有什么区别?

师:低运球时降重心是弯腰还是屈膝?

生:屈膝。

师:非常好,观察得很仔细,那接下来练习的时候要注意屈膝。(放音乐开始练习,巡回指导并纠错)

生:(优生帮助小组里的同学)

师:现在每个小组开始依次展示。

师:同学们太棒了,低运球需要注意眼看前方,护球手……

师:请某同学上来展示一下。

师:怎么样同学们? 掌声在哪里?

生:非常好,运球非常稳。

师:好,请同学们根据本环节自己的表现进行评价。

师:接下来进行任务三的学习。

生:(小组学习讨论尝试练习)

师:请看大屏幕。(播放音乐)

生:这个练习应该这样……

师:怎么提升速度?

生:高运球时加速。

师:非常棒。

师:时间到,哪个组完成了三次及以上?

生:我们。(举手)

师:我们请这个小组展示一下,掌声在哪里?

师:讲解一下为什么你们小组能完成这么多次?

生:因为我们是一个小组,是一个团队,每个人都在努力。

师:说得非常好,一个人可能走得很快,但是一群人才能走得更远,这就是团队的力量。

师:对自己本环节的情况进行评价。

师:接下来我们进行任务四的挑战赛,小组讨论两分钟,三分钟的时间进行挑战,看哪组设计的路线最多。

生:(讨论)

生:(开始练习)

师:好,接下来对本环节的自我表现进行评价。

师:在篮球运动中我们不仅需要技术,还需要体能,大家跟随老师一起进行体能练习。

师:加油同学们,坚持住,对,非常棒!

师:下面跟着老师一起随着音乐进行拉伸放松。

师:本堂课同学们表现得都非常好,基本达成了教学目标,在学习过程中有很多同学都能主动帮助他人。

师:接下来小组里单号和双号的同学进行互评。

师:今天的课到这里就结束了,请同学们帮助老师把器材收回,下课。

三、评课实录

孙老师:本课的教学目标非常明确,旨在让学生掌握行进间高低运球技术,提高球性控制和身体协调性的同时培养学生分析问题、解决问题的能力,强调团队配合,培养学生团结协作的能力和集体荣誉感。分组练习有效,学生能在实践中逐步提升技能。

李老师:在教学方法上采用了多种手段,如音乐、任务单、大屏幕等,使课堂教学生动有趣,激发了学生的学习兴趣和积极性,特别是在任务四的挑战赛中,以小组为单位进行练习路线的设定,让学生脑洞大开,自主思考和设置,培养了学生的自主探究能力。

陈老师:从学生的学习情况来看,本堂课的教学效果很好。学生在教学过程中表现出积极的学习态度和良好的团队协作精神,基本上都能够流畅地完成行进间高低运球,学生的速度、灵敏度和协调性等得到了锻炼。

章老师:本节课教师准备充分,教学方法多样,注重个体差异,能够有效地提升学生的篮球技能和体能,建议教师在今后的教学中继续关注学生的技能提升和情感体验,使篮球教学更加高效和有趣。

专家点评:在本堂课中,教师采用多种教法和手段,营造宽松的教学氛围,激活学生的学习兴趣,更多地重视学生在学习过程中对探究能力和分析能力的提升,为学生提供自主学习的机会,任务单的设计很丰富,但任务完成的时间不明确,教师在使用任务单时要避免教师的关键指导环节被任务单取代。教学内容安排的难度要根据学生实际情况进行分层设计。针对不同层次的学生制定差异化的教学方案,使每个学生都能够得到更好的发展。

四、课例研究的成效与反思

1.基于"四学"的课例研究反思

(1)两次课堂基于"趣学、探学、悟学、用学"这"四学"方面的反思

在"趣学"过程中,通过引入趣味性的热身活动、篮球比赛的视频、音乐、比赛等激发学生的学习兴趣,让学生在轻松的氛围中提高技术。

在"探学"过程中,利用任务单及教师录制的练习视频,引导学生以小组为单位,经过自主学习探究,发现问题,解决问题,以此来提高篮球技术。

在"悟学"过程中,通过提出问题和小组合作的学习方式,给学生自主思考和探究的时间,理解和掌握篮球行进间高低运球技术。每个环节的自我评价及最后的同伴评价使学生反思自己的学习过程和技能掌握情况,促进

他们对运球技术的理解和自我的提升。

在"用学"过程中,强调在实际比赛中的应用,通过篮球比赛的视频资源和实践,帮助学生理解和掌握运球技术在比赛中的运用。利用组合练习,让学生体验篮球运动中运球技术的组合,使所学技术真正运用到实际中。

（2）体现新课标方面的反思

新课标要求在教学过程中不仅要培养学生的运动能力,还要注重对学生健康行为及体育品德的培养,在本次教学中,教师采用了探究式、合作式等多样化的教学方法,引导学生主动参与,提高学生的自主学习能力。在教学内容方面,教师设计了行进间高低运球的基本动作练习,但组合动作和游戏环节相对较少,在今后的教学中,教师将增加组合动作和游戏环节,让学生在愉快的氛围中掌握技能。在教学评价方面,教师主要关注了学生的技能掌握程度,但对学生的健康行为和体育品德的评价不够全面,在今后的教学中,教师将采用更多元化的评价方法,关注学生的全面发展。

2. 基于"四学"的课例研究改进

（1）知识建构方面

在知识构建阶段,不仅要讲解高低运球的基本概念、技术要领,还要结合视频分析或现场演示,让学生直观地感受技术动作的结构和要领。逐步引导学生总结归纳出行进间高低运球技术的动作要领。在教学过程中,应注重学生的自主思考和体验,加深学生对行进间高低运球的理解和在比赛中的运用。例如:安排小场地的篮球赛,让学生将所学技术真正应用到比赛中,加深学生对所学技术的理解和应用。

（2）主动探究方面

根据学生的基础水平,设计不同难度级别的教学任务,激发学生的探究欲望和竞技精神。鼓励学生在练习中主动发现问题,引导学生通过小组讨论、同伴互助等方式探究解决方法。如:限时完成复杂的高低运球组合动作,学生通过体验、小组讨论、发现问题、分析问题、解决问题,逐步掌握动作技能,提高自主学习能力。

（3）深度思考方面

每次练习后,教师要求学生反思自己的动作,找出不足之处,并思考如何改进。在教学过程中通过模拟比赛中可能遇到的实际情境,让学生思考并讨论如何运用行进间高低运球技术来应对,培养他们的应变能力和战术意识。

(4)实践体验方面

在练习过程中,通过变换练习的形式来增强学生的实践体验,提高学生的灵活性和协调性。比如:直线运球、曲线运球、变向运球等。组织小型比赛,让学生在实战中运用高低运球技术以增强技能的稳定性和实用性,如:1对1、2对2、3对3等篮球比赛。在学生练习时,教师要提供即时反馈,指导学生的动作,确保练习的有效性。

通过上述改进,能有效地提高教学质量,让学生掌握篮球运动知识、提升技能、提高自主学习能力。这样的教学方式既能增强学生的体能,又能促进学生身心健康和体育品德的发展。

徒手画

一、课例说明

1.学情分析和教材解读

（1）学情分析

七年级学生对学习和生活充满了好奇和新鲜感,且积累了一定的美术技法和表现能力。在教学中,教师通过观察、比较、讨论等方法,引导学生思考、发现,鼓励他们用绘画语言来表达兴趣。随着新课标实施,教学大纲逐渐降低对七年级学生美术知识和技能的难度和要求,根据学生发展的需要,从生活美术的角度而不是从技术性美术的角度来组织教学,培养学生的绘画表达的自信心和创新能力。

（2）教材解读

"手绘学习笔记"选自浙美版《美术》教科书七年级上册第二课,属于"造型·表现"学习领域。美术学科应该从人的发展角度出发,教给学生终生必备的美术基础知识和基本技能。徒手画不受技法约束,它让学生在充满兴趣的表达中,提升对美术学习的信心。

2.课例目标和重点难点

（1）教学目标
①了解徒手画的艺术特点。
②尝试用徒手画的形式记录和表现生活,提高观察能力,激发学生对徒手绘画的兴趣。
③理解绘画作为一种视觉表达语言的意义。
（2）教学重点难点
教学重点:徒手绘画的表现方法。
教学难点:用徒手画的形式记录和表现生活。

二、教学设计两次对比以及课堂实录

1.第一次教学设计

环节一:新课导入

师:假期中你们是如何记录自己的外出活动的?

生:拍照、写游记。

师:这是插画师记录她在瑞士的旅途手账,你们觉得好玩吗? 以这种有图有文的形式表现的作品你还看到过哪些呢?

生:(列举手账、设计手稿、说明图等)

师:在日常生活中我们可以见到很多这样的作品,看起来并不完整,却能说明、表达很多东西。达·芬奇的名作价值连城,为什么他的手稿也被天价拍卖呢?(出示达·芬奇的作品和手稿对比)

生:(对比、讨论手稿的价值意义)

师:总结艺术家手稿的意义和价值。手稿为我们讲述"作品是怎么样炼成的"故事。

【设计意图】用旅行手账作品唤起学生原有的经验体验,体会日常生活中"图文结合"这种形式的绘画的广泛性和实用性;了解徒手绘画与日常生活息息相关,是简易而直观的表达方式;通过艺术家手稿的惊人价值,了解徒手画的重要性。

环节二:初步探究

师:线条是徒手绘画最重要、最基础的元素。"线条"运动起来,可以变化出怎么样的轨迹呢? 几根线呢?

生:黑板上演示各种线条。(长短、粗细、曲直等变化)

师:线条是构成形象的最基本的要素,可以帮助我们绘出万物最基本的造型。表现物体的轮廓和边界;表现物体的质感和量感;表现物体的内、外部结构;还可以表现物体的节奏和韵律,甚至可以表达出情感特征。

师:对比凡·高和伊莱恩·布鲁斯特用线条表现的树,分别用了哪些线条,表现了怎么样的树?

生:(二人小组)比较差异,表达感受;凡·高用扭曲的线表现向上伸长的树,有强烈的动感;画家伊莱恩则用线意象化地表现了一片树林。

师:线条承载了表现与速度、美感与和谐,艺术家可以利用线条在最短的时间内发挥自己的艺术创造力。(出示吴冠中作品)通过实物照片和作品的对比(《狮子林》《水田》《春风桃柳》《榕树》等),引导学生欣赏线条在画面中的表现作用。

生:(四人小组欣赏、讨论吴冠中作品中线元素的极致表现力,代表发言)

师:线条是鲜活的、有生命力的。不同的线条可以表现出不同绘画者的不同感受,不同的线条可以营造不同的画面效果。

【设计意图】学生通过探寻不同的线条和作品之间的关系以及营造的画面效果不同,体会线条的组合变化对表现对象的影响、线条的表现力和感染力;学习中,也应尊重学生的个体差异和主观感受。

环节三:深入探究

师:欣赏手绘达人的视频;你们在日常手绘时,觉得最难的是什么?

生:(交流自己的生活经验和发现,说出自己认为的难点)

师:画好手绘的小提示:选择合适的观察视角;抓住物象的特征;绘画时,可以采用不同的角度、不同的视角来描绘对象给我们的感受。徒手画时,要多角度观察,选择出最富表现力的角度来描绘,由简入繁,先概况再刻画细节,往往事半功倍。

【设计意图】通过学生回忆自己平时绘画中遇到的问题,教师给予一些经验分享,让学生明确选择合适的观察视角和捕捉物象特征对于创作的重要性。

环节四:布置任务,实践创作

师:布置任务《叮咚,你有一份独一无二的明信片,请注意查收》。

要求:手绘一张明信片:主题不限,校园风景、城市印象、美食、涂鸦等均可;表现形式不限,可以以线条为主,也可以随意发挥。

生:(创作实践)

师:(教师现场画一张明信片)

【设计意图】手绘明信片的活动注重美术课程与生活经验的结合,使学生在积极的情感体验中提高想象力和创造力。教师通过"言传身教"鼓励学生学会"徒手画",目的是让学生做有温度的人。

环节五:作业讲评,巩固认知

师:(巡场观看,其间可找出有趣的作品投屏分享)

生:(分享手绘明信片的故事和创作想法)

【设计意图】作业的目的不单纯是对绘画技法的展现,更重要的是将"绘画是一种表达语言"的观念植入学生心中,应该重视对过程的展示和培养学生表达的能力。

2.第一次教后反思

本课由旅行博主的手绘手账导入,贴近学生心理,同时激发了学生学习本课的兴趣,活跃了课堂氛围。在这个环节中,学生的体验感较弱,只是以欣赏为主。因而需要以让学生参与感更强的方式导入本课。

3.第二次教学设计的调整

环节一:游戏导入,"趣学"驱动

生:(游戏"灵魂画手")

师:你们是怎么猜出的?

生:讲述自己猜测的依据。

师:这样的随手一画,不受工具、时空的限制,在短时间内能十分形象、具体、直观地展示画者的构思。(引出徒手绘画的概念)平时,你会用到徒手画的方式吗?

生:(思考、讨论、回答)

师:徒手画的方式能迅速捕捉自己的思想、感悟、创意等并及时记录,在许多场合中,在人们记录、说明、交流、表达时起到非常重要的作用。在你的学习和生活中,你会用徒手画记录什么呢?

生:(讨论回答,畅所欲言)

【设计意图】"灵魂画手"游戏热场,一下子引起学生的学习兴趣,唤起学生原有的经验体验。了解徒手绘画与日常生活息息相关,体会日常生活中徒手画的广泛性和实用性。

环节二:初步"探学",徒手画的价值

师:(分享徒手绘大佬珍贵的手稿,一起揭秘徒手画的价值)

师:(播放比尔·盖茨视频,谈他收藏的达·芬奇手稿)

师:(阅读凡·高书信,感受他信件中的徒手画)

生:(分组讨论研究达·芬奇和凡·高的手稿,探究各自的价值)

师:(巡场到各组听取观点,选代表上台发言)

师：(小结)

达·芬奇的徒手画——解构万物

达·芬奇一生勤于记笔记，用严谨精准的徒手线条捕捉、记录他的创意、想法，将科学和艺术完美结合。

凡·高的徒手画——画语人生

凡·高用文字、线条、各种各样笔尖划过纸张的方式，为后人呈现出一个艺术家眼中纯粹的艺术世界。在手稿中，我们能够感受他的情绪以及笔尖在纸上运动的速度。

【设计意图】学生通过观看采访视频解读天价手稿，通过聆听凡·高书信朗读体会徒手画，初步建立对"徒手画价值和意义"的认知。

环节三：深入"悟学"，徒手画的表现形式

师：线条是徒手绘画中最基本的元素。画画就像跟着一根线条去散步一样。

师：比较两张人物肖像，两位画家分别用了哪些线条，表现了怎么样的人物形象？这些线条的表达方式有什么不同，带给你什么样的感觉？

生：(讨论、回答)

师：线条可以表现物体的轮廓和边界；物体的质感和量感；物体的内、外部结构；物体的节奏和韵律(疏密)；甚至可以表达出情感特征。线随心动。展示线条库，引导学生体悟线条的变化和组合。

【设计意图】对比教学，赏析肖像作品，引导学生了解不同的线条和作品之间的关系以及营造的画面效果不同，体会线条的组合变化对表现对象的影响、线条的表现力和感染力；在对比线条中，应该尊重学生的个体差异和主观感受。另外，渗透"点线面"的画面构成概念给学生，利于手绘在方寸空间中表达得更有趣、更有张力。

环节四：创设情境，实践"用学"

师：(布置任务"明信片上的徒手画"并启发创作思路)

主题内容：你此时此刻的情绪感悟、创意想法。

创作要求：多样的线条、丰富的组织方式、适当的文字说明。

生：(创作)

师：(展示、分享、点评学生创作)

【设计意图】手绘明信片注重美术课程与生活经验的结合，使学生在积极的情感体验中提高想象力和创造力。作业的目的不单纯是对绘画技法的体现,更重要的是将"绘画是一种表达语言"的观念植入学生心中,应该重视对过程性的展示和培养学生表达的能力。

环节五:拓展延伸,课后"探学"

师:徒手画强调的是用简便的工具和简练的线条来进行创作,所以工具和媒介的选择具有一定的随意性。它可能是沙滩艺术、咖啡拉花、光绘摄影……

生:(欣赏、讨论)

师:手绘在当下的表现发生了很大的变化,包括表现工具、表现技法、表现理念。大卫·霍克尼可能给了我们一个小小的启示。(播放其作品短视频)

【设计意图】科技改变生活,亦改变绘画的传播方式。大卫·霍克尼,这位与时俱进的画家用自己的方式在科技推动艺术前进这个议题做出了许多尝试。用电脑、手机 App、平板作画符合当下青少年的兴趣爱好,也是课内"徒手画"的延伸。

4.课堂实录

师:我收集了几张未完成的作品,针对他们想传递的内容,你有什么好的建议吗?(展示:一个孤独的火柴人;手部特写)

生:(交流、讨论,绘画语言不能表达充分时,可以适当增加文字)

师:(分享插画师——David Shrigley)从百无聊赖的现实抓取瞬间,创作很多随心所欲的"幼稚涂鸦",让人觉得好笑,荒谬,天真。他的绘画以简单线条为主,通常画一些日常无聊的内容,或者配置一些怪诞的元素,没有太宏大的意义却能让人会心一笑。涂鸦绘画是他创作的主要部分,很多作品是他"随时的灵感"。他把艺术当成好玩的事在"玩",他认为"艺术必须要作为一种宣泄"表达出去。画面中的文字好像一把秘钥,为我们的解读打开了一扇门,恰好适当地表达出了那些含义。

生:(欣赏交流)

师:(鼓励学生继续深入创作;适当情况下可以用一些文字来补足表达的意图)

三、评课实录

刘老师:徒手画的学习是和学生的生活、学习息息相关的绘画表达方式,匹配七年级学生的抽象思维层次和理解深度,让本课的实施具有可行性。教学方式设置多样,让学生在轻松愉快的氛围中巩固所学知识。

陈老师:本节课的导入环节设置得很好,学生参与度高,情绪很积极,能很快地抓住教学主题并层层递进。

何老师:本节课环节设置有梯度,逐渐从"什么是徒手画?""徒手画的价值和意义是什么?""如何用艺术化的线条表现徒手画?""如何用徒手画表达自己的所思所想?""当今与未来的徒手画可能是什么样的?"五个问题层层递进,重视学生的"深度学习"。

专家点评:"徒手画——恒留在纸上的温度"一课通过课前"灵魂画手"的游戏,观看《比尔·盖茨眼中的达·芬奇手稿》视频,诵读凡·高的创作手稿,对比不同肖像画的线条魅力,搭建"线条库"等环节,围绕"什么是徒手画?""徒手画的价值和意义是什么?""如何用艺术化的线条表现徒手画?""如何用徒手画表达自己的所思所想?""当今与未来的徒手画可能是什么样的?"五个问题,层层递进地展开。根据学生终身发展的需要,从生活美术的角度而不是从技术性美术的角度组织教学,手绘明信片的活动注重美术课程与生活经验的结合,使学生在积极的情感体验中提高想象力和创造力,提升学生对绘画表达的信心。

四、课例研究的成效与反思

1. 基于"四学"的课例研究反思

(1)本课基于"四学·轻悦"模式开展课堂教学设计,通过趣学、探学、悟学、用学四个学习过程全程贯穿,指向学生不同维度能力的发展。

趣学:教师在导入环节注重营造轻松愉悦的学习氛围,通过有趣的游戏开场,生动直观地引入本课主题"徒手画"。

探学:教师用观看视频和聆听朗读等多种方式,理解徒手画的价值和意义。这种探究性的学习方式不仅激发了学生的学习兴趣,也培养了他们思辨能力。

悟学:学生有足够的时间在两张人物肖像的对比中直观感受线条的魅力。

用学:教师强调将所学知识应用与学生真实生活结合。学生通过"徒手画明信片"将所学徒手画表现和线条的艺术表现在真实的情境中得以呈现。

本课例积极落实新课标的要求,强调以学生为中心,注重培养学生的核心素养和实践能力。我们都具备徒手画的潜质,但如何像艺术家一样表达,或者如何说让我们的表达更精准、更具有艺术性是这节课的学习重点。学生的徒手画表达并不在于画面技术的纯熟,而是在于在内心植入一个徒手画的意识,用徒手画的方式记录和表达就是本课最终要达成的目标。

2.基于"四学"的课例研究改进

(1)知识建构方面

徒手画不受时间和空间的限制,在短时间内将被描绘对象快速描绘出来。因此,对于刚迈入初中阶段的学生来说,手绘表现恰恰是训练他们的审美素养的基础。手绘表达的过程是设计思维由大脑向手的延伸,并最终艺术化地表达出来的过程。手绘可以让学生迅速地把想法行诸笔端,而后细化一些需要推敲的想法并使之完善。徒手画的技术门槛不算太高,对于学生来讲,要培养学生用"徒手画"记录的习惯,并尽可能地表现到位,这才是本课的难点。

(2)主动探究方面

每个人都会随手一画,关键是如何提高自己的手绘表现能力?从大师作品入手,精细严谨、肆意浪漫的手稿画风从不同维度拓宽了学生的视野。探索线条形态、组合形式的多样变换使徒手画更具艺术张力。学生在课后主动收集更多经典手稿进行探究,继续搭建自己脑海中的"图像资源库"和"线条库"。

(3)深度思考方面

当下,手绘在发展过程中发生了很大的变化,包括表现工具、表现技法、表现理念等。电子数码技术的完善是否将宣告手绘最终走向死亡?教师要引导学生培养辩证思维,思考科技与艺术的关系。一方面,手绘作品也具有其独特的艺术审美价值,具有很高的艺术收藏价值。另一方面,更新技法、转变创作观念或许能使手绘展现出新的活力。

(4)实践体验方面

线条是徒手绘画中最基本的元素,可以描绘万物最基本的造型。为了让学生深度体验"线条"的艺术表现力,在课堂上可以多准备几种不同的绘画媒介,画出千变万化的线来,让学生有直观的感受。

语音合成技术

一、课例说明

1.学情分析和教材解读

（1）学情分析

在前两课中,学生对人工智能的表现领域有了初步了解,知道语音识别技术是计算机能够听懂人说话,而语音合成技术是计算机能够模拟人说话。八年级的学生已具备一定的信息科技素养,但个体差异比较明显。学生对新知的探索欲不够强烈,需要教师结合生活实际,激发学生的兴趣,引导学生去发现、去寻找、去理解语音合成的三个过程,同时通过 AI 智能平台让学生感受语音合成技术。

（2）教材解读

本课是浙教版《信息技术》八年级下册第十二课,重点是语音合成技术的理解和应用。语音识别技术和语音合成技术是人工智能技术中比较基础却又比较重要的内容,现阶段生活中的人机对话,基本就是通过语音识别技术和语音合成技术来完成的。

2.课例目标和重点难点

（1）教学目标
①了解语音合成的概念。
②理解语音合成的三个过程。
③掌握几种语音合成技术的平台。
④实践语音合成技术并进行应用。

（2）教学重点难点
①理解语音合成的三个过程。
②实践语音合成技术并进行应用。

二、教学设计两次对比以及课堂实录

1.第一次教学设计

环节一:师生对话

师:前一节课我们学习了什么内容?

生:语音识别技术。

师:对,语音识别技术让机器能够听懂人说话,而今天我们将继续学习如何使机器能够说话的技术,是什么呢?

生:语音合成技术。

师:非常好,语音识别技术和语音合成技术使机器能够与人进行对话,即实现人机对话。

【设计意图】通过师生对话,将本课内容与前一课内容衔接起来,同时使学生能够对人工智能的相关要点有整体的理解。

环节二:新课学习

(1)看书,完成任务单理论部分

师:大家对语音识别技术的功能已经知晓,那么计算机究竟是如何完成语音识别的呢? 在技术层面上,需要经过哪几个步骤? 请同学们先看书,完成任务单。

生:(看书理解,并且初步了解语音识别技术的 3 个步骤,尝试完成任务单)

【设计意图】通过完成任务单理解语音合成技术的概念以及语音合成技术的关键环节,体现出学生的自主学习能力,教师在学生自学的过程中及时给予帮助,实现学生的分层指导。

(2)通过智能手机上的 App 与科大讯飞 AI 体验语音合成技术

师:刚才我们从理论上初步理解了语音合成技术的三个过程,可是对于语音处理、韵律处理、拼接处理,相信同学们还是一头雾水,那么我们现在亲身体验一下这三个过程吧。

生 1:(使用教师的手机输入不同的内容,然后经过人工智能处理,用语音形式输出,甚至可以输出不同的方言)

生 2:(猜测生 1 输入的文字内容,并进行文字回复,再让人工智能处理以后以语音输出)

【设计意图】通过学生之间的互动,分析其中的语音内容,学生感受语音合成技术的有趣,同时发现其中的问题,进一步理解这三个过程,同时理解这三个过程可优化的重点。

(3)有声 Scratch 作品制作,感受当前语音合成技术的优势以及在生活中的应用

师:刚才大家体验了语音合成的过程,发现以前我们很多作品都是无声的,如果要添加声音就需要事先录入好,通过代码将声音导入并制作到作品中,假如需要修改语音内容,又得重新进行录制,这样既麻烦又容易出错,而有了人工智能的语音识别功能之后,我们就可以非常方便地制作一个有声作品了,大家能够尝试将它实现吗?

生:需要加入人工智能语音模块吗?

师:非常聪明,在 Scratch3.0 中,就可以通过加入额外的模块来增加额外的功能,下面就让我们一起来尝试一下。除了语音模块,还可以增加天气模块,大家试试能不能设计一个有声的两人的对话作品,比如古诗对答或者天气问答等。

生:(尝试完成有声作品)

【设计意图】将理论融入实际,通过作品,学生进一步理解语音合成技术的应用,做到学以致用。

环节三:课堂小结

通过动手实践,同学们将理论与具体作品结合,很多同学还增加了自己的创意设计,人工智能中的语音识别技术和语音合成技术通常是组合使用的。老师这里再给大家推荐一个软件——KittenBlock,它与 Scratch 相似,具有人工智能扩展模块,能够将人工智能引入创意编程之中。学习之后,同学们可以谈谈使用感受。

2. 第一次教后反思

语音合成技术是人工智能技术之一,人工智能是指让机器能够模仿人的智能行为,如看得见、听得懂、说得出。各种传感器就是机器的"五官",通过大量的模型训练后能实现输入——看、听、闻等操作,而"说"则是大量模型训练后的输出。当前人工智能发展已经充分地实现了听得懂和说得出,通过本课学习,学生对语音合成技术的应用有比较深入的了解,也比较有兴趣,但是对语音合成的三个过程,还是有点不熟悉的,因此将教学设计进行

调整,以达到学生能够理解语音合成过程的教学目标。

3. 第二次教学设计的调整

环节一:语音合成技术概念

师:上一节课,大家学习了语音识别技术,这是人工智能技术中使机器能够听得懂的技术,今天我们将学习语音合成技术,这种技术使机器能够说得出。这两种技术融合在一起将使机器具备基本的与人沟通的能力。

师:首先,我们先来看看在日常生活中,语音合成技术已经运用到哪些场景中了。

生1:早教学习机。

生2:嗯,这个是什么呀?

师:听书机。

生3:自主叫号机。

师:从这些产品当中,我们看到语音合成技术已经运用得非常广泛,常用的还有导航播报、咨询播报等。语音合成技术就是利用计算机模拟人的发音而产生的人造语音的技术。这里所发出的声音都是人造语音。

【设计意图】通过实物的识别、师生的交流,学生理解语音合成技术的本质是形成人造语音。接下来,将进一步学习如何通过三步实现人造语音。

环节二:语音合成技术过程。

师:通过自学书本,同学们知道了有哪三个过程?

生:第一步:语言处理,将文本进行分割。第二步:参照人类语言中的韵律,划分音段特征。第三步:调用语音库中的音素单元,进行拼接和平滑处理。例如:A08,外婆喊你吃饭啦! 第一步:语音处理,按照词典规则处理,对文本进行分割,形成特定音素 A08,/外婆/喊你/吃饭/啦! 第二步:韵律处理,参照人类语言中的音律规则进行调整,划出音段特征,如音高、音强、音长等来进行处理。第三步:单元拼接,建立语音库。调用语音库中的音素单元,进行拼接和平滑处理。

【设计意图】通过生活中的具体实例,然后将这3个步骤进行分解,帮助学生理解从文字内容如何转变成语音输出。

环节三:语音合成技术实践

师:下面我们将通过一个人工智能开放平台来体验一下语音合成技术。同类的平台有很多,老师这里选择了百度 AI 人工智能平台为例,课后同学可以去更多的平台进行尝试。

【设计意图】通过动手实践,更好地理解刚才分析的三个过程,同时在实践中发现更多的问题,激发学习动力,使学生提高批判性思维能力。

环节四:问题剖析与课堂小结

在实践过程中,老师发现有部分同学碰到了一些小问题。问题剖析:聆听几段语音,学生发现语音中的问题,比如发音有些正常、有些不正常,句子听起来很奇怪,有的词语分割有问题……那么这些不正常是如何形成的呢?在人工智能发展的过程中如何去改进这些问题?教师引导学生从语音合成技术的几个步骤去分析探讨,寻找改进的方式。

【设计意图】通过问题激发学生的好奇心,同时进一步理解所学内容,是一种更有效的学习方式。学会发现问题、分析问题、解决问题,正是一个学生的核心能力和核心素养。

4.课堂实录(师生对话记录)

师:同学们经过实践,应该更好地理解了语音合成技术的基本原理,但是在实践过程中,同学们是否发现了这样的一些问题呢?(播放几段语音,找出其中的不同点)

师:为什么会出现这样的情况?

生1:语言处理有问题,分割错误。

生2:多音字读音不同。

生3:那为什么有的分割正确,有的分割又不正确呢?同样姓名中带"飞"字的,第一个正确,第二个不正确?

师:同学们听得非常仔细,这些细小的差别都听出来了,说明我们的语音合成技术还有可以改进的地方,如果想要语音合成更加精准,我们可以从哪些方面进行改进呢?

生1:将语言处理设计得更加精准,能够更好地判断划分的位置。

生2:根据姓名的特点,有些多音字在姓名中有固定的读音,需要作为固定搭配。

师:同学们说得太好了,从语音合成的三个过程中,我们都可以分析出能够改进的地方,这样才能使我们的语音合成技术越来越成熟,错误率越来越低。但是机器总归是机器,无法跟我们人脑相比。机器有机器的长处和优势,我们人类要利用好机器的这些优点。

人工智能的发展有一个过程,也有很多需要改进的地方,开放的平台也有很多,希望同学们通过对人工智能语音合成技术的学习和实践,课后去不同的平台进行实践和比较,做一个有心人,将来为我们信息科技的发展做出自己的一份贡献。

三、评课实录

王老师:本课深入探讨了语音合成技术,经过这次课堂的学习与体验,我对这一节课有了更为深刻的认识和理解。课程不仅理论扎实,而且实践性强,教师在授课过程中注重与学生的互动,鼓励学生提问和讨论。这种教学方式不仅激发了学生的学习兴趣,也营造了课堂热烈的学习氛围。大多数学生能够掌握基本的语音合成技术,并能够完成一些简单的语音合成任务。

倪老师:教师采用了多种教学方法,如讲解、演示、小组讨论等,使得课堂更加生动有趣。在讲解过程中,教师结合实例,使抽象的原理变得容易理解。此外,通过小组讨论,学生得以互相交流、分享观点,进一步加深了对知识的理解和记忆。课程中引入了大量的实际案例,如语音助手、语音广告等,使学生能够更好地理解语音合成技术在实际生活中的应用。

何老师:课堂中设置了实践环节,让学生亲自动手进行语音合成实验。这不仅锻炼了学生的动手能力,同时让学生在实践中发现问题、解决问题。此外,教师注重课堂氛围的营造,鼓励学生积极参与、大胆提问。在这种氛围中,学生敢于表达自己的观点,与同学和老师进行深入的交流。

专家点评:语音合成技术一课为学生提供了全面、系统的语音合成知识,并通过丰富的实践内容使学生能够更好地掌握和应用这些技术。课程在教学内容、教学方法和教学效果方面都表现出色,但仍有一些改进的空间。比如,可以进一步增加一些前沿技术案例的分析和讨论,以便我们能更好地了解技术的应用场景和未来发展。

四、课例研究的成效与反思

1.基于"四学"的课例研究反思

(1)本次语音合成技术的课堂,以"探学""趣学""悟学""用学"为核心教学理念,为学生提供了一个既富有探索性又充满乐趣的学习环境。①探学方面,在本次课堂中,教师鼓励学生主动探索语音合成技术的奥秘。通过具体实例进行分析和探索,学生有机会亲自动手操作,理解语音合成的基本原理。这种探究性的学习方式不仅激发了学生的学习兴趣,也培养了他们的动手能力和解决问题能力。②趣学方面,教师注重营造轻松愉悦的学习氛围,通过有趣的案例和生动的讲解,使语音合成技术变得不再枯燥难懂。③悟学方面,在本次课堂中,教师不仅传授知识,更注重引导学生深入思考和理解语音合成技术的本质。通过引导学生分析案例、讨论问题、总结规律,学生能够逐渐领悟语音合成技术的精髓,形成自己的理解和见解。④用学方面,教师强调将所学知识应用于实际生活和工作中。通过设计一些具有实际应用价值的项目任务,使学生能够将所学知识与实际问题相结合,提高解决问题的能力。

(2)新课标强调以学生为中心,注重培养学生的核心素养和实践能力。通过学习语音合成技术,学生意识到这项技术已经深入我们的日常生活中。无论是智能家居中的语音助手,还是手机 App 中的语音输入功能,都离不开语音合成技术的支持,技术已经与生活紧密联系。

2. 基于"四学"的课例研究改进

(1)知识建构方面

人工智能使机器看得见、听得懂、说得出、做得到,这是环环相扣的,想让学生在知识建构上形成完整的知识体系,就要让学生真正理解底层的逻辑以及技术支撑。基于"四学"理论,教师通过问题串和导学案,让学生知道语音合成技术的三个过程,使其利用生活圈和情境域将所学内容跟生活实际相连接,更好地理解这些知识,最后通过实践和讨论深入理解语音合成技术以及它的实际应用。

(2)主动探究方面

基于"四学"理论的运用,学生对知识探究有了更多的兴趣,第一次教学设计时没有实际内容,学生无从下手,而在第二次设计时,增加了具体的场景分析,充分地调动了学生的学习积极性,并且还会举一反三,结合自己的生活实际,去深入思考更多的场景和语音合成技术的相关应用。

(3)深度思考方面

通过对语音合成技术的实践操作,学生发现了更多的问题,通过讨论交流,学生的语言表达能力和思考能力均有所提高。有问题才有争议,矛盾冲突更能激发学生的深度思考,激发大脑的活力。

(4)实践体验方面

课堂上的实践体验时间相对较少,通过课堂上的探学和悟学,学生的兴趣被点燃,促进学生课后进一步去探究,将课堂延伸到课外,可使学生的实践体验更久更深入。

性格我塑造

一、课例说明

1.学情分析和教材解读

（1）学情分析

七年级的学生已经走进青春期的大门，他们的自我意识渐渐被唤醒，并且试图从各个方面展开对自己的探索，但他们在探索的过程中有诸多困惑。根据埃里克森的八大阶段发展理论，青春期（12—20岁）的关键议题是要建立自我同一性，也就是把自己的各个方面（性格、思维、行为模式等）整合起来，形成一个独一无二、区别于他人的自己。

（2）教材解读

本课是浙教版《心理健康》七年级下册第十一课，其设计意图在于让学生更好地了解自身的性格，认识到任何性格维度都有可以发挥的优势，从而对自己的性格形成接纳的态度，以积极的趋势完成角色统一性的发展需求，养成积极的心理品质。

2.课例目标和重点难点

（1）教学目标

在知识层面上，认识内外向性格维度的区别和特质，理解内向和外向是一种倾向，了解不同性格倾向的优势。

在情感层面上，学生通过绘制自己的内外向比例图，接纳自己的性格、尊重包容不同的性格。

在行为层面上，养成推己及人的、接纳和包容不同性格的习惯，在日常生活中积极发挥自身性格特点的优势。

（2）教学重点难点

教学重点：认识到内向和外向的根本区别和特质，了解自身的性格倾向比例。

教学难点：超越标签化去看待内外向，理解当前自己的性格倾向，对不同性格给予尊重、理解、接纳。

二、教学设计两次对比以及课堂实录

1.第一次教学设计

环节一:人物模仿秀

请三位同学上台来表演三位著名人物,这三位人物有可能是现实中或者小说里的人物,欢迎同学上台试一试。其他同学一起看看这位同学有没有表演出人物的"精髓"。请表演者谈一谈演好一个人物关键要表现他的哪些方面? 以及以上三个人物根据性格应该如何划分?

【设计意图】

(1)课堂伊始,以游戏激发学生的学习兴趣,烘托课堂氛围。

(2)导入教学主题,让学生初步感知,联系实际,拓展课堂。

环节二:我的性格倾向比例图

通过"开火车"的方式,练习判断内外向的描述,并根据自己和内外向描述的符合程度对自己内外向倾向进行评估。其中了解内外向的判断依据是:能量的来源和重新补充能量的方式(是否喜欢独处),现在根据我们手上自己的内外向描述结果,请用扇形图、条形图或其他图例去绘制自己的性格比例说明书。

【设计意图】

(1)引发学生结合自身对内外向的思考和判断。

(2)了解内外向是一种倾向和比例,可以同时兼有两种特质。

(3)利用学生的探索欲和创造力绘制自己独一无二的性格倾向比例图。

环节三:小组合作探究

师:请同学们说说自己的性格倾向,以及这种倾向组合带来的感受? 引导学生思考谈一谈不同性格倾向特质的优势是什么?

生:分享自己的性格比例图,介绍自己的性格倾向。探讨倾向组合带来的感受,喜欢这种性格比例带来的哪些特点? 尝试总结不同性格倾向的优势。

【设计意图】

学生通过小组讨论更加深入地了解内外向的倾向。思考内外向的优势,从而更加全面清晰地认识自我。

环节四:心海启航

教师引导:很多同学认为内向有自己的优势,也有很多同学认为外向更好,师生一起来看看《内向者的力量》,看一看内向者的内心世界到底是怎样的。

生:不管是内向者还是外向者都有自己的优势,如果好好运用,都能在自己的领域发挥所长,成为领军人物。

【设计意图】

(1)让学生主动探索思考对这节课的理解。

(2)总结升华主题,认识性格倾向是在理解自己的基础上,对别人的性格倾向表示理解和尊重,每一种性格都可以活出自己的精彩。

2.第一次教后反思

本节课是关于性格倾向的,学生参与度高,能很快地抓住老师的教学意图并深入思考,能非常主动地去探索自己的性格倾向比例图。但是内容重复环节稍多,本堂课的内容可以加入关于"性格与生涯规划"的话题,让课程更具实用性;还可以不断优化完善,推荐有兴趣的同学可以做 MBTI 中的内外向维度测试。

3.第二次教学设计的调整

环节一:趣味导入,人物模仿秀

师:请三位同学上台来表演三位著名人物,这三位人物有可能是现实中或者小说里的人物。其他同学一起看看这位同学有没有表演出人物的"精髓"。

师:请同学们思考一下,好的表演需要演出人物哪方面的特点? 如果按照性格进行划分,你认为三位人物如何划分成两类?

生:三位同学上台,模仿指定人物(易烊千玺、哪吒、柯南),表演需要表现人物的主要特点。

师:大家认为演好一个人物关键要表现他的什么?

生:性格、动作、神态……

师:很好,演好一个人物最重要的是突出他的性格特征,这样才能让人觉得演得"像",那同学们你们认为以上三个人物根据性格应该如何划分为两类呢?

总结:性格是一个人经常性的行为倾向,它主要表现为对自己、对别人、对事物的态度和平时的言行举止。关于性格有一种最基础的分类方法——内向和外向。

【设计意图】

(1)以游戏激发学生的学习兴趣,烘托课堂氛围,引出性格的概念。

(2)让学生初步感知,联系实际,拓展课堂。通过学生熟悉的人物模仿秀,认识到想要模仿得像,就要抓住人物的精髓,即性格特点,从而介绍内外向这一性格分类方法。

环节二:内向外向,多彩性格图

师:同学们,你们觉得自己是外向还是内向? 判断内外向的依据到底是什么?

生:看这个人是否喜欢独处,内向者的能量来自于自己,喜欢通过独处来"充电",外向者的能量靠与外界的互动,从外界获得能量。

师:根据判断依据认为自己是外向的同学举手? 认为自己是内向的同学举手? 有没有同学觉得自己内外向好像都占一点?

生:认真思考并回答以上问题,了解自己的内外向描述评分。

师:我们手上都有自己的内外向比例数据了,接下来请用图的形式去绘制自己的性格比例说明书,你们可以打开思路,想一想用什么图形可以表示内外向的比例,选择一种你们喜欢的方式画下来。

【设计意图】

与其说内外向是非此即彼的类型,不如说是一种倾向和比例。因此通过内外向的描述评分,学生了解自己的性格倾向是如何分布的。

环节三:合作探究,性格完善记

(1)小组讨论

分享自己的性格比例图,介绍自己的性格倾向。探讨倾向组合带来的感受,喜欢这种性格比例带来的哪些特点?

师:观看《撒切尔夫人》视频,并思考①她的性格特质是什么? ②她还适合什么工作? 请每组在卡片纸上写下她具有的性格特点;小组依次分享补充,展示在白板上。③如果撒切尔夫人重过一生,选择从事与化学相关的工作如何?

生:任何领域都需要各种各样性格特质的人。兴趣、能力、性格都是关乎职业生涯重要的方面,如果找到了适合自己性格的岗位,性格会给我们未来的发展带来助力,因此把自己放在对的位置上,找到适合自己的方向和位置很重要。

【设计意图】

学生通过小组讨论更加深入地了解内外向的倾向。思考内外向的优势,从而更加全面清晰地认识自我。让学生明白这世上没有绝对满意或适合自己的专业,我们更需要做的是了解和完善自己,主动适应,让性格成为人生发展的助力。

(2)性格养成与完善

师:接下来,我们来玩一个"性格卡牌游戏",两人一组猜"石头剪刀布",猜赢的人有权看对方的卡片,并拿走一张自己想要的,同时退给对方一张自己的卡片,猜输的人不能看对方的牌,3分钟后游戏结束,回到各自座位。

师:你对哪张卡最满意/不满意?你得到/换走了哪张卡?为什么?现实生活中,你期望改变你的卡吗?最满意/不满意的性格特点本身是否具备?

生:(学生分享,将自己具备的满意/不满意性格特质填写到活动单中)

师:每种性格往往都有两面性,我们很难说什么样的性格是绝对好的,独立有主见可能有时会固执己见;活泼积极有时会欠考虑,不够稳重。需要注意的是,我们可以根据环境相应地调试自己的表现,在尝试中开发潜在的性格,完善性格。

【设计意图】

自我探索是一个持续、动态、不断完善的过程,人的性格会因成长经历和周遭环境的影响而发生变化。希望大家每一天都用发展的眼光去看待自己、充实自己、丰富自己,完善自己的性格,提升自己的能力,实现最优发展。

环节四:内容延伸,课堂小结

播放《内向者的力量》,让同学们重新认识受到很多误解的内向者。通过这节课的学习,我们不仅能了解自己的性格倾向,而且对于不同性格倾向的同学,也能给予尊重,而不是草率地给他人贴上标签。

【设计意图】

总结升华主题,认识性格倾向是在理解自己的基础上对别人的性格倾向表示理解和尊重,每一种性格都可以活出自己的精彩。

4.课堂实录

师:同学们,你们认识图片上的人物吗?

生:是易烊千玺、哪吒、柯南。

师:那如果我们将这三个人物形象表演出来,并且能让别人一下就能猜到,需要如何抓住他们的精髓呢?

生:演出他们的动作、神态、性格。

师:演好一个人物可能最重要的是突出他的性格特点,这样才能让人觉得演得"像",那同学们你们认为以上三个人物根据性格应该如何划分为两类呢?

生:活泼与安静、内向和外向。

师:同学们,你们认为自己是内向还是外向呢? 这里有一份性格倾向表,大家可以做做看。

生:好啊好啊,我应该是外向……

师:现在我们知道了自己的性格倾向比例,那是不是外向占比越多越好呢? 不同性格对我们的人生发展有没有什么影响呢?

生:不是,每种性格都有自己的优劣,重点是我们要学会变通。

三、评课实录

张老师:这节课是关于内外向的学习,属于对自我的探索,有利于学生自我同一性的建立。老师教学过程整体把控得很好,学生的抬头率、开口率做得很好。

许老师:本节课学生参与度高,活动和讨论都很积极,能很快地抓住老师的教学意图并深入思考。让学生充分了解自己的性格,在生活学习和人际交往中,以积极的心态完成角色统一性的发展需求,培育积极的心理品质。

专家点评:老师的课堂掌控和环节设置都很好,通过不同活动融入性格概念、性格倾向以及性格如何助力人生发展议题。初中生正处在自我同一性的形成期,有意识地了解自己的性格可以帮助他们更全面地了解自己。这是一堂内容丰富的心理课。

四、课例研究的成效与反思

1.基于"四学"的课例研究反思

(1)两次课堂基于"趣学""探学""悟学""用学"四方面的反思

本次心理课以"趣学""探学""悟学""用学"为核心教学理念,为学生提供了一个充满探索和乐趣的学习环境。①趣学方面,教师注重营造轻松愉悦的学习氛围,还设计了一些富有趣味性的挑战任务(性格卡牌游戏),让学生在轻松愉快的氛围中巩固所学知识,提高学习效果。②探学方面,在本次课堂中,教师鼓励学生主动探索性格类型和自己的性格倾向比例图,学生亲手绘制专属自己的性格图,了解自己的情况。通过小组合作探究活动,激发了学生的学习兴趣,也培养了他们的思考能力和交流合作能力。③悟学方面,在本次课堂中,教师更注重引导学生进行深入思考,通过观看视频、小组讨论、总结归纳,学生明白了性格是在后天环境中逐渐形成的,因此可以不断完善和改进。④用学方面,通过设计卡牌游戏,学生能够将所学知识与实际问题相结合,认识到我们可以根据环境相应地调适自己的表现,在尝试中开发潜在的性格,完善性格。

(2)体现新课标方面的反思

新课标强调良好的心理素质是人的全面素质中的重要部分。根据埃里克森的八大阶段发展理论,青春期的关键议题是要建立自我同一性,也就是把自己的各个方面整合起来,形成一个独一无二、区别于他人的自己。而本节课关于内外向的学习属于对自我的探索,有利于其自我同一性的建立。

2.基于"四学"的课例研究改进

(1)知识建构方面

性格是一个人经常性的行为倾向,它主要表现在对自己、对别人、对事物的态度和所采取的言行举止上;具有可塑性。教师可以通过情境设置和自主探究,让学生知道性格概念,同时利用图例将自己的性格倾向绘制出来,以便更好地理解这些知识。然后通过合作交流和实践讨论深入理解性格的可塑造性。

（2）主动探究方面

本节课教师在教学设置上充分地调动学生的学习积极性,结合实际生活谈谈自己对性格的认识,鼓励同学们积极表达自己的观点,在讨论中碰撞出火花,探寻内外向性格的优劣势;性格图例绘制也可以给学生更多自主权,让他们选择自己喜欢的方式来描绘自己的性格倾向。

（3）深度思考方面

通过绘制性格比例图和性格卡牌游戏,更清楚地了解自己的内外向占比情况,通过讨论交流,学生的语言表达能力和辩证思考能力得到加强,真正地将不要给别人的性格贴标签落实到具体行为中。

（4）实践体验方面

课堂上的实践体验时间较充实,但是活动设置可以有所改变。如一开始的人物模仿秀可以改成拼字游戏＋"性格是什么",这样,课堂导入会更加生动有趣,学生也能很快将注意力集中到性格这一主题上。教师可以建议学生课后找寻不同的性格测试来了解更多性格类型维度,从而对自己有更全面的认识。

后记

进入新时代,教育面临着诸多挑战和变革,可以说改革已成为新时代教育发展的一种常态。高扬"育人"旗帜,着力提升"育人质量"是深化课堂教学改革的核心,是推动高质量发展的内在要求。高品质的课堂应为学生提供高品质的学习生活,高品质的课堂学习生活即是竭力让每一个学生在课堂上经历主动发展、全面发展、个性发展和终身发展的完满学习经历。杭州市胜蓝实验中学依托中国教育科学研究院,以打造高品质课堂为目标,积极探索"轻悦"课堂的设计与实践,从而实现"让每一个生命向上生长"的课堂育人文化理念。

"轻悦"之"轻"即"轻松","悦"即"愉悦","轻悦"课堂的表层意涵是让学生在课堂上获得"轻松愉悦"的学习体验。而"轻"又与"青"音同,"悦"与"越"音同,杭州市胜蓝实验中学的校训是"青出于蓝而胜于蓝","青"之于"蓝"是一种质的飞越,其要旨是鼓舞胜蓝每一个学子要不断地"超越"自己,获得精神境界的提升。所以"轻悦"课堂的深层意涵是让学生在课堂上经历不断发展自己、超越自己的成长历程。"轻悦"课堂让每一个学生尽情领略课程文化价值对其生命的浸润,尽情享受教师高尚品德对其生命的启迪与感召,尽力实现主体生命动能自觉完满的释放与张扬。

"轻悦"课堂是通过"趣学、探学、悟学、用学"四个学习过程贯穿全课堂的,"四学"指向学生不同维度能力的发展,激发学生对人类优秀文化的强烈好奇、主动探究、深度思考,让学生真正获得触动心灵的生命体验。一是趣学,激发学生学习内驱力。通过问题串、情境场和导学案等学习载体,激发学生学习动力,彰显课堂魅力。二是探学,提高学生学习创新力。以生活圈、任务链、挑战台为学习载体,让学生经历"发现问题—提出问题—分析问题—解决问题"的学习全过程。三是悟学,增强学生学习理解力。以浸润场、情境域、交互台为学习载体,学生在耳濡目染中获得体验。四是用学,提升学生学习综合力。以语言表达区、文字呈现区、实践创新区为学习载体，将学和用结合，让学生经历"从一个个问号，生成更多个问号，并最终变成一个个感叹号"的曼妙历程。经过一年多实践研究，"轻悦"课堂教学成效显著，亲青学子"乐"学习，蓝韵教师"慧"育人，学校教育"质"提升。

本课题研究和书稿创作过程中，得到了各方的大力支持和帮助，特别感谢中国教育科学研究院基础教育研究所所长李铁安、李振文博士，对本书给予专业指导；感谢浙江省教育科学研究院、杭州市教育科学研究院、杭州市基础教育研究室、杭州市拱墅区教育研究院等机构专家对课题研究和书稿创作贡献了智慧和力量。特别感动于书稿创作小组核心成员何向阳、王健、倪嬿、赵祎晨、刘倩倩等老师，他们放弃休息时间，投入书稿的研讨整理中。还要特别感谢我校张阳、全睿琪、张志文、史蔚敏、刘倩倩、陈冰宇、吴莹莹、叶青文、许康义、饶璐、熊辉丽、孙烨、黄雅婧、刘畅、孔丽霞、杨嫔、杨杨、张甜甜、彭菲、郑言歌、简志华、王君、陈雅彬、兰茜等老师为本书提供了实践案例。

《"轻悦"课堂：初中学科育人的实践案例》书稿创作虽已结束，但对"轻悦"课堂的实践探索还在继续。希望与教育同人们进一步探索和践行"轻悦"课堂，期待"轻悦"课堂的实践做法能够为教学改革提供借鉴。同时恳请大家多提宝贵意见和建议，以便在后续的研究与探索中不断优化和完善。

最后，衷心感谢所有支持和关心《"轻悦"课堂：初中学科育人的实践案例》的朋友们，希望此书能够为大家带来一丝光亮，为孩子们的向上成长之路增添一份温暖和希望！

杭州市胜蓝实验中学姚琴

2024 年 4 月 25 日